L'expertise non judiciaire à l'aune des droits fondamentaux

Droit privé et sciences criminelles

Collection dirigée par Yves Strickler

Créée fin 2011 par Yves Strickler et le Centre d'études et de recherches en droit privé (devenu le Centre d'études et de recherches en droit des procédures en 2013) de la Faculté de droit et science politique de Nice, la présente collection a pour vocation principale de publier des ouvrages en liaison avec le thème retenu pour dénomination de la collection. Cette dernière rassemble des recherches originales, tirées notamment de travaux de recherche, de manifestations scientifiques ainsi que d'ouvrages collectifs sur les interrogations actuelles que rencontre la science juridique, spécialement dans le domaine du droit privé et des sciences criminelles.

Dernières parutions

Un art, un droit, une question. Triptyque juridico-artistique, dir. D. Boustani, D. Chabri, M. Combe, S. Farhi et M.-C. Lasserre, 2014.

Le paiement, dir. M. Mignot et J. Lasserre Capdeville, 2014.

Le droit de l'exécution des peines : espoirs ou désillusions ?, dir. F. Ghelfi, 2014.

Le vice de procédure. Réflexions désordonnées d'un artisan du droit sur l'article 2241, alinéa 2 du Code civil, par D. Mas, 2014.

Variations juridiques et politiques. Clés pour la compréhension du monde contemporain, dir. Y. Strickler, 2013.

Les infractions de harcèlement, par S. Paradiso, 2013.

Volonté et biens. Regards croisés, dir. Y. Strickler et F. Siiriainen, 2013.

La réforme de la garde à vue, dir. Ch. Courtin, 2013.

L'arbitrage. Questions contemporaines, dir. Y. Strickler et J.-B. Racine, 2012.

Le prix de la rupture. Au coeur des contentieux familiaux, dir. L. Antonini-Cochin et Ch. Courtin, 2012.

Thibault GOUJON-BETHAN

L'expertise non judiciaire à l'aune des droits fondamentaux

L'Harmattan

5-7, rue de l'École-Polytechnique ; 75005 Paris
www.harmattan.fr
diffusion.harmattan@wanadoo.fr
harmattan1@wanadoo.fr
ISBN : 978-2-343-05335-6
EAN : 9782343053356

SOMMAIRE

« Notre besoin de connaissance n'est-il pas précisément notre besoin de quelque chose de connu ? Le désir de découvrir, parmi toutes les choses étrangères, inaccoutumées, incertaines, quelque chose qui ne nous inquiétât plus ? Ne serait-ce pas l'instinct de crainte qui nous pousse à connaître ? La jubilation du connaisseur ne serait-elle pas la jubilation de la sûreté reconquise ? ».
NIETZSCHE (F.), *Le Gai savoir*, § 355.

INTRODUCTION

1. Notion d'expertise. – Du latin *expertus* (qui a fait ses preuves[1]), l'expert est radicalement un homme qui a acquis de l'expérience dans son métier, de l'habileté dans son art. L'expertise désigne quant à elle la procédure consistant dans le recours à un tiers expérimenté ayant pour mission de procéder à l'examen technique d'une situation donnée[2]. À la différence de l'arbitre, l'expert ne tranche aucun litige[3] ; il se contente de donner un éclairage à des faits afin de faciliter une prise de décision[4], sans prétendre lier quiconque par son appréciation. L'expertise est donc un instrument topique de connaissance. À mesure que l'intelligence de l'humanité s'étoffe et que le passage de la culture à la technique[5] rend la compréhension du réel plus ardue, la nécessité de se tourner vers ceux qui savent s'impose.

---

[1] GAFFIOT (F.), Dictionnaire latin-français, Hachette, Paris, 1934, p. 630.
[2] TESTU (F.-X.), Présentation générale, *in* FRISON-ROCHE (M.-A.), MAZEAUD (D.) (dir.), L'expertise, Dalloz, 1995, p. 87 s.
[3] JARROSSON (C.), La notion d'arbitrage, th., LGDJ, Paris, 1987, n° 202. – LECLERC (O.), Le juge et l'expert : contribution à l'étude des relations entre le droit et la science, th., LGDJ, 2005, n° 7.
[4] ALLAND (D.), RIALS (S.) (dir.), Dictionnaire de la culture juridique, PUF, coll. Quadrige, Paris, 2003, v° Expert et expertise, p. 686 s.
[5] OPPETIT (B.), Les rôles respectifs du juge et du technicien dans l'administration de la preuve en doit privé, X[e] colloque des instituts d'études judiciaires, PUF, 1976, p. 54.

L'expertise est un fait social qui trouve sa cause dans un besoin de certitude associé à une foi décroissante dans le témoignage humain[6]. Outil privilégié pour parvenir à dévoiler la vérité, véhicule d'une science dont les marges d'erreur se réduisent, l'expertise rassure[7] et c'est la raison pour laquelle elle est un véritable besoin. D'ailleurs, le corps social demande toujours plus aux experts. Non plus seulement centrée sur la compréhension du présent, l'expertise doit anticiper et protéger la société contre les risques[8]. Les principes de prévention et de précaution en sont la cause[9]. Conséquemment, l'autorité expertale grandit. Aux prises avec un réel toujours plus investi par la science et avec une nature toujours plus arraisonnée par le progrès, le discours des experts devient hermétique, et ceux qui doivent l'écouter le comprennent de moins en moins. Le droit ne saurait pourtant demeurer indifférent à la science. À l'instar d'autres sciences humaines comme la philosophie[10] elle-même, il doit s'ouvrir et même s'infléchir devant les objections scientifiques. Les effets sont bien là. L'expertise investit toutes les branches du droit. Il n'est pas d'objet qu'elle ne puisse se donner[11], ni d'enceinte qu'elle ne puisse arpenter. Il n'y a qu'à voir comment les experts ont conquis le prétoire.

2. Expertise juridictionnelle. – L'expertise apparaît comme le mode de preuve de prédilection de notre époque[12], quel que soit le contentieux considéré. Tout juge confronté à une question de fait qui

---

[6] LACAN (J.), Fonctions de la psychanalyse en criminologie, *in* Ecrits, Paris, Seuil, 1966, p. 138 (cité par JEULAND (E.), Preuve judiciaire et culture française, rapport français, colloque de l'association internationale de procédure, Preuve et culture, 2003).

[7] CARBONNIER (J.), La part du droit dans l'angoisse contemporaine, *in* Flexible droit, LGDJ, 10e éd., Paris, 2001, pp. 201-209.

[8] DEHARO (G.), Quelle certitude pour l'expertise, *in* FAVRO (K.) (coord.), L'expertise : enjeux et pratiques, Lavoisier, Paris, 2009, pp. 7-16.

[9] FAVRET (J.-M.), Le principe de précaution ou la prise en compte par le droit de l'incertitude scientifique et du risque virtuel, D. 2001, p. 3462.

[10] BACHELARD (G.), La philosophie du non : essai d'une philosophie du nouvel esprit scientifique, PUF, coll. Quadrige, Paris, 2012.

[11] MAZEAUD (D.), L'expertise de droit à travers l'*amicus curiæ*, *in* FRISON-ROCHE (M.-A.), MAZEAUD (D.) (dir.), L'expertise, *op. cit.*, p. 109.

[12] CADIET (L.) (dir.), Dictionnaire de la justice, PUF, Paris, 2004, v° Expertise. – JEULAND (E.), Preuve judiciaire et culture française, art. préc.

requiert les lumières d'un homme de l'art peut recourir à l'expertise[13]. En matière pénale, la preuve scientifique a pris une importance considérable[14] et l'expertise se généralise, notamment pour rendre compte de la personnalité du mis en cause. En matière civile, qui seule retiendra notre attention, la résolution de nombreuses affaires est suspendue à une expertise judiciaire : les accidents de la circulation et la matière de la construction sont deux exemples topiques. Aucun manuel de procédure civile ne saurait donc faire l'impasse sur l'expertise judiciaire[15] ; des ouvrages et des encyclopédies spécialisées lui sont même consacrés[16].

Le juge trouve en l'expert un auxiliaire[17] et dans l'expertise un prolongement de son expérience personnelle[18]. L'expert agit tel un

---

[13] Dans les matières administrative : CJA, art. R 621-1 s. ; pénale : CPP, art. 156 ; civile : CPC, art. 263 s.

[14] DEMARCHI (J.-R.), Les preuves scientifiques et le procès pénal, th., LGDJ, Paris, 2012.

[15] CADIET (L.), JEULAND (E.), Droit judiciaire privé, LexisNexis, coll. Manuel, 8e éd., Paris, 2013, nos 620 s. – COUCHEZ (G.), LAGARDE (X.), Procédure civile, Sirey, 17e éd., Paris, 2014, nos 370 s. – CROZE (H.), LAPORTE (Ch.), Guide pratique de procédure civile, LexisNexis, coll. Droit & professionnels, 4e éd., Paris, 2012, nos 275 s. – GUINCHARD (S.), CHAINAIS (C.), FERRAND (F.), Procédure civile : droit interne et de l'Union européenne, Dalloz, coll. Précis, 32e éd., Paris, 2014, nos 663 s . – HÉRON (J.), LE BARS (T.), Droit judiciaire privé, Montchrestien, coll. Domat droit privé, 5e éd., Paris, 2012, nos 1128 s. – JEULAND (E.), Droit processuel, LGDJ, Paris, 2007, nos 520 s. – FRICERO (N.), JULIEN (P.), Procédure civile, LGDJ, 5e éd., Paris, 2014, nos 652 s. – LACROIX-ANDRIVET (J.-P.), Mesures d'instruction – droit interne, *in* GUINCHARD (S.) (dir.), Droit et pratique de la procédure civile : droits interne et de l'Union européenne, Dalloz, coll. Dalloz action, 8e éd. 2014-2015, Paris, 2014, nos 342.50 s. – SOLUS (H.), PERROT (R.), Droit judiciaire privé, t. 3, Sirey, coll. Traités, 1991, nos 956 s. – STRICKLER (Y.), Procédure civile, Larcier, coll. Paradigme, 5e éd., Bruxelles, 2014, nos 378 s.

[16] DIAZ (C.), Le guide des expertises judiciaires, Dalloz, coll. Guides, Paris, 2013. – GENIN MÉRIC (R.), MARTEL-EMMERICH (C.), J.-Cl. Procédure civile, v° Mesures d'instruction exécutées par un technicien. Les trois modalités de l'intervention du technicien, Fasc. 662. – MOUSSA (T.) (dir.), Droit de l'expertise, Dalloz, coll. Dalloz action, 2e éd., Paris, 2011. – RUELLAN (F.), MARIE (N.), Droit et pratique de l'expertise judiciaire, LexisNexis, coll. ENM, Paris, 2012. – ZAVARO (M.), Le guide de l'expertise judiciaire, Edilaix, Aix-en-Provence, 2012.

[17] COUCHEZ (G.), LAGARDE (X.), Procédure civile, *op. cit.*, n° 363.

verre grossissant les objets[19], afin de lui procurer tous les éléments d'appréciation techniques nécessaires. La phase technique du litige acquiert donc une certaine autonomie : elle est un petit procès décisif au sein du grand[20].

Cette emprise conduit l'expert à empiéter sur l'office du juge[21], et cette « technicisation » du procès accroît son coût et sa lourdeur. Afin de limiter ces effets pervers, le Code de procédure civile adopte depuis la réforme de 1973 une conception plus restrictive de l'expertise fondée sur un principe d'économie des moyens[22]. Tout recours à un technicien n'est pas une expertise ; celle-ci n'est qu'une mesure subsidiaire, ordonnée uniquement lorsque des investigations complexes s'imposent et qu'une constatation ou une consultation ne suffiraient pas à éclairer le juge[23]. Elle devient donc un exercice d'approfondissement[24] et conjectural[25]. L'expert exerce une faculté de juger, là où le constatant ne formule aucun avis et où le consultant ne mène pas d'investigations complexes et peut se contenter d'expliquer sans véritablement appréhender les faits[26]. Quoi qu'il en soit, les mesures d'instruction les plus fréquemment ordonnées demeurent les expertises[27].

---

[18] AUBRY (C.), RAU (C.), Cours de droit civil français, t. 6, Cosse, 3e éd., Paris, 1858, p. 328.

[19] BONNIER (É.), Traité théorique et pratique des preuves en droit civil et en droit criminel, t. 1, Plon-Marescq, 4e éd., Paris, 1873, n° 112, p. 124.

[20] TESTU (F.-X.), Présentation générale, *in* FRISON-ROCHE (M.-A.), MAZEAUD (D.) (dir.), L'expertise, *op. cit.*, p. 109. – *Adde* DALBIGNAT-DEHARO (G.), Vérité scientifique et vérité judiciaire en droit privé, th., LGDJ, Paris, 2004, nos 303 s.

[21] MOURY (J.), Les limites de la quête en matière de preuve : expertise et jurisdictio, D. 2009, p. 665 – GUINCHARD (S.), CHAINAIS (C.), FERRAND (F.), Procédure civile, *op. cit.*, n° 547.

[22] FRICERO (N.), JULIEN (P.), Procédure civile, *op. cit.*, n° 652 . – HÉRON (J.), LE BARS (T.), Droit judiciaire privé, *op. cit.*, n° 1091.

[23] CPC, art. 263.

[24] STRICKER (Y.), Procédure civile, *op. cit.*, n° 379.

[25] Sur la différence entre expertise à base scientifique et expertise conjecturale, V. DALBIGNAT-DEHARO (G.), Vérité scientifique et vérité judiciaire en droit privé, *op. cit.*, n° 195 et la réf. citée.

[26] LECLERC (O.), Le juge et l'expert, *op. cit.*, n° 8.

[27] FRICERO (N.), JULIEN (P.), Procédure civile, *op. cit.*, n° 652.

3. Expertise non juridictionnelle. – Voilà où s'arrêtent la plupart des manuels. Pourtant, force est de concéder que l'expertise ordonnée par une juridiction n'épuise pas le domaine de l'expertise juridique[28]. Le besoin de certitude ne s'exprime pas uniquement à l'occasion d'un litige porté devant un tribunal. L'expertise ne saurait être réduite au seul état d'incident de procédure. Son rayonnement s'étend bien au-delà de l'arène processuelle.

Les expertises qui foisonnent au sein de la sphère publique sont trop médiatiques pour être ignorées. L'expertise « à fin de gouvernement »[29], réalisée à la demande des autorités publiques, dans un cadre interne ou international, sans être ordonnée par un juge demeure pourtant essentielle afin de guider le décideur public. Son enjeu réside dans une quête de légitimité, entre les critiques l'accusant d'alimenter le terreau de la technocratie[30], et les louanges qui l'érigent en instrument de la démocratie administrative[31]. Dans cette catégorie entrent aussi les expertises sanitaires[32], et plus spécialement celles relatives à la sécurité des produits pharmaceutiques et alimentaires[33]. L'étude de ces expertises relève de la science politique et du droit public, et n'intéresse donc pas la présente analyse.

---

[28] *Contra*, CORNU (G.), Vocabulaire juridique, PUF, coll. Quadrige, 10e éd., 2014, v° Expertise.
[29] LECLERC (O.), Le juge et l'expert, *op. cit.*, n° 4.
[30] BOUSSAGUET (L.), JACQUOT (S.), RAVINET (P.) (dir.), Dictionnaire des politiques publiques, Presses de Sciences Po, 3e éd., Paris, 2010, v° « Expertise ».
[31] HÉLIN (J.-C.), Urbanisme et démocratie, AJDA 1993, p. 184 ; à propos de la procédure d'enquête publique prévue par les art. L. 123-1 s. du Code de l'environnement.
[32] V. le Décr. no 2013-413, 21 mai 2013 portant approbation de la charte de l'expertise sanitaire prévue à l'article L. 1452-2 du code de la santé publique.
[33] HOUSSIN (D.), Indépendance et expertise : santé publique et prévention des conflits d'intérêts, Pouvoirs 2013, n° 147, pp. 119-121. – Rapport de l'inspection générale des affaires sociales, L'indépendance des experts et de l'expertise sanitaire, Doc. fr., 2011.

Le privatiste n'est pas en reste. Au-delà même des expertises qui peuvent être ordonnées dans le cadre d'un arbitrage[34], ne voit-il pas fleurir les expertises diligentées à l'initiative d'organismes purement privés, en dehors de toute instance judiciaire et même parfois de tout conflit ? Les décisions économiques[35] dépendent assez largement du savoir d'experts. En matière d'assurances, la garantie de l'assureur en cas de sinistre est suspendue aux résultats de l'expertise menée dans le cadre de la police[36]. La loi elle-même prévoit le recours à l'expertise privée : il en est ainsi en matière de saisie-contrefaçon[37], pour établir l'existence d'un dopage[38], de l'expertise de gestion en droit des sociétés[39], de celle demandée par le comité d'entreprise en droit social[40]. Les exemples abondent et s'ajoutent à la prolifération des clauses de recours à l'expertise intégrées dans les contrats d'affaires.

Le développement de l'expertise est également lié à celui des modes amiables de résolution des différends, qui procèdent d'une renonciation provisoire au droit d'agir pour permettre de tenter de résoudre un conflit sans le faire trancher par un juge. Facteurs de paix sociale en ce qu'ils mettent un terme à un différend qui aurait pu s'achever par un règlement juridictionnel[41], ils intéressent l'ordre public[42]. Plusieurs modalités sont organisées par les textes, selon qu'il est fait recours à un tiers (médiation, conciliation) ou qu'un échange s'opère directement entre les parties (procédure participative assistée par avocat). Leur développement est encouragé, qu'ils soient intégrés

---

34 L'expertise arbitrale, en ce qu'elle est ordonnée à l'initiative d'un tiers chargé de trancher le litige, est exclue du champ de la présente étude qui se concentre sur l'expertise conventionnelle.
35 ALLAND (D.), RIALS (S.) (dir.), Dictionnaire de la culture juridique, *op. cit.*, v° Expert et expertise, p. 686 s.
36 BEIGNIER (B.), Droit des assurances, Montchrestien, coll. Domat droit privé, 2011, n° 409. – CHAGNY (M.), PERDRIX (L.), Droit des assurances, LGDJ, 2e éd., Paris, 2013, nos 351 s.
37 CPI, art. L. 332-1, L. 332-4, L. 343-1, L. 521-4, L. 615-5, L. 623-27-1, L. 716-7, L. 722-4.
38 Code du sport, art. L. 232-22-1.
39 C. com., art. L. 223-37, L. 225-231.
40 C. trav, art. L. 2325-35.
41 GUINCHARD (S.), Droit processuel, *op. cit.* n° 585.
42 *Ibid.*, n° 584.

au procès juridictionnel, ou conventionnellement mis en œuvre. Sans s'appesantir sur les différences entre ces processus, il faut bien considérer que l'expertise y joue un rôle de sécurisation très important. Parce que la vérité qu'elle prétend affirmer constitue une référence objective pour la négociation, elle favorise la conciliation. Certains se demandent même si l'expertise n'est pas un mode de résolution en lui-même[43]. En tous les cas, ces exemples établissent la vitalité du procédé.

4. Ancienneté historique. – Mais vitalité ne veut pas dire jeunesse : l'expertise privée n'est pas une nouvelle expertise. Son développement s'est inscrit dans le sillon de l'expertise elle-même dont elle constitue même la forme primitive[44]. La volonté de vérité et le besoin de connaître n'ont pas émergé avec la société moderne. L'expert est apparu bien avant l'institutionnalisation de la justice. Le vizir Ptah-Hotep évoque les experts (dont il affirme qu'ils ne peuvent avoir une compétence absolue) dans l'une de ses maximes consignées dans ce qu'il est de coutume d'appeler « le plus vieux livre du monde »[45]. Ce que confirme Hérodote[46] qui fait allusion aux arpenteurs de l'Égypte ancienne, qui après les crues du Nil, mesuraient les champs afin de limiter la redevance due par les cultivateurs au Roi à proportion de la surface effective de leurs terres[47]. Le recours au spécialiste est induit par l'organisation sociale[48] et l'expertise s'est développée en parallèle de la structuration des sociétés traditionnelles.

---

[43] DUMOULIN (L.), De l'impact des experts judiciaires sur la fabrique de la justice : d'une justice imposée à une justice négociée, *in* DUMOULIN (L.), LA BRANCHE (S.), ROBERT (C.), WARIN (Ph.), Le recours aux experts, Presses universitaires de Grenoble, 2005, pp. 245-265. – GIBOIN (J.), L'expertise, source de règlement autonome des conflits, *in* FRISON-ROCHE (M.-A.), MAZEAUD (D.) (dir.), *op. cit.*, pp. 105-108. –JARROSSON (C.), La notion d'arbitrage, *op. cit.*, n°s 219 s.

[44] CHAUVAUD (F.), Experts et expertise judiciaire : France, XIXe et XXe siècles, Presses universitaires de Rennes, 2004, p. 27 s.

[45] JACQ (Ch.), Les maximes de Ptah-Hotep, Maison de vie, Paris, 2004.

[46] Certains repères s'inspirent de l'ouvrage de LECLERC (O.), Le juge et l'expert, *op. cit.*, n°s 22 s.

[47] HÉRODOTE, Histoire, livre II, § CIX.

[48] RAVON (H.), Traité pratique et juridique de l'arbitrage et de l'expertise, éd. Ducher, Paris, 1898, n° 2, p. 75 : « Depuis que les peuples se sont donné une constitution, depuis que l'homme s'est appliqué plus spécialement à l'étude d'une chose de préférence à une autre chose, l'expert existe légalement ».

À Rome, il fut admis que les parties à un différend puissent avoir recours à des évaluateurs ou des mesureurs, jugés plus crédibles que les témoins. Parfois, la consultation d'experts était rendue obligatoire, lors de certains événements ou à l'occasion de litiges[49]. Sous l'ancien droit, l'expertise non judiciaire a perduré en même temps que l'expertise judiciaire s'est développée. Les écrits de Domat[50], le dictionnaire de Trévoux[51] tout comme l'entrée « Expert » de l'Encyclopédie[52] en attestent. L'importance prise par l'expertise[53] au regard de la dynamique de rationalisation des preuves conduisit à la création d'offices, et il était clairement établi que les missions exercées par eux pouvaient être tant amiables que judiciaires[54]. Ces offices furent supprimés à la Révolution, et la liberté redevint la règle.

Dans cette expansion de l'expertise sans juge, le développement de l'assurance[55] a joué un rôle incontestable. Le recours aux experts est né de la pratique dans le cadre des assurances maritimes, puis s'est de plus en plus généralisé même avant la création des compagnies d'assurances.

---

49 L'évaluation des productions des jardiniers était faite par des *sumarii* choisis par chacune des parties.

50 DOMAT (J.) par RÉMY (J.), Œuvres complètes de Jean Domat, vol. 1, Firmin Didot Père et Fils, Paris, 1828, p. 216.

51 Dictionnaire de Trévoux, t. 3, Compagnie des libraires associés, Paris, 1771, v° Expert, p. 981.

52 L'Encyclopédie dispose qu'en France « autrefois il n'y avoit d'autres experts que ceux qui étoient nommés par les parties, ou qui étoient nommés d'office par le juge, lorsqu'il y avoit lieu de le faire. ».

53 La grammaire en témoigne. Attesté dès le XIIIe siècle, le mot expert, d'abord employé comme adjectif, se substantiva au XVIe siècle, et devint un nom commun connoté juridiquement au XVIIIe siècle. Le mot expertise est un dérivé du mot expert, et l'on trouve des traces du vocable « espertise » dès le XIVe siècle.

54 Il est dit dans l'Encyclopédie que « les pourvus de ces offices pourront être nommés experts ; (…) pour y faire toutes les visites, rapports des ouvrages, tant à l'amiable qu'en justice, en toute matière pour raison des partages, licitations, servitudes, alignements (…) avec défenses à toutes autres personnes de faire aucuns rapports et autres actes qui concernent ces sortes d'opérations, et aux parties de convenir d'autres experts, aux juges d'en nommer d'autres d'office, et d'avoir égard aux rapports qui pourraient être faits par d'autre ».

55 KULLMAN (J.) et a., Lamy Assurances 2014, Wolters-Kluwer, 2014, n°s 4988 s.

5. Sources limitées. – Ce développement n'a été ponctué qu'imparfaitement par le législateur, qui s'est plutôt employé à cloisonner qu'à unifier le phénomène expertal. Il est vrai qu'en matière d'assurance, si l'expertise fut considérée comme un moyen pour les assureurs de se protéger contre les revendications parfois démesurées des assurés, elle a très vite été appréhendée par le pouvoir royal comme un instrument d'équilibre. Elle fut ainsi imposée dans les assurances incendie en cas de sinistre dès la fin du XVIIIe siècle[56]. Ce dirigisme persiste aujourd'hui, le Code des assurances réglementant l'expertise dans certaines matières, notamment l'assurance dommage-ouvrage.

Le Code civil et le Code de procédure civile ne lui font pas la même place. Le Code civil de 1804 n'a en effet pas mentionné l'expertise au titre des modes de preuve, ce qui n'est toujours pas le cas[57]. Toutefois, déjà plusieurs de ses dispositions originaires témoignent de la pratique de l'expertise hors du cadre judiciaire[58], accentuée par l'ajout ultérieur de certaines autres[59]. En revanche, le Code de procédure civile de 1806 ignore totalement l'institution, concentrant ses développements sur la seule expertise judiciaire. La réforme de 1973 aura modifié en profondeur l'expertise judiciaire[60] sans sortir du mutisme quant à l'expertise non judiciaire. À la vérité, ce reflux législatif peut s'expliquer. S'agissant d'un mécanisme contractuel librement aménagé par les parties, le droit des contrats s'applique, et cela suffit. À l'échelle procédurale, l'expertise est une preuve comme une autre, relevant des indices, et elle n'obéit *a priori*

[56] Deux arrêts du Conseil du roi des 20 août et 6 nov. 1786 prévoyaient que : « [...] s'ils ne peuvent convenir ensemble, ces vérifications (...) seront faites par deux personnes à ce connaissantes, nommées l'une par la compagnie et l'autre par le particulier assuré ».
[57] Les projets de réforme ne semblent pas aller dans ce sens. – Comp. CPC suisse, art. 168.
[58] C. civ., art. 642 (pour l'indemnité en matière d'eau de source « réglée par experts ») ; art. 662 (pour le règlement en matière de mur mitoyen) ; art. 1716 (pour l'estimation d'un bail de biens ruraux).
[59] V. not. C. civ., art. 1843-4 (évaluation des droits sociaux), 2348, 2372-3, 2488-3 (en matière de sûretés).
[60] NORMAND (J.), Remarques sur l'expertise judiciaire au lendemain du nouveau code de procédure civile, Mél. J. Vincent, Dalloz, 1981, p. 255 s.

pas à une forme d'administration particulière comme son homologue judiciaire.

C'est donc la jurisprudence et la doctrine qui constituent les sources essentielles de la matière. Certains auteurs sont réticents à parler d'expertise et retiennent la qualification d'avis technique[61]. Cela étant, l'emploi du vocable « expertise » n'est pas critiquable au regard des considérations sus-rappelées qui tendent à accréditer la thèse de l'unité de ce concept. À défaut de lui consacrer une étude d'ensemble, les auteurs proposent des classifications qui aident à mieux approcher juridiquement la notion. Deux critères sont retenus, la qualité de l'expert choisi et les circonstances d'exécution des opérations. En vertu du premier, l'on distingue l'expertise *ad hoc* (lorsque le tiers est choisi *intuitu personae* par les contractants) et l'expertise institutionnelle (lorsque les parties se réfèrent à un règlement d'expertise établi sous l'égide d'une organisation)[62]. Ainsi des expertises qui se déroulent au sein des différentes commissions administratives : commissions régionales de conciliation et d'indemnisation des accidents médicaux (CRCI)[63], commissions départementales de conciliation des baux commerciaux... En application du second sont différenciées l'expertise amiable et l'expertise officieuse. L'expertise amiable est diligentée contradictoirement à la demande conjointe des parties ayant des intérêts divergents[64], en vertu d'une clause contractuelle ou d'un accord, soit par un expert choisi en commun, soit par plusieurs experts choisis respectivement par chaque partie[65]. À l'inverse l'expertise officieuse est diligentée par un technicien rémunéré à la demande d'une des parties

---

[61] ZAVARO (M.), Guide pratique de l'expertise judiciaire, *op. cit.*, n° 227.

[62] CADIET (L.), NORMAND (J.), AMRANI-MEKKI (S.), Théorie générale du procès, PUF, coll. Thémis Droit, 2e éd., Paris, 2013, n° 123.

[63] C. santé publ., art. L. 1142-5, art. L. 1142-12 et R 1142-22. – V. SAUTEL (O.), La contre-expertise : analyse juridique sous le prisme de la contre-expertise médicale, Procédures 2011, étude 8.

[64] AYNÈS (A.), VUITTON (X.), Droit de la preuve : principes et mise en œuvre processuelle, LexisNexis, coll. Procédures, Paris, 2013, n° 486.

[65] Cour de cassation, Fiche méthodologique sur l'expertise, BICC 15 janv. 2006, n° 632. – *Adde* CHAGNY (M.), PERDRIX (L.), Droit des assurances, *op. cit.*, n° 352.

seulement, ou d'un organisme privé[66] qui le rémunère. Puisqu'elle est non contradictoire[67], elle est aussi dite unilatérale. Cette distinction n'a jamais été consacrée par la Cour de cassation[68], ce qui rend incertain le vocabulaire employé dans certaines décisions[69]. Son intérêt est de souligner que l'objectif poursuivi par l'expertise varie selon son mode d'élaboration. Alors que l'expertise amiable veut dès le départ constituer une référence commune pour les parties participantes, l'expertise unilatérale souhaite initialement demeurer dans l'ombre, ce qui ne va pas sans difficulté dès lors qu'elle prétend s'exposer à la lumière.

6. Interactions. – L'expertise non judiciaire[70] est susceptible de multiples utilisations. Parfois, elle est une simple source d'information. Un plaideur consulte un expert pour déterminer les chances de succès d'une action projetée, ou pour lui confier une mission d'assistance afin de l'aider à se défendre techniquement.

Mais l'expertise non juridictionnelle, tant amiable qu'unilatérale, peut aussi se découvrir une vocation probatoire. En tant qu'instrument de la vérité scientifique, il s'agit d'une preuve potentielle. La preuve étant, en dépit de la polysémie du terme, un moyen de convaincre le juge[71] en démontrant la réalité d'un fait, l'expertise se révèle être une preuve solide pour peu qu'elle soit fiable. Ce faisant, elle entre en contact avec le prétoire sans avoir emprunté le chemin prévu par le Code de procédure civile. Un hiatus surgit alors. Comment aborder cette immixtion impromptue de la science au sein du procès ? Deux tendances s'agitent dans l'esprit du juriste.

---

66 REDON (M.), Rép. proc. civ., v° Mesures d'instruction confiées à un technicien, 2010, n° 17.

67 AYNÈS (A.), VUITTON (X.), Droit de la preuve, *op. cit.*, n° 485.

68 Par ex., Cass. 3e civ., 3 oct. 1991, n° 90-12.214, Bull. civ. III, n° 221 ; Gaz. Pal. 1992, somm. 265.

69 PERROT (R.), Expertise amiable, Procédures 2002, comm. 200.

70 Cette terminologie permet de cerner le cadre de notre étude, qui n'envisage l'expertise non juridictionnelle que dans le cadre du droit judiciaire privé, par opposition à l'expertise judiciaire civile. La formule a été en premier proposée par BEAUCHARD (J.), RGDA 2003, p. 583.

71 LAGARDE (X.), Réflexion critique sur le droit de la preuve, th., LGDJ, Paris, 1998, n° 48. La notion de preuve extrajudiciaire relève pour l'auteur de la sociologie.

La première le pousse à admettre sans réserve la preuve scientifique, en raison de ses vertus justificatrices et sécurisantes. Tout procès tend, pour que le juge puisse appliquer la règle de droit adéquate, à mettre en lumière la vérité des faits et la réalité des droits[72], et l'on ne saurait nier la matérialité décrite par le spécialiste. Le juge a intérêt à faire reposer une partie de sa motivation sur les dires des experts afin d'accroître la légitimité de sa décision, laquelle repose sur l'affirmation d'une vérité[73] et ne doit pas contenir d'erreur[74]. En somme, rester dans les sillons de la vérité scientifiquement affirmée permettrait de garantir au mieux l'acceptabilité sociale de la solution, dans le contexte qui est celui du besoin de certitude.

La seconde tempère ce premier élan en incitant à la prudence. D'abord, la vérité n'est pas un objectif absolument atteignable. Qu'elle soit appréhendée comme une notion relative[75], ou comme une notion unique et transcendante, l'expert ne saurait jamais avoir la prétention de dire le vrai ; il ne peut que décrire une réalité. La vérité scientifique n'est pas un absolu[76] et le juge ne fait que statuer sur le fondement de probabilités[77]. Ensuite, même si l'expertise reste le meilleur moyen pour parvenir à la certitude[78], il existe toujours une part de subjectivité[79] et un risque d'erreur. Enfin, le juge civil a moins vocation à dire le vrai

---

[72] TERRÉ (F.), Introduction générale au droit, Dalloz, coll. Précis, 9e éd., Paris, 2012, n° 562.
[73] LAGARDE (X.), Réflexion critique sur le droit de la preuve, *op. cit.*, n° 104, p. 172.
[74] DEHARO (G.), Quelle certitude pour l'expertise ?, *in* FAVRO (K.) (coord.), L'expertise : enjeux et pratiques, *op. cit.*, pp. 7-16.
[75] CESARO (J.-F.), Avant-propos, *in* Rapport annuel de la Cour de cassation, 2012, Doc. fr., pp. 85-95.
[76] POPPER (K.), La logique de la découverte scientifique, Payot, Paris, 1982, p. 281.
[77] FOSSIER (T.), LEVÊQUE (F.), Le presque vrai et le pas tout à fait faux : probabilités et décision juridictionnelle, JCP G 2012, doctr. 427.
[78] DEHARO (G.), Quelle certitude pour l'expertise ?, *in* FAVRO (K.) (coord.), L'expertise : enjeux et pratiques, *op. cit.*, pp. 7-16.
[79] CADIET (L.) (dir.), Dictionnaire de la justice, *op. cit.*, v° Science.

que le juste[80] et si le vrai peut contribuer dans une certaine mesure au juste, il n'en est pas la seule composante[81].

En effet, la vérité n'a jamais été en elle-même érigée comme un but explicite de l'instruction civile[82], et lorsque les textes évoquent la manifestation de la vérité comme fin du procès (C. civ., art. 10), ils désignent en réalité la vérité judiciaire. Consciente de son incertitude, la vérité judiciaire est un construit qui tire sa vraisemblance[83] de la procédure des débats[84] et de l'application de principes d'équité procédurale[85]. À cet égard, l'article 6 § 1 de la Convention européenne de sauvegarde des droits de l'Homme et des libertés fondamentales qui pose le droit à un procès équitable est le siège des garanties que doit respecter la procédure pour revêtir un caractère juste. La poursuite d'une fin que serait la vérité ne justifie pas tous les moyens[86], et le droit de la preuve s'emploie à maintenir dans une « zone grise » [87] certaines vérités improuvables[88]. Il s'ensuit que la preuve en droit civil vise moins à établir la vérité qu'à fixer formellement des faits[89] et que

[80] BOURCIER (D.), DE BONIS (M.), Les paradoxes de l'expertise : Savoir ou juger, Synthélabo, Paris, 1999, p. 13.

[81] DALBIGNAT-DEHARO (G.), Vérité scientifique et vérité judiciaire en droit privé, *op. cit.*, n° 255.

[82] OPPETIT (B.), Les rôles respectifs du juge et du technicien dans l'administration de la preuve en droit privé, art. préc., p. 53. – *Adde* insistant sur l'objectif de sécurité, TERRÉ (F.), Introduction générale au droit, *op. cit.*, n° 565.

[83] KINSCH (P.), Entre certitude et vraisemblance, le critère de la preuve en matière civile, Mél. G. Wierderkehr, Dalloz, Paris, 2009.

[84] FRISON-ROCHE (M.-A.), La procédure injuste, *in* FRISON-ROCHE (M.-A.), BARANES (W.), De l'injuste au juste, Dalloz, Paris, 1997, p. 82.

[85] Il ne s'agit pas d'une équité substantielle. ANDRIANTSIMBAZOVINA (J.) et a., Dictionnaire des droits de l'homme, PUF, coll. Quadrige, Paris, 2008, v° Procès équitable, spéc. p. 808.

[86] GUINCHARD (S.) (dir.), Droit processuel : droits fondamentaux du procès, *op. cit.*, n° 584.

[87] CESARO (J.-F.), Avant-propos, art. préc.

[88] LASSERRE-KIESOW (V.), La vérité en droit civil, D. 2010, p. 907.

[89] LECLERC (O.), La distinction entre la preuve en droit et la preuve en science est-elle pertinente ?, *in* TRUILHÉ-MARENGO (E.) (dir.), Preuve scientifique, preuve juridique, Larcier, coll. Droit des technologies, Bruxelles, 2012, pp. 53-76.

prouver, c'est avant tout faire approuver[90]. Réciproquement, la décision de justice ne relate pas nécessairement le vrai, et l'autorité de chose jugée s'y attachant n'est qu'une présomption irréfragable.

7. Soumission aux droits fondamentaux. – Le droit cessant de s'incliner devant la science lorsque celle-ci contrarie la justice, l'expertise non judiciaire intégrée au procès doit respecter le procès équitable, qui régit la recherche de la vérité judiciaire.

L'affirmation est curieuse à première vue. D'une part, l'article 6 § 1 de la Convention européenne n'impose le respect des garanties du procès équitable que devant le tribunal. Or, un tribunal est un organe établi par la loi[91] et doté de pouvoirs décisionnels[92] lui permettant de trancher le litige de manière définitive[93] au terme d'une procédure respectueuse des droits fondamentaux[94]. L'expert non judiciaire ne tient son autorité que des parties qui l'ont désigné, et il ne peut nullement trancher un litige. D'autre part, l'expertise se rattache à la preuve, domaine qui relève en principe de la marge nationale d'appréciation des États membres[95]. Toutefois, la Cour européenne se montre sensible à ce que la procédure dans son ensemble revête un caractère équitable, y compris au regard des preuves[96]. Or, par l'appropriation que le juge fait d'un rapport qui serait établi en

---

90 LÉVY-BRUHL (H.), La preuve judiciaire : étude de sociologique juridique, éd. Marcel Rivière, Paris, 1964, p. 22. – LAGARDE (X.), Finalités et principes du droit de la preuve, JCP G 2005, I, 133.

91 CEDH, 27 fév. 1980, Dewer c. Belgique, n° 6903/75, série A n° 35.

92 CEDH, 22 oct. 1994, Sramek c. Autriche, n° 8790/79, § 36, JDI 1985, p. 1070, obs. TAVERNIER (P.). – 10 mai 2001, Chypre c. Turquie [GC], n° 25781/94, § 233.

93 CEDH, 19 avr. 1994, Van de Hurk c. Pays-Bas, série A, n° 288, n° 16034/90, § 45. – 28 oct. 1999, Brumărescu c. Roumanie [GC], n° 28342/95, § 61, JCP G 2000, I, 203, obs. SUDRE (F.).

94 CEDH, 8 juill. 1986, Lithgow et a. c. Royaume-Uni, n°s 9006/80, 9262/81, 9263/81, 9265/81, 9266/81, 9313/81, 9405/81, 9405/8, § 201, Cah. dr. eur. 1988, p. 481, obs. COHEN-JONATHAN (G.) ; JDI 1987, p. 787, obs. ROLLAND (P.) ; AFDI 1987, p. 239, obs. COUSSIRAT-COUSTÈRE (V.).

95 CEDH, 12 juill. 1988, Schenk c. Suisse, n° 10862/84, série A, n° 140. – 26 fév. 1997, García Ruiz c. Espagne [GC], n° 30544/96, § 28.

96 CEDH, 13 juill. 2000, Elsholz c. Allemagne [GC], n° 25735/94, § 66, Rec. 2000-VIII.

méconnaissance des garanties du procès équitable, il s'expose à violer lui-même ces garanties. L'expertise, judiciaire ou non, en tant qu'elle est intégrée dans l'instance comme élément de preuve important, doit respecter les exigences conventionnelles par contagion[97], et un auteur en a déduit le droit à une expertise équitable[98].

Mais faut-il en déduire *a contrario* que le droit au procès équitable n'a pas vocation à gouverner l'expertise non judiciaire qui n'entre pas en interaction avec la sphère processuelle ? Qu'en serait-il par exemple de l'expertise élaborée au sein d'un mode amiable de résolution des différends ? Cela suppose de savoir si le mode amiable doit lui-même être soumis au respect du procès équitable[99]. Certains le soutiendront, en rappelant tout d'abord que l'interprétation de la Convention européenne n'est pas figée[100] et que dans des temps de déjudiciarisation amorcée[101], l'article 6 § 1 doit être étendu[102]. Ils avanceront l'idée que la Convention constitue un instrument de protection généralisée[103] dont l'effet horizontal lui confère une autorité

---

[97] FRICERO (N.), L'impartialité de l'expert, un élément clef de l'expertise équitable, *in* Mél. D. Tricot, Dalloz-Litec-LexisNexis, 2011, p. 355, n° 1.

[98] MARGUÉNAUD (J.-P.), Le droit à « l'expertise équitable », D. 2000, chron., p. 111. – L'équité, l'expertise et l'expert, Experts 2004, n° 63.

[99] CADIET (L.), Procès équitable et modes alternatifs de règlement des conflits, *in* DELMAS-MARTY (M.), MUIR-WATT (H.) et RUIZ-FABRI (H.) (dir.), Variations autour d'un droit commun, Société de législation comparée, Paris, 2002, p. 89 s.

[100] CEDH, 9 oct. 1979, Airey c. Irlande, n° 6289/73, § 26.

[101] Voir en ce sens les différents rapports sur la justice du XXIe siècle : GARAPON (A.) et a., La prudence et l'autorité : l'office du juge au XXIe siècle, rapport de l'IHEJ, 2013. – DELMAS-GOYON (P.) et a., Le juge du 21ème siècle : un citoyen acteur - une équipe de justice, rapport, 2013. – MARSHALL (D.) et a., Les juridictions du XXIe siècle : une institution qui, en améliorant qualité et proximité, s'adapte à l'attente des citoyens, et aux métiers de la justice, rapport, 2013.

[102] Ils illustreront en indiquant que la Cour de cassation a reconnu par exemple son applicabilité s'agissant de la procédure d'arbitrage, après l'avoir longtemps refusée. Cass. 1re civ., 6 oct. 2010, n° 09-10.530, Bull. civ. I, n° 184, D. 2011, p. 265, obs. FRICERO (N.); Les cahiers de l'arbitrage 2010, p. 1777, note MOURRE (A.) et PEDONE (P.). – Paris, 15 juin 2006, Rev. arb. 2006, p. 1002. – *Adde* GUINCHARD (S.) (dir.), Droit processuel : droits fondamentaux du procès, *op. cit.*, n° 609.

[103] PETTITI (L.-É.), DECAUX (E.), IMBERT (P.-H.), La Convention européenne des droits de l'Homme : commentaire article par article, Economica, 2e éd., Paris, 1999, v° Réflexions sur les principes et les mécanismes de la Convention, p. 27 s.

transcendante[104] garantissant une protection des droits de l'Homme dans tous les actes de la vie[105], y compris hors du domaine contentieux. Ensuite, ils relèveront que l'expertise contradictoire intégrée dans un mode amiable est construite, à l'instar du procès, sur un schéma procédural[106] instinctif, ce qui pourrait justifier l'application de garanties équivalentes. Enfin, ils souligneront qu'en tant que référence de négociation, l'expertise est susceptible d'avoir un impact prépondérant sur la solution négociée et que le procès équitable pourrait avoir vocation à régir l'ensemble des procédures (y compris l'expertise technique) dont l'issue est déterminante pour un droit civil[107]. Il existerait un modèle universel, une loi de substitution selon laquelle l'éviction des règles entraîne la consécration de principes[108]. D'autres rejetteront cette analyse opérant une extension du procès équitable hors du cadre processuel, aux motifs que les modes amiables se caractérisent par une logique contractuelle rejetant par hypothèse le procédé judiciaire[109] et que l'expertise utilisée dans le cadre d'une alternative à la justice ne doit pas se retrouver soumise aux garanties de la justice.

Cela étant, la stratégie contractuelle sans encadrement mène à des débordements. Déloyauté, exploitation de la faiblesse et déséquilibre

---

[104] DE FONTBRESSIN (P.), L'effet transcendantal de la Convention européenne des droits de l'Homme *in* Mél. L.-É. Pettiti, Bruylant, Bruxelles, 1998, pp. 231-250. Pour notre part, nous préférons utiliser l'adjectif « transcendant » dans la mesure où le vocable « transcendantal » appartient à la philosophie kantienne et désigne ce qui n'est pas donné par l'expérience mais *a priori*.

[105] DE FONTBRESSIN (P.), ROUSSEAU (G.), L'expertise non judiciaire et les valeurs de la Convention européenne des droits de l'Homme, Experts 2001, n° 51.

[106] ENCINAS DE MUNAGORRI (R.), LECLERC (O.), Théorie du droit et expertise : conclusion prospective sur les apports de l'analyse juridique, *in* ENCINAS DE MUNAGORRI (R.) (dir.), Expertise et gouvernance du changement climatique, LGDJ, coll. « Droit et société », t. 51, Paris, 2009, pp. 199-229. – DALBIGNAT-DEHARO (G.), Vérité scientifique et vérité judiciaire en droit privé, *op. cit.*, n° 308 s.

[107] GUINCHARD (S.), Le procès équitable : garantie formelle ou droit substantiel ?, *in* Mél. G. Farjat, Philosophie et droit économique. Quel dialogue ?, éd. Frison-Roche, 1999, pp. 139-173.

[108] GUINCHARD (S.), Droit processuel : droits fondamentaux du procès, *op. cit.*, n° 582.

[109] FRICERO (N.), Modes alternatifs de règlement des conflits et procès équitable, *in* Mél. G. Cohen-Jonathan, vol. 1, Bruylant, 2004, p. 839, n° 6.

informationnel sont des risques inhérents à tout contrat[110]. C'est pourquoi on s'accordera dans tous les cas sur la nécessité de définir des principes fondamentaux, comparables à ceux du procès équitable, pour encadrer les négociations[111] et l'expertise qui y prend place.

8. Support d'un droit fondamental. – Mais cette situation n'est pas univoque. Le droit à la preuve[112] de celui qui se prévaut de l'expertise doit être pris en compte. Droit subjectif processuel[113] de convaincre, prolongement du droit d'agir en justice[114], ce droit permet au plaideur d'imposer au juge une offre ou une demande de preuve[115]. Il est donc au fondement d'une obligation de collaboration[116] dans la recherche de la preuve qui s'impose à l'adversaire, qui ne peut se réfugier derrière un droit à la passivité[117], et au juge, qui doit examiner les éléments de preuve produits, voire venir en renfort en ordonnant des mesures d'instruction. Il semble donc manifester un rapprochement entre vérité judiciaire et vérité des faits[118]. Rattaché par la Cour européenne des droits de l'Homme aux garanties du procès équitable[119], il permet la production de preuves illicites ou déloyales[120] si une

---

[110] *Ibid.*
[111] *Ibid.* – *Adde* BEN HADJ YAHIA (S.), Qualités et effets de l'expertise dans le contentieux de l'assurance, RCA 2010, étude 7.
[112] BERGEAUD (A.), Le droit à la preuve, th., LGDJ, Paris, 2010.
[113] TERRÉ (F.), Introduction générale au droit, *op. cit.*, n° 566.
[114] GOUBEAUX (G.), Le droit à la preuve, *in* PERELMAN (C.) et FORIERS (P.) (dir.), La preuve en droit, Travaux du centre national de recherche logique, Bruxelles, Bruylant, 1981, pp. 277-301. – *Adde* LAGARDE (X.), Finalités et principes du droit de la preuve : ce qui change, art. préc.
[115] SCHREIBER-MOURE (M.-P.), Constat d'huissier et droit à la preuve, th., Nice, 2013.
[116] FLOUR (J.), AUBERT (J.-L.), SAVAUX (É.), Les obligations, t. 3, Sirey, 8e éd., Paris, 2013, n° 1.
[117] TERRÉ (F.), Introduction générale au droit, *loc. cit.*
[118] BOCCARA (V.), Du droit de la preuve au droit à la preuve, question de mots ou changement de cap ?, LPA 31 mai 2013, p. 5.
[119] CEDH, 10 oct. 2006, L. L. c. France, n° 7508/02, § 40. – 13 mai 2008, N. N. et T. A. c. Belgique, n° 65097/01.
[120] LARDEUX (G.), Du droit de la preuve au droit à la preuve, D. 2012, p. 1596. Cette nécessité n'est pas toujours appréciée rigoureusement par la Cour. V. dernièrement, CEDH, 27 mai 2014, De la Flor Cabrera c. Espagne, n° 10764/09, § 40.

nécessité probatoire est en jeu[121]. La Cour de cassation a progressivement défini les contours de son exercice, dans des affaires où une preuve était administrée au mépris du droit à la vie privée[122]. Elle décide qu'il doit triompher quand la preuve litigieuse est le seul moyen d'établir la réalité d'un fait essentiel au succès des prétentions[123]. Cette approche en termes de nécessité et de proportionnalité est formellement consacrée depuis 2012[124].

Or, si le droit à la preuve est applicable pour des preuves déloyales, il doit *a fortiori* concerner la production d'une expertise non judiciaire[125] qui apparaît, à l'instar du constat d'huissier[126], comme un de ses modes de réalisation.

9. Synergie. Droit à un bon expert. – Contrainte tout en étant promue par les droits fondamentaux, la situation de l'expertise non judiciaire à cet égard est ambivalente. À ce tiraillement déjà complexe viennent s'ajouter d'autres considérations. D'une part, l'influence de la

---

[121] AYNÈS (A.), VUITTON (X.), Droit de la preuve, LexisNexis, coll. Procédures, Paris, 2013, n° 164. – Comp. CPC suisse, art. 152 qui dispose que « le tribunal ne prend en considération les moyens de preuve obtenus de manière illicite que si l'intérêt à la manifestation de la vérité est prépondérant ».

[122] Elle a en revanche jugé que « le droit à la preuve découlant de l'article 6 de la Convention européenne des droits de l'homme ne peut faire échec à l'intangibilité du secret professionnel du notaire ». V. Cass. 1re civ. 4 juin 2014, n° 12-21.244 : Bull. à paraître, D. 2014, p. 1284.

[123] Cass. 1re civ., 16 oct. 2008, n° 07-15.778, Bull. civ. I, n° 230, D. 2008, p. 2727 ; JCP G 2008, IV, 2792; RTD civ. 2009, p. 167, obs. PERROT (R.); comm. com. électr. 2009, p. 40, obs. LEPAGE (A.); Gaz. Pal. 30 nov. 2008, p. 33, obs. DUPOND (N.). – Cass. com., 15 mai 2007, n° 06-10.606, Bull. civ. IV, n° 130, RTD civ. 2007, p. 637, obs. PERROT (R.); Lexbase Hebdo 2007, n° 268, obs. VERGÈS (E.).

[124] Cass. 1re civ., 5 avr. 2012, n° 11-14.177, Bull. civ. I, n° 85, D. 2012, p. 1596, obs. LARDEUX (G.) et p. 2826, obs. BRETZNER (J.-D.) ; comm. com. électr 2012, comm. 83, note LEPAGE (A.) ; Dr. famille 2012, comm. 159, note NICOLETTI (M.). « Attendu qu'en statuant ainsi, sans rechercher si la production litigieuse n'est pas indispensable à l'exercice de son droit à la preuve, et proportionné aux intérêts antinomiques en présence, la cour d'appel n'a pas donné de base légale à sa décision ». – *Adde* Cass. 1re civ., 10 sept. 2014, n° 13-22.612, à paraître, Dalloz actualité, 22 sept. 2014, obs. MÉSA (R.).

[125] FRICERO (N.), Expertise amiable : vous avez dit « amiable » ?, Procédures 2013, alerte 31.

[126] SCHREIBER-MOURE (M.-P.), Le constat d'huissier et le droit à la preuve, *op. cit.*

science dans une société du progrès, qui apparaît comme une force de légitimation de la décision de justice. D'autre part, les impératifs économiques, qui charpentent les mutations de la procédure civile[127] sans en constituer le fondement[128], sont prégnants alors que le service public de la justice traverse une crise incitant au pragmatisme. Les formalités inutiles et le dilatoire doivent être balayés. Le conflit au sein des droits fondamentaux se double donc d'un conflit entre les droits fondamentaux et des impératifs plus matérialistes...

Or, comment le droit judiciaire peut-il humaniser la science sans verser dans le juridisme ? Dans quelle mesure peut-il contribuer à faire de l'expertise non judiciaire un outil juridique utilisable dans des conditions satisfaisantes tant par les justiciables que par le juge ? Ces intérêts divergents doivent s'intégrer dans un mouvement synergique, en se nuançant les uns les autres tout en conservant leur substance.

Cette alchimie réside dans la mise au jour d'un droit fondamental synthétique, appelé droit à un bon expert. Il s'agit d'un droit processuel dualiste sensible aux préoccupations économiques, invocable à la fois par celui qui se prévaut de l'expertise, au titre de son droit à la preuve, et par celui qui se la voit opposer, au titre de son droit à être jugé sur la foi d'une expertise de qualité. Il n'est ni un droit à l'excellence d'une expertise équitable, afin de ne pas tarir l'institution en la noyant sous un luxe de précautions, ni un droit à la négligence et à la déloyauté qu'une contractualisation sans limites pourrait laisser advenir. Il ne prétend pas faire de l'expertise non judiciaire une expertise judiciaire qui ne dit pas son nom, mais simplement à permettre la constitution d'un canal d'intégration de la science parallèle, en rendant la preuve expertale compatible avec la matière du procès.

10. Enjeux. – La recherche de ce droit est une démarche particulière. Les sources sont essentiellement pratiques et la jurisprudence est assez fluctuante, ce qui rend la matière confuse. Il

[127] CADIET (L.), L'hypothèse de l'américanisation de la justice française, Arch. phil. droit 2001, p. 89.
[128] *Contra* LEMMENICIER (B.), L'économie de la justice : du monopole d'État à la concurrence privée ?, Justices 1995, n° 1, spéc. pp. 135-136.

convient d'envisager une théorisation en vue de remettre à plat les principes.

Cela étant, il échet de rester attentif à la réalité du terrain. Vouloir transformer par des principes l'expertise non judiciaire serait une vaine entreprise qui reviendrait à renier ce qui en fait l'intérêt, à savoir sa souplesse. Sa genèse spontanée et incoercible doit être pleinement prise en compte. C'est pourquoi l'ambition de la présente étude consiste davantage à saisir le phénomène dans sa concrétude, à en livrer un mode d'emploi destiné aux acteurs concernés qui disposeront ainsi de clés de lecture leur permettant de décrypter l'expertise à laquelle ils sont confrontés. C'est essentiellement lorsque l'expertise sera intégrée dans un procès que l'utilisation de cette notice aura un intérêt ; si elle reste cantonnée à un cadre purement consensuel, le droit peut avertir, mais il ne peut guère agir.

Par ailleurs, l'analyse ne saurait demeurer figée. En effet, l'expertise non judiciaire est un outil en devenir, encore sous-exploité, et dont l'importance va s'accroître corrélativement au mouvement de contractualisation de la justice. Une visée prospective est donc indispensable. C'est pourquoi cette étude tentera, à son humble niveau, de faire des propositions afin de pallier les faiblesses décelées dans les dispositifs actuels.

11. Plan. – Le mode d'emploi procède de deux étapes. La première consiste à diagnostiquer l'expertise à l'aune du droit à un bon expert, ce qui suppose de préciser les garanties qui assortissent celui-ci et la manière dont elles doivent être appréciées (Chapitre 1). La seconde vise à déterminer les remèdes applicables lorsque l'expertise se révèle en décalage avec les garanties du droit à un bon expert. C'est assurer l'effectivité de ce droit (Chapitre 2).

Chapitre 1. Les garanties du droit à un bon expert

12. Critères de référence. – Identifier les garanties qui s'attachent au droit à un bon expert revient à déterminer à quelles conditions une expertise non judiciaire est digne de constituer une preuve, ou encore une référence suffisante pour aboutir à une solution négociée. Si l'incursion du procès équitable au sein de l'extrajudiciaire se discute, il est indéniable qu'en tant que preuve en puissance, l'expertise doit concourir au procès équitable, et ce malgré la souplesse consubstantielle à son essence conventionnelle. Contre la diversité et les risques de dérive, la définition d'un standard de garanties minimales permettra de guider le juge dans son appréciation concrète de la place de l'expertise.

Or, bien que leurs fonctions soient distinctes, le juge et l'expert ont en commun d'être des tiers au conflit, amenés à des degrés différents à exercer une influence sur sa résolution. Ils doivent identiquement susciter la confiance des justiciables[129]. C'est ainsi que de la même façon que le juge, l'expert doit présenter des qualités institutionnelles (Section 1). Cela ne dispense pas l'expertise elle-même de présenter certaines qualités. En effet, à l'instar du procès, l'expertise se caractérise par une procédure[130], composée d'une succession d'opérations qui doivent elles-mêmes manifester un équilibre, lequel réside dans le respect des droits de la défense, qui repose essentiellement sur le caractère contradictoire des opérations (Section 2).

---

[129] CADIET (L.), NORMAND (J.), AMRANI-MEKKI (S.), Théorie générale du procès, *op. cit.*, n° 54.

[130] ENCINAS DE MUNAGORRI (R.), LECLERC (O.), Théorie du droit et expertise, art. préc.

SECTION 1. LES QUALITES DE L'EXPERT

13. Prise de vue. – Par analogie avec le bon juge[131], l'expert doit présenter certaines qualités institutionnelles pour que son expertise soit suffisamment crédible pour faire preuve. Ces qualités ne peuvent être identiques à celles que doit présenter le juge, car les fonctions de juge et d'expert ne sont résolument pas les mêmes. Là où le premier tranche un litige en disant le droit, l'autre donne un simple avis sur les faits. Ainsi, certaines garanties discutées pour le juge, telles que la spécialité, sont évidentes pour l'expert. La compétence attendue de lui n'est pas générale : elle est au contraire précise et pointue. D'autres garanties, pressenties pour le juge, telles que la collégialité, ne sont pas primordiales en matière d'expertise[132].

Mais en contrepoint, l'indépendance et l'impartialité, qui sont des garanties indiscutables pour le juge, s'imposent avec moins d'évidence à l'expert. Il est vrai que l'exigence d'impartialité est affirmée pour les techniciens commis en matière civile[133] et que l'indépendance demeure une condition d'inscription sur les listes d'experts judiciaires[134]. Pour étudier leur application à l'expert exerçant des missions hors du cadre juridictionnel, il convient au préalable de mieux cerner ces notions.

14. Définitions. – Être indépendant, c'est n'être suspendu à rien[135], n'être soumis à aucune contrainte extérieure. L'indépendance

---

[131] GUINCHARD (S.) (dir.), Droit processuel : droits fondamentaux du procès, *op. cit.*, n° 332.

[132] *Contra* DENGLOS (M.), Complexité des litiges, diversité et profusion des connaissances : l'expertise de justice, vers une inévitable collégialité ?, Experts 2012, n° 100, p. 57.

[133] CPC, art. 234 et 235.

[134] Décr. n° 2004-1463, 23 déc. 2004 relatif aux experts judiciaires, art. 2, 4° à 6° et art. 3, 2° à 4°.

[135] Le mot est constitué du préfixe privatif *–in* et du radical provenant du latin *dependere*, signifiant « être suspendu à ». – V. GAFFIOT (F.), Dictionnaire latin français, *op. cit.*, p. 498.

est donc l'état d'une personne qui œuvre sans recevoir d'ordre, qui agit sans être agie, dans le respect de l'éthique et de sa déontologie[136].

Dans son sillage, l'indépendance emporte une qualité complémentaire : l'impartialité. Si l'indépendance est statutaire et extérieure, l'impartialité est une vertu[137] morale et intérieure. Elle consiste pour un tiers à traiter les parties de manière égalitaire[138]. Les juges européens l'analysent sous une double démarche[139]. Subjective, d'une part, qui consiste à présumer que l'intéressé, dans son for intérieur, n'a aucune raison de favoriser ou de défavoriser telle ou telle partie[140], ce qui implique la neutralité et la mise à l'écart des convictions personnelles[141]. Objective, d'autre part, qui consiste à déterminer si, nonobstant la conduite personnelle de l'intéressé, certains faits peuvent amener à suspecter son impartialité[142], ce qui suppose notamment que ses fonctions ne soient pas de nature à former en lui une conviction qu'il ne pourrait renier[143]. Tout doute doit à cet égard être écarté. Indépendance et impartialité sont donc deux qualités distinctes. L'impartialité qualifie l'indépendance d'esprit et non l'indépendance de situation[144]. Néanmoins, elles sont « étroitement liées »[145].

---

[136] CADIET (L.), Dictionnaire de la justice, *op. cit.*, v° Indépendance, p. 622. L'auteur rappelle l'étymologie du mot déontologie : « ce qu'il faut faire (*deontos*) pour accomplir la fin ou la raison d'être (*logos*) de la fonction [que la personne remplit] ».

[137] GUINCHARD (S.) (dir.), Droit processuel : droits fondamentaux du procès, *op. cit.*, n° 363.

[138] MATET (P.), Indépendance et autorité de l'expert, *in* Expertise civile et procès équitable en Europe, coll. Cercle France-Amériques, 15 décembre 2009, [http://www.france-ameriques.org/151209.pdf], accédé le 1er juin 2014.

[139] CEDH, 1er oct. 1982, Piersack c. Belgique, série A, n° 53, JDI 1985, p. 210, obs. ROLLAND (P.) et TAVERNIER (P.).

[140] RENUCCI (J.-F.), Traité de droit européen des droits de l'Homme, LGDJ, 2e éd., Paris, 2012, n° 476.

[141] La preuve contraire peut être rapportée (CEDH, 26 fév. 1993, Padovani c. Italie, n°13396/87, § 26).

[142] RENUCCI (J.-F.), Traité de droit européen des droits de l'Homme, *op. cit.*, n° 479 et les réf. citées.

[143] JEULAND (E.), Droit processuel général, Montchrestien, Paris, 2012, n° 201.

[144] MAGNIER (V.), La notion de justice impartiale, JCP G 2000, I, 252, spéc. n° 12.

[145] CEDH, 25 fév. 1997, Findlay c. Royaume-Uni, § 73, Rec. 1997-I, p. 281 ; 6 mai 2003, Kleyn et autres c. Pays-Bas, nos 39343/98, 39651/98, 43147/98 et 46664/99, § 192, Rec. 2003-VI ; 22 juin 2004, Pabla Ky c. Finlande, n° 47221/99, § 28, Rec. 2004-V.

En effet, l'indépendance, en tant qu'elle suppose une absence de liens altérant la liberté, constitue une garantie forte d'impartialité objective. Les deux leviers doivent donc être renforcés. Tandis que l'indépendance résulte de l'analyse statique des rapports qu'entretient l'intéressé avec les autres personnes concernées, et en particulier les parties, l'impartialité ne se révèle finalement qu'à l'usage, et notamment lors de la formulation de l'avis ou de la décision[146]. Avant, il n'existe que des doutes de partialité qu'il faut combattre.

15. Difficultés. – L'objectivité scientifique semble imposer à l'expert de respecter ces garanties nonobstant le contexte de son intervention. Plusieurs difficultés se posent néanmoins. La première est théorique : il y a semble-t-il un paradoxe à attendre de l'expert qu'il présente ces deux qualités alors que par nature son activité se caractérise par une certaine dépendance (§ 1). La seconde est pratique : ces exigences doivent être concrétisées afin que leur méconnaissance puisse être révélée sans ambages. Les garanties théorisées doivent être concrètes, ce qui suppose l'élaboration de critères d'appréciation (§ 2).

§ 1. Le paradoxe des garanties

16. Divergence. – Bien que liées entre elles, les garanties d'indépendance et d'impartialité appliquées à l'expert divergent : alors qu'il est indéniablement attendu de lui d'être impartial (A), son indépendance totale paraît difficile à atteindre par nature (B).

A. L'attente d'impartialité

17. Double justification. – L'exigence d'impartialité de l'expert est justifiée (a) mais aussi fondée juridiquement (b).

[146] LECLERC (O.), L'indépendance de l'expert, *in* FAVRO (K.) (coord.), L'expertise : enjeux et pratiques, *op. cit.*, pp. 167-180.

a) Les justifications

18. Justification théorique. – L'expert doit traiter les parties égalitairement car il tire de sa fonction une légitimité qu'il se doit d'honorer.

Cette légitimité est historique. Le recours à l'expert s'est développé pour succéder aux évaluations faites par témoins, considérées douteuses. À Rome, les experts en écriture devaient prêter serment de ne pas être mus par aucune inimitié ou partialité[147]. La force décuplée de l'avis d'expert repose dans la foi supérieure placée dans son témoignage[148].

Cette légitimité est aussi idéologique. MOTULSKY disait de l'indépendance qu'elle est un trait « congénital »[149] de l'expertise. L'impartialité l'est tout autant. D'une part, l'expertise probatoire prétend à la vérité[150]. Or, la vérité n'est pas un parti pris. D'autre part, la démarche de l'expert est moins argumentative qu'explicative. Il ne saurait y avoir de preuve si l'expert se mettait au service de la défense d'une thèse ou de la justification d'une position arrêtée[151]. Il partage son savoir dans le respect de la neutralité scientifique[152]. Loin d'être un esprit instrumenté, il est un esprit libre et probe animé par un désir de vérité[153]. L'expert qui prétend prouver n'est donc pas un assistant technique.

---

147 *Ibid.*, n° 23.
148 BONNIER (É.), Traité théorique et pratique des preuves en droit civil et criminel, *op. cit.*, n° 111, p. 123.
149 MOTULSKY (H.), Notions générales, *in* L'expertise dans les principaux systèmes juridiques d'Europe, Travaux de recherche de l'Institut de droit comparé de Paris, XXXII, Paris, Éd. de l'épargne, 1969, p. 18.
150 V. *supra*, n° 6.
151 ENCINAS DE MUNAGORRI (R.), LECLERC (O.), Les apports de la théorie juridique à la délimitation de l'expertise : réflexions sur le lien de droit, *in* BÉRARD (Y.), CRESPIN (R.) (dir.), Aux frontières de l'expertise. Dialogues entre savoirs et pouvoirs, Presses Universitaires de Rennes, coll. « Res Publica », Rennes, 2010, pp. 197-210.
152 PRÉVOST (J.-B.), L'indépendance des experts, Gaz. Pal. 11 juill. 2009, n° 192, p. 9.
153 MEZERETTE (J.-Y.), Le point de vue du philosophe, Experts 2002, n° 57.

Sur ce point, il faut relever que la vision française diverge de celle des Anglo-Saxons. En effet, au Royaume-Uni, l'*expert-witness* travaille pour une partie. Son impartialité est suspecte[154], mais sa légitimité s'instaurera lors la confrontation contradictoire des thèses en présence. En France, la légitimité de l'expert se suppose plus qu'elle ne se construit, et l'impartialité se présume plus qu'elle ne se démontre. Même lorsque les parties choisissent chacune leur expert et que les opinions divergent, c'est rarement du débat que la preuve sortira : l'opposition se résoudra souvent par la nomination d'un tiers expert commun, ou par une demande d'expertise judiciaire, de sorte qu'un tiers dont l'impartialité n'est pas mise en cause sera finalement amené à se prononcer. Cela étant, ce n'est pas parce qu'un expert est choisi uniquement par une partie qu'il est nécessairement partial.

En somme, parce que le titre d'expert dégage de l'autorité, une confiance naturelle est placée dans le travail de ce technicien superlatif, qu'il se doit de mériter[155]. L'expert doit donc présenter la qualité que justifie son aura, sans quoi l'expertise ne servirait à rien.

19. Justification pratique. – Au plan pratique, quelle serait l'utilité d'un simulacre d'expertise ? L'impartialité est une jauge de la force de conviction de l'expertise[156]. Une expertise instrumentalisée est l'expression de la loi du plus fort. Frappée du sceau de la suspicion, elle ne pourrait pas concilier les parties (l'une se sentirait piégée) ni s'avérer probante dans le cadre d'une instance ultérieure (le juge devant respecter les règles du procès équitable). Cette relation entre impartialité et utilité a été mise en exergue par Voltaire : « s'il était possible que je leur fusse de quelque utilité, je ne pourrais y parvenir que par l'impartialité la plus exacte »[157].

---

[154] Par ex., Colmar, 24 mars 1995, n° 4764/91, retenant que le parti-pris de l'expertise unilatérale ne saurait remettre en cause une expertise judiciaire.

[155] VIGNEAU (V.), Obligations du technicien, *in* MOUSSA (T.) (dir.), Droit de l'expertise, *op. cit.*, n° 231.21.

[156] LECLERC (O.), L'indépendance de l'expert, art. préc., n° 8.

[157] AROUET (F.-M.) dit VOLTAIRE, Œuvres complètes : correspondance générale, t. 2, Paris, 1817, Lettre à Monsieur DAMILAVILLE, p. 968.

La justification de la condition d'impartialité trouve un prolongement au plan juridique car elle s'avère fondée.

b) Les fondements

20. Dualité. – À défaut de texte spécial, le titre d'expert ne fait l'objet d'aucune protection et il faut recourir à des principes généraux pour trouver le fondement des exigences d'impartialité et d'indépendance. Deux fondements peuvent être avancés.

21. Fondement processuel. – Le premier fondement réside dans l'article 6 § 1 de la Convention européenne de sauvegarde des droits de l'Homme et des libertés fondamentales.

Lorsque l'expertise est intégrée au procès en tant que preuve, la garantie d'impartialité qui s'applique au tribunal empêche le juge de se fonder essentiellement voire exclusivement sur des preuves inéquitables[158]. Il ne saurait donc s'approprier un rapport d'expertise délibérément partial, peu important qu'il soit lui-même à l'origine de la mesure ou que l'expertise soit effectuée à la demande d'une partie. L'impartialité de l'expert est donc fondée sur les garanties du procès équitable, par le truchement de l'obligation d'impartialité qui pèse sur le juge. La Cour de cassation a déjà eu l'occasion de censurer, au visa de l'article 6 § 1 de la Convention, la décision d'une cour d'appel refusant de prononcer l'annulation d'une saisie-contrefaçon, alors que l'expert chargé d'aider l'huissier à instrumenter n'était pas indépendant des parties[159].

Lorsqu'en revanche l'expertise est sortie du procès et qu'elle n'entre pas en interaction avec lui, il n'y a point de consensus quant à l'application des garanties du procès équitable[160]. Pour autant, des principes fondamentaux doivent s'appliquer à l'expertise hors du procès

[158] V. *supra*, n° 7.
[159] Cass. 1re civ., 6 juill. 2000, n° 00-04.104, Bull. civ. I, n° 210, D. 2001, p. 370, note VÉRON (P.); RTD com. 2005, p. 172, obs. VALLENS (J.-L.). – *Contra* Douai, ch. 1, sect. 2, 31 mai 2007, n° 05/02142.
[160] V. *supra*, n° 7.

car le bon déroulement de celle-ci conditionne la loyauté de la négociation. L'exigence d'impartialité figure assurément au titre de ces principes fondamentaux. C'est dire que même si le fondement processuel ne devait pas être retenu hors du procès, l'exigence d'impartialité trouve de toute façon un fondement dans le contrat.

22. Fondement contractuel. – L'expertise non judiciaire reposant sur un contrat, l'expert est tenu d'exécuter son obligation de bonne foi, en application de l'article 1134, alinéa 3, du Code civil. Sans s'attarder sur la nature de cette bonne foi[161] contractuelle, « la plus juridique des règles » [162], il échet de relever qu'il s'agit d'une notion-cadre[163] porteuse d'une norme de comportement générale, qui prend du relief à mesure que l'éthique individualiste cède le pas à l'équité et à la justice contractuelle[164]. La loyauté[165] est d'autant plus importante que le contrat d'expertise est conclu *intuitu personae*, en raison de la compétence de l'expert.

La loyauté est une exigence qualitative de la prestation[166] impliquant transparence et fidélité. L'expert doit être neutre, sans trahir ni tromper. Il doit aussi faire la lumière sur sa situation en informant les parties des circonstances susceptibles d'altérer son impartialité ou son indépendance, les laissant à même d'assumer le risque de partialité.

Finalement, le fondement de la loyauté contractuelle est tout à fait adapté, pour peu que l'expert soit en relation avec plusieurs parties, et il recoupe la même substance que le premier fondement processuel. Les mêmes règles sont portées par des normes différentes[167].

---

[161] Le terme de loyauté peut être tenu comme un synonyme de la bonne foi.
[162] CORNU (G.), La bonté du législateur, RTD civ. 1991, p. 283.
[163] CORNU (G.), Regards sur le titre III du livre III du code civil, Les cours du droit, Paris, 1976, n°s 69 s.
[164] MAZEAUD (D.), Loyauté, solidarité, fraternité : la nouvelle devise contractuelle ?, Mél. F. Terré, Dalloz, Paris, 1999, p. 60.
[165] Sur cette notion, V. PICOD (Y.), Le devoir de loyauté dans l'exécution du contrat, th., LGDJ, 1989.
[166] LE TOURNEAU (Ph.), POUMARÈDE (M.), Rép. civ., v° Bonne foi, 2009, n° 4.
[167] JARROSSON (C.), L'expertise équitable, *in* Mél. S. Guinchard, Paris, Dalloz, 2010, p. 731, n° 29. – *Adde* GUINCHARD (S.), Droit processuel : droits fondamentaux du procès, *op. cit.*, n° 598.

23. Conséquence. – Même si l'on devait refuser l'application de l'ensemble des garanties du procès équitable à l'expertise non judiciaire, à tout le moins lorsqu'elle est sortie du procès, l'impartialité apparaît comme une notion transversale et fondamentale. Il s'agit d'un principe de justice universelle[168], un principe général de droit[169] qui s'applique moins au juge en tant que tel qu'au tiers[170] chargé de participer à la régulation sociale. Que la mission de ce tiers soit de juger, de concilier, d'intercéder, ou d'expertiser, il est toujours attendu de lui qu'il se montre totalement neutre à l'égard des parties et objectif à l'égard de l'objet de son analyse. La justesse implique l'impartialité, et les droits fondamentaux peuvent être transposés dans de l'expertise non juridictionnelle.

24. Articulation avec l'indépendance. – Les observations précédentes concernent aussi l'indépendance[171], car pour ne pas être partial, il vaut mieux que l'expert ne dépende de personne. Pour autant, l'indépendance totale de l'expert non judiciaire se heurte à de nombreux obstacles inhérents à la nature de son activité, ce qui fragilise son impartialité objective (B).

B. La difficile indépendance

25. Part irréductible de dépendance. – L'expert est en proie à une dépendance structurelle aux multiples facettes. La situation de l'expert n'est pas déconnectée du reste du monde : l'expertise ne se déploie pas dans un vase clos mais prend place dans un environnement qui suppose la création de liens juridiques ou économiques susceptibles

---

[168] JARROSSON (C.), L'expertise équitable, art. préc., n° 29.
[169] CE, 27 oct. 1999, Fédération française de football, n° 196251.
[170] CADIET (L.), NORMAND (J.), AMRANI-MEKKI (S.), Théorie générale du procès, *op. cit.*, n° 54. – CADIET (L.), Panorama des modes alternatifs de règlement des conflits en droit français : [http://www.ritsumei.ac.jp/acd/cg/law/lex/rlr28/CADIET2.pdf], accédé le 1er juin 2014, p. 167.
[171] *Contra*, considérant que l'exigence d'indépendance se confond avec l'exigence d'impartialité lorsque le tiers est institué par les parties elles-mêmes : CADIET (L.), NORMAND (J.), AMRANI-MEKKI (S.), Théorie générale du procès, loc. cit. – V. aussi CLAY (T.), L'arbitre, th., Dalloz, Paris, 2001, nos 275 s.

d'interférer avec ces exigences. Si la dépendance juridique peut être maîtrisée (a), la dépendance économique est plus problématique (b).

a) La dépendance juridique maîtrisée

26. Lien de droit. – Toute expertise se caractérise juridiquement par une relation qui s'établit entre l'expert et une autre personne. En effet, une expertise n'est jamais diligentée du propre chef de l'expert : sa mission lui est prescrite par un tiers[172]. Il y a donc nécessairement un lien de droit situationnel qui unit l'expert à celui qui lui a confié sa mission[173]. La notion même de lien de droit[174] suggère l'enchaînement, et donc la privation d'indépendance. Toujours est-il que l'indépendance de l'expert subira une dépréciation susceptible de varier selon la nature du lien de droit en cause, lequel se qualifie par rapport à la qualité du cocontractant. Pour considérer les problèmes suscités par l'expertise non judiciaire à cet égard, il échet de relever que le lien de droit en cause n'est pas juridictionnel, comme dans l'expertise judiciaire, mais contractuel.

27. Relation non juridictionnelle. – La mission d'expertise prescrite par le juge et effectuée sous l'autorité de ce dernier présente des garanties suffisantes pour que l'avis ne soit pas influencé par des circonstances indifférentes à la justice. Dans cette hypothèse, l'expert intervient en qualité d'auxiliaire de justice[175]. Il a pu être avancé que l'expert judiciaire était un collaborateur occasionnel du service public de la justice, mais cette qualification n'est pas significative, car elle se limite en réalité au cadre de la responsabilité administrative pour permettre à l'expert de se retourner contre l'État en cas de défaut de

---

[172] Certains auteurs parlent d'une « commande » : ENCINAS DE MUNAGORRI (R.), LECLERC (O.), Les apports de la théorie juridique à la délimitation de l'expertise : réflexions sur le lien de droit, art. préc., p. 191.
[173] LECLERC (O.), L'indépendance de l'expert, art. préc., n° 13.
[174] JEULAND (E.), L'énigme du lien de droit, RTD civ. 2003, p. 455.
[175] MESTRE (P.), Les experts auxiliaires de la justice civile, th., Paris, 1937. – *Adde* MOTULSKY (H.), Notions générales, contribution préc. – SALATI (O.), Principes généraux, *in* MOUSSA (T.) (dir.), Droit de l'expertise, *op. cit.*, n° 111.22. – Cass. 2e civ., 24 juin 2004, n° 02-10.200, Bull. civ. II, n° 314, JCP G 2004, II, 10141, note CROZE (H.); Gaz. Pal. 13 avr. 2005, p. 18, obs. OLIVIER (M.).

paiement[176] (quand bien même la jurisprudence judiciaire[177] a parfois voulu étendre cette notion hors du domaine que lui avait primitivement assigné le juge administratif[178]). L'emprise du juge sur l'expert est réelle, mais ne vise qu'à protéger la mesure expertale. Ainsi, si le juge détermine la mission de l'expert et lui impartit un délai, c'est pour que la mesure soit la plus efficace possible. Si le juge chargé du contrôle des mesures d'instruction peut intervenir au cours des opérations, pour trancher même d'office les difficultés qui pourraient se présenter, ou modifier la mission précédemment confiée, c'est pour éviter le blocage de la mesure expertale et accroître son utilité. Si après le dépôt du rapport, c'est lui qui fixe la rémunération de l'expert via une ordonnance de taxation, c'est pour garantir son indépendance vis-à-vis des parties. Cette subordination[179] de l'expert n'est nullement problématique, car elle ne s'exerce que sur les conditions de l'activité et laisse l'expert libre de mener ses investigations scientifiques[180] comme il l'entend (convocation des parties, sollicitation de leurs observations...). De plus, le juge est lui-même un organe indépendant.

Les garanties ne sont pas identiques lorsque l'expert intervient hors du cadre juridictionnel. Dans un contexte contractuel, l'exigence d'indépendance de l'expert se heurte inexorablement au lien d'obligation qui s'impose à l'expert, lequel ne doit pas porter atteinte à l'autonomie de l'expert dans la direction des opérations. Le contrat d'expertise doit donc être défini comme la convention par laquelle l'expert s'engage, contre rémunération, à l'égard de son cocontractant à accomplir de façon autonome des prestations matérielles et intellectuelles en vue de la délivrance d'un avis technique consultatif sur des chefs de mission déterminés. Il s'agit d'un contrat innommé, de

---

[176] ENCINAS DE MUNAGORRI (R.) et GJIDARA (M.), L'expert judiciaire est-il un collaborateur occasionnel de la justice ?, Experts 2011, n° 99, pp. 10-16.
[177] Cass. 2e civ., 10 sept. 2009, n° 09-10.605.
[178] CE sect., 26 fév. 1971, Ministre de l'Intérieur c. sieur Aragon : Lebon, 172, AJDA 1971, p. 177, obs. LABETOULLE (D.) et CABANES (P.).
[179] NORMAND (J.), Remarques sur l'expertise judiciaire au lendemain du NCPC, art. préc.
[180] LECLERC (O.), L'indépendance de l'expert, art. préc., n° 14.

gré à gré, consensuel, synallagmatique, à titre onéreux[181] et commutatif. Ce n'est toutefois qu'à la lumière du régime applicable à ce contrat qu'il sera possible d'apprécier s'il ne met pas l'expert dans une situation de dépendance trop poussée. Or, le contrat d'expertise peut faire l'objet de multiples qualifications commandant l'application de régimes plus ou moins attentatoires à l'indépendance juridique.

28. Mandat. – Certains arrêts[182] ou auteurs[183] avancent la qualification de contrat de mandat, notamment lorsque l'expert est désigné par plusieurs parties, et évoquent un mandat d'intérêt commun. Or, cette qualification nous semble à la fois inexacte et dangereuse. Inexacte, car le mandat implique l'accomplissement à titre principal d'actes juridiques[184], ce qui n'est nullement le cas des prestations matérielles ou intellectuelles de l'expert, qui ne sont pas des manifestations de volonté accomplies en vue de produire des effets de droit[185]. La volonté de l'expert n'est jamais susceptible de produire des effets juridiques voulus, son avis n'étant que consultatif. Dangereuse, car le mandataire agit au nom et pour le compte du mandant[186], ce qui implique de suivre précisément les directives de ce dernier. Réciproquement, le mandant est engagé par les actes accomplis par le mandataire, ce qui ôterait tout droit pour la partie de contester les conclusions de l'expert. Cette qualification est donc incompatible, sous la réserve des expertises mal nommées, c'est-à-dire des arbitrages désignés sous le vocable d'expertise. L'hypothèse est celle des expertises « irrévocables »[187] par lesquelles les parties s'en remettent à

---

[181] L'on pourrait concevoir, très rarement, un contrat d'expertise à titre gratuit, qui dans ce cas présenterait un caractère unilatéral et non synallagmatique, seul l'expert étant assujetti à des obligations.

[182] Colmar, 6 fév. 1957, RGAT 1957, p. 295. – Nancy, 2e ch., 12 janv. 1984, Gaz. Pal. 1984, 2, jurispr., p. 623.

[183] JARROSSON (C.), La notion d'arbitrage, th. préc., n° 209. – *Adde* SALATI (O.), Principes généraux, *in* MOUSSA (T.) (dir.), Droit de l'expertise, *loc. cit.*

[184] LE TOURNEAU (Ph.), Rép. civ., v° Mandat, 2011, n°s 1 et 72 s.

[185] TERRÉ (F.), Introduction générale au droit, *op. cit.*, n° 212.

[186] C. civ., art. 1984.

[187] JARROSSON (C.), La notion d'arbitrage, th. préc., n° 209. – *Adde* BERGER (M.), KLEIMAN (E.), La nature et le régime juridique de la mission d'expertise irrévocable, Gaz. Pal. 7 avr. 2008, p. 10.

un tiers expert pour évaluer le prix du bien objet d'une vente[188] ou la valeur des droits sociaux en cas de cession litigieuse[189]. L'avis de l'expert contribue alors à la formation d'un contrat et les parties en décidant de s'en remettre à son arbitrage contractuel font de son avis leur loi et ne sont pas admises à contester l'évaluation proposée devant le juge, sauf erreur grossière de l'expert[190].

29. Contrat de travail. – La qualification de contrat de travail, retenue abondamment dans les années 1930[191], pose problème au regard du lien de subordination, notamment si l'expert intervient à la demande de l'employeur. En matière d'expertise judiciaire, le lien de subordination est une cause de récusation[192] car un salarié ne saurait en principe se prétendre indépendant. Toutefois, le salariat s'accommode parfois d'une réduction du pouvoir de direction de l'employeur et d'une autonomie accrue du salarié. Un tel statut est légalement prévu, par exemple pour les voyageurs, représentants et placiers[193]. Même à défaut d'organisation légale, il est possible de prévoir des clauses spécifiques de conscience[194], ou de flexibilité permettant au salarié de sortir du cadre de l'entreprise, de choisir ses horaires, et d'exercer ses missions en toute indépendance technique et intellectuelle. Il reste que dans les faits, le salarié voudra éviter de déplaire à son employeur, qui dispose d'un pouvoir disciplinaire. L'admission du contrat de travail pour l'exercice de l'activité d'expertise devrait donc être limitée, et encadrée. Les juridictions ont désormais cessé de retenir extensivement cette qualification et s'emploient à la cantonner au travail effectué dans le

---

[188] C. civ., art. 1592.

[189] C. civ., art. 1843-4.

[190] Cass. com., 19 avr. 2005, n° 03-11.790, Bull. civ. IV, n° 95, RJDA 8/2005, n° 986 ; BJS 2005, p. 1392, note LE NABASQUE (H.). – *Adde* CHARTIER (Y.), La notion d'erreur grossière d'un expert de l'article 1843-4 du code civil et les pouvoirs consécutifs des tribunaux, note ss. Cass. 1re civ., 25 janv. 2005, n° 01-10.395, Bull. civ. I, n° 49, D. 2005, p. 432.

[191] Rouen, 13 fév. 1930, RGAT 1930, p. 544. – Nancy, 25 fév. 1930, RGAT 1930, p. 544. – Poitiers, 9 avr. 1930, RGAT 1930, p. 544.

[192] COJ, art. L. 111-6, applicable aux experts par l'effet de l'art. 371 du CPC.

[193] C. trav., art. L. 7311-1 à L. 7313-18.

[194] PECKELS (B.), Expertise d'assurance et/ou expertise judiciaire, Experts 2009, n° 84, pp. 11-15.

cadre d'un service organisé, du moins lorsque les problématiques fiscales ou sociales sont en jeu[195].

30. Contrat d'entreprise. – La qualification la plus pertinente reste le contrat d'entreprise[196]. Il s'agit d'une convention par laquelle l'entrepreneur se charge de faire un ouvrage (actes matériels ou intellectuels) pour le maître d'ouvrage, moyennant un prix convenu à l'avance ou fixé selon l'importance de l'ouvrage. Contrat type pour les services, il permet au prestataire de développer son activité en toute indépendance matérielle et intellectuelle. Le contrat d'expertise serait plus spécialement un contrat de conseil[197].

Cette qualification étant la plus fréquente[198], la nature contractuelle de l'activité de l'expert n'est pas susceptible en soi de porter atteinte à son indépendance juridique. La dépendance économique est plus problématique.

b) La dépendance économique problématique

31. Domaine. – La dépendance économique de l'expert s'observe au niveau des modalités de sa rémunération (1) et des conflits d'intérêts auxquels il peut être sujet (2).

1. La rémunération

32. Payeur. – S'il intervient dans le cadre d'un contrat avec les parties, l'expert est directement rémunéré par elles. Cela n'est pas choquant en soi : les arbitres sont rémunérés par les parties, sans que leur indépendance n'en soit *ipso facto* affectée[199]. Les experts de justice le sont également, même s'il existe l'interposition du greffe pour les consignations. De plus, il est légitime que l'expert perçoive une

---

[195] Cass. 2e civ., 7 oct. 2010, n° 09-69.830, RDSS 2010, p. 1175, note TAURAN (T.).
[196] CADIET (L.) (dir.), Dictionnaire de la justice, *op. cit.*, v° Expertise, pp. 503-510, spéc. p. 505.
[197] REBOUL (N.), Les contrats de conseil, th., Aix-en-Provence, PUAM, 1999.
[198] Chambéry, 1re ch., 5 mai 2009, n° 08/01125.
[199] En ce sens, HENRY (M.), Le devoir d'indépendance de l'arbitre, th., LGDJ, Paris, 2001, n° 410.

rémunération en contrepartie du service qu'il rend[200]. Ce lien financier direct n'est pas toujours facteur de doute. Cela dépend de la qualité du payeur.

La situation n'est pas problématique si la charge du coût de la prestation est répartie également entre l'ensemble des parties aux intérêts divergents, car dans cette hypothèse, l'expert n'a aucune raison de valoriser l'une d'entre elles. Ainsi en cas de tierce expertise en matière d'assurance, le coût est partagé entre l'assureur et l'assuré.

Toutefois, dès lors qu'une partie le rémunère exclusivement ou essentiellement, l'indépendance est fragilisée. Néanmoins, il ne s'agit que d'une apparence qui peut assez simplement s'évanouir, notamment au vu des conclusions du rapport, et des autres garanties que présente l'expert. En soi, ce n'est donc pas tant la qualité du payeur qui peut poser problème que la consistance de la rémunération.

33. Modalités. – Les modalités de rémunération de l'expert ont également de l'importance. Il doit sans doute s'agir d'une rémunération fixe, sans intéressement au résultat dans la mesure où l'expert doit intervenir de manière désintéressée. À cet égard, il convient de ne pas suivre les recommandations des économistes du droit qui préconisent un tel système de rémunération[201], aux motifs que l'efficacité de l'expert, comme celle de tout agent économique, repose sur des incitations. De plus, une attention particulière pourra être portée sur le montant de cette rémunération : il faut qu'elle soit proportionnée au travail demandé. À défaut, on pourrait suspecter une subordination et le temps n'est plus à l'adage « qui mieux abreuve, mieux preuve »[202]. L'expert devrait ainsi fixer un taux horaire et détailler les diligences accomplies. L'édiction de barèmes indicatifs est également une piste

---

[200] STAGNARA (M.), L'expert d'assurance est-il indépendant ?, Experts 2005, n° 66, pp. 32-33.
[201] HARNAY (S.), L'analyse économique de l'expertise judiciaire : quelques éléments et pistes de recherche, 2007 : [http://www.courdecassation.fr/formation_br_4/2007_2254/expertise_judiciaire_10912.html], accédé le 1er juin 2014.
[202] ROLAND (H.), BOYER (L.), Adages du droit français, Litec, 4e éd., Paris, 1999, n° 367.

à envisager. Néanmoins, il ne suffit pas de raisonner par rapport à une expertise isolée : il faut également vérifier si l'expert n'est pas au centre de conflit d'intérêts.

2. Les conflits d'intérêts

34. Notion. – L'expert est naturellement sujet aux conflits d'intérêts. En plus d'affecter son indépendance en raison de la vigueur du lien économique ainsi créé, qui altère sa liberté, ces conflits peuvent également venir créer un doute dans le cadre d'une analyse objective de l'impartialité s'ils résultent de cumuls, internes ou externes, de fonctions. La notion de conflit d'intérêts est ici prise sous son angle économique, dans son sens anglo-saxon, à savoir l'existence d'intérêts commerciaux ou financiers[203] susceptibles d'influencer un jugement[204]. Les manifestations en sont diverses.

35. Réseau. – En effet, l'expertise est par nature une activité dérivée. L'expert est d'abord un professionnel qui a développé une grande expérience dans un domaine d'activité. Il est d'ailleurs souhaitable qu'en se lançant dans l'expertise, il garde un pied dans le monde professionnel, car il s'agit d'un gage d'actualisation des connaissances et donc de compétence. Il s'ensuit que, sauf cas particulier, l'activité expertale est à la fois intermittente, car non exercée de façon continue, et concomitante, car non exclusive de l'exercice de l'activité professionnelle habituelle[205]. Cette circonstance met à mal le postulat selon lequel l'expertise se réalise avec pour seul objectif la vérité, sans égard pour les intérêts divergents en cause. Car, bon gré mal gré, l'expert est un être situé économiquement en tant que

---

[203] PENNEAU (A.), L'expertise, l'impartialité et le conflit d'intérêts, D. 2003, p. 2260.

[204] V. également la définition qu'en donne le service central de prévention de la corruption (SCPC) dans son rapport 2004 : [http://www.justice.gouv.fr/art_pix/scpc2004.pdf] : « un conflit d'intérêts naît d'une situation dans laquelle une personne employée par un organisme public ou privé possède, à titre privé, des intérêts qui pourraient influer ou paraître influer sur la manière dont elle s'acquitte de ses fonctions et des responsabilités qui lui ont été confiées par cet organisme ».

[205] JARROSSON (C.), L'expertise équitable, art. préc.

professionnel : il côtoie des clients, il a des concurrents, il recourt ou participe lui-même à des financements... C'est ainsi qu'il constitue autour de lui, même inconsciemment, un réseau susceptible d'interférer à l'occasion de ses activités d'expertise[206]. À cela s'ajoute son réseau constitué en tant qu'expert, formé par ses collègues ou confrères. L'esprit de corps est susceptible de jouer[207].

36. Spécialité. – Il est en outre des spécialités que peu de personnes ont en commun. Il en va ainsi des experts en génétique, en matière pharmaceutique, dans certains domaines médicaux[208], ou en œuvres d'art[209]. Ces milieux de haute technicité étant fermés, le marché des experts est lui-même oligopolistique. Les experts susceptibles d'être désignés sont peu nombreux et les parties concernées par les expertises tout aussi sporadiques : les mêmes personnes se retrouvent. Pour autant, il n'est pas envisageable de se priver d'experts dans ces matières[210]. La Cour européenne s'est montrée sensible à cette problématique dans un arrêt Brandstetter[211] dans lequel elle s'exprime ainsi : « aux yeux de la Cour, la circonstance qu'un expert travaille pour le même institut ou laboratoire qu'un confrère, dont l'avis constitue la base de l'acte d'accusation, n'autorise pas en soi à le croire incapable d'agir avec la neutralité voulue. En juger autrement limiterait dans bien des cas de manière inacceptable la possibilité, pour les tribunaux, de recourir à une expertise ». Telle est aussi l'approche de la Cour de cassation[212]. La décision, rendue en matière d'expertise judiciaire, est transposable.

---

[206] MOURY (J.), Les limites de la quête en matière de preuve, art. préc., n° 9.

[207] GIRARD (M.), La souffrance dans le paysage médical, Gaz. Pal. 15 fév. 2014, n° 46, p. 13.

[208] *Ibid.* L'auteur évoque le cas de la chirurgie bariatrique.

[209] JARROSSON (C.), L'expertise équitable, art. préc. L'auteur rappelle que dans la célèbre affaire Poussin, tous les experts de la place s'étaient succédés.

[210] CLAY (T.), L'arbitre, *op. cit.*, spéc. n° 358. – ENCINAS DE MUNAGORRI (R.), Quel statut pour l'expert ?, RFAP 2002, pp. 379-390. – LECLERC (O.), Le juge et l'expert..., *op. cit.*, n° 263. – *Adde* Innovation technologique et expertise. L'exemple de l'exigence d'impartialité de l'expert, *in* Rapport annuel de la Cour de cassation, 2005, Doc. fr., p. 198.

[211] CEDH, 28 août 1991, Brandstetter c. Autriche, n°s 1170/84, 12876/87, 13468/87, série A, n° 211, RSC 1991, p. 395, obs. PETTITI (L.-É.).

[212] Cass. 2e civ., 22 oct. 2009, n° 07-21.847, Bull. civ. I, n° 101, RTD civ. 2009, p. 532, note FAGES (B.).

Il s'agira alors de faire fi des liens unissant l'expert aux protagonistes et de se focaliser sur sa seule partialité révélée, en occultant le manque d'indépendance, sans quoi l'application des exigences se révélerait disproportionnée.

37. Courant d'affaires. – Les deux hypothèses précédemment évoquées ont trait au cumul entre l'activité d'expertise et une activité professionnelle extérieure. Mais un expert qui développerait à titre principal son activité d'expertise et mettrait entre parenthèses sa carrière professionnelle n'est pas moins concerné par les conflits d'intérêts. Il s'agit dans cette hypothèse de dépendance économique au sens où on l'entend traditionnellement : dès lors que se crée un courant d'affaires entre le requérant à l'expertise et l'expert, que l'un et l'autre travaillent ensemble de manière régulière, il se crée un lien financier très fort dont la rupture mettrait l'expert privé dans une situation de précarité. On pense à l'expert intervenant régulièrement pour les assureurs[213]. L'expert qui profite de cette clientèle n'a certainement pas intérêt à ce que ces relations cessent et pourrait donc être tenté de ne pas trop leur donner tort. Néanmoins, une suspicion généralisée des experts d'assurance n'est pas légitime, ce d'autant que nombre d'expertises non judiciaires ont vocation à se dérouler dans un cadre assuranciel. En la matière il faut adopter une approche concrète et vérifier si l'expert tire l'essentiel de ses revenus de cette activité pour en déduire l'état de dépendance économique.

38. Seuil de tolérance. – Reste une question : jusqu'où peut-on tolérer de tels conflits d'intérêts, qui apparaissent inexorables ? En matière d'expertise judiciaire, la Cour de cassation estime que la liste des causes de récusation des experts n'est pas limitative et qu'il convient de vérifier l'existence d'un lien entre l'expert et toute personne

---

[213] PRÉVOST (J.-B.), L'indépendance des experts, art. préc. – V. aussi CCA, Recommandation n° 85-04 concernant les contrats d'assurance destinés à couvrir divers risques de la vie privée (notamment le vol, l'incendie, les dégâts des eaux et la responsabilité civile) et couramment dénommés multirisques habitation, BOCCRF 6 déc. 1985 : « Considérant que l'organisation actuelle de l'expertise en cas de sinistre ne garantit pas toujours son caractère pleinement contradictoire et que la personne désignée à titre d'expert est fréquemment liée à l'assureur par un rapport de dépendance juridique ou économique ».

intéressée par l'issue du procès[214]. La Cour juge à cet égard indifférent qu'il existe un lien de connexité entre l'objet de l'expertise et celui de la relation d'affaires, que les activités libérales soient contemporaines ou antérieures à celle d'expertise, ou que l'accomplissement des missions parallèles ne représente qu'une faible part des revenus. Cette approche purement objective[215] est rigoureuse et ne saurait être absolument transposée à l'expertise non judiciaire. C'est un fait à prendre en compte que l'expert est nécessairement moins indépendant que le juge, et que l'expert non judiciaire est économiquement moins indépendant que l'expert judiciaire. Il ne faut pas entraver cette mesure qui participe de toute évidence de l'économie procédurale[216]. Une approche concrète[217] doit être adoptée de façon à ce que soit préservée l'apparence, dont on sait qu'elle est tout aussi chère que le respect réel des garanties, tant à Lord HEWART[218] qu'à la Cour européenne des droits de l'Homme[219]. Une fois défini le seuil exigible de ces garanties, il convient d'analyser la manière dont elles se concrétisent.

---

214 Cass. 2e civ., 5 déc. 2002, n° 01-00.224, Bull. civ. II, n° 275, RCA 2007, comm. 165, obs. GOUTTENOIRE (A.), RADÉ (Ch.). Dans cette affaire mettant en cause l'Institut Pasteur, l'expert désigné travaillait pour un laboratoire concurrent. Il était certes indépendant des parties au sens strict, mais sa situation était susceptible d'influencer négativement son point de vue à l'égard de l'institut Pasteur, de sorte que la Cour de cassation a été amenée à étendre l'exigence d'indépendance hors du cadre du Code de procédure civile.

215 PENNEAU (A.), L'expertise, l'impartialité et le conflit d'intérêts, art. préc.

216 DUMAS (R.), La conciliation prétorienne des droits fondamentaux processuels avec les spécificités de l'expertise judiciaire civile : un bilan mitigé, Revue des droits et libertés fondamentaux Grenoble, 2013, chron. 17 : [http://rdlf.upmf-grenoble.fr/?p=4232] – accès le 24 mai 2014. – V. *supra*, n° 9.

217 PUEL (X.), L'impartialité objective de l'expert au regard de son activité professionnelle, JCP G 2014, 735.

218 Sir HEWART (G.), *in* Cour suprême du Royaume-Uni, 1924, Rex c. Sussex Justices, ex parte Mc Carthy, [1924] 1 KB 256, [1923] All ER Rep 233 : « It is not merely of some importance but is of fundamental importance, that justice should not only be done, but should manifestly and undoubtedly be seen to be done ».

219 CEDH, 17 janv. 1970, Delcourt c. Belgique, n° 2689/65, § 31. – 28 juin 1984, Campbell et Fell c. Royaume-Uni, nos 7819/77 et 7878/77, § 78. – 26 oct. 1984, De Cubber c. Belgique, n° 9186/80, § 26. – 24 mai 1989, Haushildt c. Danemark, n° 6486/83, § 48, AFDI 1991, p. 585, obs. COUSSIRAT-COUSTÈRE (V.) ; JDI 1990, p. 727, obs. ROLLAND (P.) et TAVERNIER (P.). – 22 juin 1989, Langborger c. Suède, n° 11179/84, § 32.

§ 2. La concrétisation des garanties

39. Critères. Comment s'assurer dans la réalité que l'expert ne méconnaît pas les exigences d'indépendance et d'impartialité ? À l'aune de quels critères faut-il apprécier leur respect ? Telle est la question de la concrétisation des garanties.

Parfois leur méconnaissance se manifeste avec clarté, soit que l'expert fasse preuve d'un manque patent d'objectivité, soit qu'il ait entendu mener ses opérations de manière particulièrement inégalitaire (en ne répondant aux arguments que d'une partie, par exemple), soit encore qu'il ait déjà eu à intervenir comme conseil d'une partie dans le même litige. La rédaction du rapport offre à ces égards un précieux outil d'appréciation : il énonce la mission, qui doit elle-même être exempte de toute perspective orientée, ainsi que la démarche scientifique. Le raisonnement doit être rigoureux, l'expression doit être neutre.

Mais il ne s'agit là que de la partie émergée de l'iceberg. Des risques pèsent encore sur l'impartialité objective de l'expert même s'ils ne se traduisent pas par un manque *apparent* d'objectivité. Il est donc utile d'identifier les gages concrets de nature à lever ces doutes, en se référant aux méthodes traditionnelles de lutte contre les conflits d'intérêts[220]. Ainsi, l'existence d'un statut est une forte garantie d'indépendance, principal rempart contre la partialité objective (A), mais l'expert doit également respecter une éthique personnelle, un comportement transparent à l'égard de tout ce qui pourrait nuire à son impartialité (B).

A. L'existence d'un statut

40. Stabilisation. – Le fait que l'expert bénéficie d'une déontologie concrétisée par un statut qui organise des modalités de sélection, d'exécution des missions, et de sanction en cas de manquements contribue à stabiliser sa situation en même temps qu'elle

---

[220] GUINCHARD (S.), La gestion des conflits d'intérêts du juge : entre statut et vertu, Pouvoirs 2013/4, n° 147, pp. 79-90, spéc. p. 80.

empêche la création de liens trop forts. L'indépendance s'en trouve alors renforcée parce que l'expert est protégé. Néanmoins, les fonctions d'expert n'étant pas considérées comme une profession, il n'existe aucune forme de réglementation générale de cette activité. Il convient donc de se montrer attentif aux réglementations sectorielles, qui n'ont toutefois pas toutes un caractère juridiquement contraignant.

41. Absence de profession réglementée d'expert. – En droit français, la qualité d'expert n'est pas institutionnalisée et le titre d'expert pas en lui-même protégé[221]. Toute personne peut en principe s'autoproclamer expert privé dans tel domaine si elle remplit les conditions pour exercer une activité professionnelle[222].

La raison réside dans le refus de voir dans l'expertise une profession réglementée, en raison du caractère accessoire de cette fonction[223]. En somme, la mission n'est pas une activité professionnelle réservée à un corps de personnes devant remplir certains critères[224]. La Cour de justice de l'Union est allée jusqu'à préciser que la liberté de prestation de services devait pleinement s'appliquer aux experts judiciaires, les listes établies auprès des cours d'appel et de la Cour de cassation n'ayant pas pour objectif d'organiser la reconnaissance d'une qualification déterminée[225].

---

[221] SALATI (O.), Principes généraux, *in* MOUSSA (T.), Droit de l'expertise, *op. cit.*, n° 111.21. L'auteur indique que les seuls titres protégés sont ceux d' « expert agréé par la Cour de cassation » et d' « expert près la cour d'appel ».

[222] À ce titre, les personnes qui sont frappées d'une incapacité d'être expert devant une juridiction (C. pén., art. 131-26) peuvent réaliser des missions dans un cadre non juridictionnel.

[223] GARAPON (A.) (dir.), Incertitude et expertise : l'expertise française sous le regard international, *in* Séminaire risques, assurances, responsabilités 2004-2005, le traitement juridique et judiciaire de l'incertitude, 2004, p. 9.

[224] NAMIN (L.), L'expertise judiciaire à l'épreuve de la libre prestation de services, L'argus de l'assurance, 2011, n° 831. – CJUE, 8 juill. 1999, Fernandez de Bobadilla, C-234/97, Rec. p. I-4773, § 17.

[225] CJUE 17 mars 2011, Peñarroja Fa, aff. C-372/09 et C-373/09, D. 2011, p. 1023 et D. 2012, p. 244, obs. FRICERO (N.) ; Procédures 2011, comm. 170, obs. NOURRISSAT (C.).

Mais avec le développement des missions privées, encouragé par l'extension de l'assurance et des modes alternatifs, l'expertise tend à se professionnaliser. La nomenclature des activités françaises comprend des classes consacrées à des activités d'expertise[226], et la tendance est à la prolifération des experts[227]. L'expertise non judiciaire devient un marché qui ne saurait être entièrement géré par le libre jeu de la concurrence, au regard de la singularité de cette activité susceptible de participer, même indirectement, à l'administration de la justice[228].

C'est la raison pour laquelle cette professionnalisation doit être accompagnée. Cela étant, professionnalisation ne rime pas forcément avec création d'une profession. Il serait simplement souhaitable de définir des critères de performance pour les missions au moyen de l'élaboration d'une déontologie uniforme. La démarche expertale doit en effet être saisie en tant que telle, malgré la diversité des domaines dans laquelle elle est appelée à être mise en œuvre. À ce titre, les processus de sélection et de formation devraient être uniformisés et rendus plus transparents[229], et la lisibilité des règles applicables aux différentes activités renforcée[230]. Le rôle des compagnies d'expert pourrait aussi être revalorisé, la collectivisation des forces et l'internationalisation des processus de contrôle étant des facteurs d'indépendance.

42. Îlots de réglementations. – Nonobstant l'absence de mouvement général, toutes les activités d'expertise ne sont pas

[226] Par ex., classes 7490B (Activités spécialisées, scientifiques et techniques diverses), 6621Z (Évaluation des risques et dommages), 7112B (Ingénierie, études techniques), 7120B (Analyses, essais et inspections techniques)

[227] CAUSSE (H.), L'indépendance des experts judiciaires, une actualité brûlante, D. 2010, p. 242.

[228] FIORI-KHAYAT (C.), L'arrêt du 17 mars 2011 sur les experts traducteurs : servitudes et grandeurs expertales, Gaz. Pal. 2011, n°s 107-109, jur. p.15-18.

[229] JEULAND (E.), Droit processuel, *op. cit.*, n° 523. L'auteur estime que la sélection se fait de manière peu transparente.

[230] FRICERO (N.), L'expertise judiciaire en mutation !, JCP G 2011, act. 572. – BUSSIÈRE (C.) et AUTIN (S.), Commission de réflexion sur l'expertise, [http://www.justice.gouv.fr/art_pix/rapp_com_reflextion_expertise.pdf], accédé le 1er juin 2014. Les auteurs relèvent que la multiplicité des textes applicables à la seule expertise judiciaire pose un problème de lisibilité.

désertées par les pouvoirs publics. Des dispositions viennent régir certains domaines dans lesquels les garanties d'indépendance sont renforcées. Il en va ainsi des experts judiciaires et des corps d'experts organisés sous la forme d'une profession. Parfois encore, il existe des règles non contraignantes développées par la pratique.

43. Experts judiciaires. – En premier lieu, il existe bien évidemment les règles relatives à la qualité d'expert judiciaire[231]. L'inscription sur les listes tenues par les Cours d'appel ou par la Cour de cassation est subordonnée au respect d'une condition l'indépendance[232], qui doit perdurer puisque la réinscription s'impose périodiquement et suppose un réexamen complet du dossier[233]. C'est un peu comme si l'inscription faisait naître à la charge de l'expert un devoir de fidélité à la vérité[234]. Ainsi, dès lors qu'un tel expert est amené à intervenir amiablement, il est tenu de ne pas sombrer dans la dépendance, sans quoi il ne serait pas réinscrit. En plus de se montrer impartial lors de telles missions extrajudiciaires, il doit veiller à n'en accepter que très occasionnellement, afin d'éviter de s'exposer à des conflits d'intérêts[235]. Il doit donc refuser de développer en parallèle une

---

[231] L. n° 71-498, 29 juin 1971, relative aux experts judiciaires, modif. L. n° 2004-130, 11 fév. 2004, réformant le statut de certaines professions judiciaires ou juridiques, des experts judiciaires, des conseils en propriété industrielle et des experts en vente aux enchères publiques, art. 46 s. – L. n° 2010-1609, 22 déc. 2010, relative à l'exécution des décisions de justice, aux conditions d'exercice de certaines professions réglementées et aux experts judiciaires. – Décr. n° 2004-1463, 23 déc. 2004, relatif aux experts judiciaires, qui abroge et remplace le Décr. n° 74-1184, 31 déc. 1974 relatif aux experts judiciaires. – Décr. n° 2006-546, 12 mai 2006, relatif aux experts médicaux judiciaires exerçant en application des articles L. 141-1 L. 141-2-1 du Code de la sécurité sociale et modifiant ce code. – Décr. n° 2012-1451, 24 déc. 2012, relatif à l'expertise et à l'instruction des affaires devant les juridictions judiciaires. – *Adde* Code de déontologie des experts de justice élaboré par la Fédération nationale des compagnies d'experts de justice (CNCEJ).

[232] V. les règles déontologiques de l'expert de justice adoptées par la Fédération nationale des compagnies d'experts judiciaires, chap. V « Consultations privées d'experts inscrits sur les listes ».

[233] FRICERO (N.), JULIEN (P.), Procédure civile, *op. cit.*, n° 639.

[234] FASSIO (F.), KERISEL (J.-B.), LOEPER (P.), Non, l'expert de justice ne peut mentir !, Experts 2012, n° 101, p. 25.

[235] Le Code de déontologie des experts judiciaires, dépourvu de valeur normative, préconise que de telles interventions soient exceptionnelles.

part importante d'activité privée au bénéfice de clients institutionnels, tels que les assureurs.

La Cour de cassation, dont le contrôle se limite à vérifier l'existence d'une erreur manifeste d'appréciation[236] dans les décisions de refus de réinscription, a paru un temps se montrer clémente à l'égard des experts judiciaires qui effectuaient des interventions pour les assureurs. Saisie d'un recours contre la décision de l'Assemblée générale de la cour d'appel de Paris qui avait refusé la réinscription d'un expert ayant précédemment travaillé pour les assurances, elle était entrée en voie de cassation en énonçant que « le fait d'accomplir des missions pour des sociétés d'assurances ne constitue pas en soi l'exercice d'une activité incompatible avec l'indépendance nécessaire aux missions d'expertise judiciaire » [237]. Toutefois, depuis cet arrêt rendu en 2008, au demeurant critiqué[238], la Cour de cassation a durci sa position en refusant de qualifier l'erreur manifeste d'appréciation dans les décisions qui refusaient l'inscription ou la réinscription au motif que les experts concernés avaient développé l'essentiel de leur activité auprès des assureurs[239]. Cette position mérite d'être approuvée, car d'une part, la Cour prend toujours soin de relever que l'Assemblée générale avait constaté que l'expert avait développé dans ces conditions une grande part de son activité[240] et, d'autre part, car si l'indépendance

---

[236] Cass. 2e civ., 16 mai 2012, n° 12-60.040. Ce contrôle limité s'explique par le fait que les décisions prises par les Assemblées générales des cours d'appel n'ont pas à être motivées, car il ne s'agit pas d'actes administratifs. V. aussi, 24 fév. 2005, n° 03-12.226, Bull. civ. II, n° 45, D. 2005, inf. rap. p. 737 ; D. 2006, p. 545, obs. JULIEN (P.) et FRICERO (N.).

[237] Cass. 2e civ., 22 mai 2008, n° 08-10.314, Bull. civ. II, n° 122, D. 2008, p. 2635, note MORLET-HAÏDARA (L.) et p. 2373, note SOMMER (J.-M.) et NICOLETIS (C.). – 22 mai 2008, n° 08-10.840, Bull. civ. II, n° 123.

[238] Certains auteurs ont estimé que la Cour de cassation était sortie de son rôle et avait posé un principe opportuniste (PRÉVOST (J.-B.), L'indépendance des experts, préc.

[239] Cass. 2e civ. 14 mai 2009, n° 09-11.466, Bull. civ. II, n° 122, RLDC 2009, p. 26, obs. BUGNICOURT (J.-Ph.). – 16 mai 2012, n° 11-30.651.

[240] Cass. 2e civ., 27 juin 2013, n° 12-60.608, Bull. civ. II, n° 144, Lexbase Hebdo 18 juill. 2013, n° 536, obs. VERGÈS (E.) : eu égard à la faible part d'activité exercée auprès des assureurs, la Cour de cassation annule le refus de réinscription du technicien. – 27 juin 2013, n° 13-60.025, Bull. civ. II, n° 146, Lexbase Hebdo 18 juill. 2013, n° 536, obs. VERGÈS (E.) : la Cour d'appel avait pris soin de relever que

ne saurait être suspectée *ab initio*, l'exercice de l'activité d'expert judiciaire impose une rigueur particulière qui devrait exclure l'exercice régulier d'activités privées auprès d'assureurs. Ce moyen de pression est également susceptible de jouer pour un expert non encore inscrit mais qui pourrait souhaiter l'être[241].

44. Réglementations sectorielles. – Par ailleurs, certaines activités d'expertise sont réservées à des corps d'experts réglementés et soumis à une exigence d'indépendance. Le titre d'expert dans ces domaines fait alors l'objet d'une protection. Il en va ainsi des opérations d'expertise en matière automobile, qui sont réservées aux experts en automobile dont le statut est prévu par le Code de la route[242]. On relèvera également le cadre des expertises diligentées par les CRCI prévoyant de solides garanties légales[243] : choix prioritaires sur des listes, système de notation des experts, principe de collégialité, secret professionnel, coût pris en charge par l'Office national d'indemnisation... Sont également réglementées et soumises à une condition d'indépendance légale les fonctions d'expert-comptable[244], de géomètre-expert[245], ou d'expert agricole et foncier ainsi que forestier[246]. Il existe également quelques règles s'agissant des médecins[247].

---

l'expert en question consacrait 80% de son temps à des expertises réalisées pour une société d'assurance, et qu'il avait donc déployé une activité importante et régulière d'expert privé et avait créé entre cette société et lui une relation d'affaires susceptible d'interférer avec son activité d'expert judiciaire. – 14 mai 2009, n° 09-11.466, préc. : la Cour avait relevé que l'expert effectuait 200 missions par an au profit des assureurs.

241 Cass. 2e civ., 6 juin 2013, n° 13-60.051 (refusant une inscription malgré le fait que l'expert disait avoir cessé toute activité auprès des sociétés d'assurance).

242 C. route, art. L. 326-4 et L. 326-6 4°.

243 C. santé publ., art L. 1142-12.

244 Ord. n° 45-2138 du 19 sept. 1945, art. 22.

245 L. n° 46-942 du 7 mai 1946, art. 8.

246 L. n° 72-565 du 5 juill. 1972, art. 6.

247 V. C. santé publ., art. R. 4127-5 qui prévoit que : « Le médecin ne peut aliéner son indépendance professionnelle sous quelque forme que ce soit ». – art. R. 4127-105 qui dispose que : « nul ne peut être médecin expert et médecin traitant pour un même malade. Un médecin ne doit pas accepter une mission d'expertise dans laquelle sont en jeu ses propres intérêts, ceux d'un de ses patients, d'un de ses proches, d'un de ses amis ou d'un groupement qui fait habituellement appel à ses services. ». – art. R. 4127-108 qui précise que l'expert doit informer la personne examinée du cadre juridique dans lequel il intervient.

Ces statuts sectoriels permettent notamment d'instaurer des incompatibilités.

Dans d'autres cas, les textes prévoient des garanties qui s'attachent aux opérations proprement dites sans organiser le statut de l'expert. Dès lors, tout expert amené à intervenir dans de tels cadres doit se conformer aux exigences qui y sont décrites, sous peine d'assumer éventuellement des responsabilités. Par exemple, l'expert qui intervient en matière d'assurance dommage-ouvrage est parfois qualifié d'expert mixte[248] : il intervient sur désignation libre de l'assureur mais sa mission est strictement réglementée par les textes. Dès lors, il doit absolument faire preuve d'objectivité car son obligation de compétence est renforcée. Sa responsabilité professionnelle est en outre appréciée sévèrement[249]. Parfois, la réglementation est plus légère et a simplement pour objet de porter l'interdiction de certaines pratiques contraires à l'indépendance : ainsi de l'interdiction faite aux diagnostiqueurs immobiliers de commissionner les agences immobilières[250]...

45. Droit souple. – À la marge des réglementations publiques[251], fleurissent en la matière des codes de déontologie, des recommandations ou avis divers et variés, des chartes de bonne conduite[252], des certifications[253], qui prévoient parfois que l'expert doit

---

[248] LEGUAY (G.), Assurance construction: assurance de dommages obligatoire, *in* MALINVAUD (Ph.) (dir.), Droit de la construction, Dalloz, coll. Dalloz action, 6e éd., Paris, 2013, n° 112.530.

[249] Cass. 3e civ., 22 juin 2011, n°10-16.308, Bull. civ. III, n° 109, RD imm. 2011, p. 509, obs. DESSUET (P.) ; RGDA 2011, p. 1023, note KARILA (J.-P.). – V. *infra*, n° 48.

[250] CCH, art. L. 271-6 prévoit que le diagnostiqueur immobilier ne doit avoir aucun lien de nature à porter atteinte à son impartialité et à son indépendance ; pourtant, cette pratique s'était développée et elle a été condamnée par Angers, 1re ch. A, 17 mai 2011, JurisData 2011-010704. – Par suite le décret n° 2010-1200 du 11 octobre 2010 a clairement affirmé l'interdiction de toute forme de commissionnement relative à une activité de diagnostiqueur immobilier : il ne peut ni recevoir ni verser aucune contribution ou avantage (CCH, art. R. 271-3 et R. 271-4).

[251] Étude annuelle du Conseil d'État, 2013, Le droit souple, Doc. fr., 2013.

[252] V. le titre IV de la Charte de l'expertise en évaluation immobilière qui pose des principes d'indépendance et d'impartialité : [http://www.encheres-paris.com/pns/upload/pdf_fr/charte%20expertise.pdf], accédé le 1er juin 2014.

être indépendant et impartial. À cela s'ajoute l'émergence de véritables statuts d'origine privée. C'est ainsi que dans le milieu des assurances s'est créée une véritable fonction d'expert d'assurance, définie et contrôlée en interne. Le système d'agréments et de qualifications délivrées par l'APSAD a pris fin en 1998, date à laquelle la distinction experts d'assurés et experts d'assurance a disparu. Désormais, a été mise en place une certification individuelle d'expert-évaluateur d'assurance organisée au sein de la Fédération des experts, qui est susceptible d'ouvrir droit à d'autres spécialisations. Se développent également des listes d'experts officieuses, élaborées dans des conditions inconnues par des organismes professionnels, ce qui justifierait une intervention législative afin d'encadrer ces pratiques pour leur offrir des garanties suffisantes[254].

Même si le droit souple se révèle normatif et prescriptif[255], l'autorégulation ainsi promue connaît des limites. La *soft law* a comme particularité d'être autoproclamée par des organes qui n'ont pas le pouvoir de légiférer en vue de définir des principes gouvernant une activité non réglementée. Ces principes sont ainsi dépourvus de toute sanction efficiente[256], même s'il est vrai que les organismes de contrôle tendent à se développer en appui des professions d'experts d'assurance.

Dès lors que l'expert ne bénéficie d'aucun statut, il faut à tout le moins qu'il respecte une éthique personnelle.

---

[253] PEYROUTY (P.), La norme NF X 50-110 « qualité en expertise » : situation actuelle et perspectives, Experts 2010, n° 92, pp. 36-39.
[254] NUÉE (A.), La procédure participative et l'expertise de justice, Experts 2012, n° 105, p. 4.
[255] VIGOUROUX (Ch.), RICHARD (J.), Du droit mou au droit souple, AJDA 2013, p. 1825.
[256] PENNEAU (A.), L'expertise, l'impartialité et le conflit d'intérêts, art. préc.

B. Le respect d'une éthique personnelle

46. Refus d'être partial. – L'éthique personnelle repose pour les juges sur une obligation d'abstention[257]. C'est en effet faire preuve d'impartialité que de refuser de courir le risque d'être partial. Sans aller jusqu'à obliger l'expert à refuser une mission, son obligation de transparence contractuelle[258] lui impose de révéler toute circonstance de nature à faire naître un doute légitime quant à son impartialité objective. Un tel comportement permet également de clarifier sa situation au regard de l'indépendance, lorsque les causes d'impartialité objective révélées trouvent leur source dans des liens qui altèrent sa liberté.

47. Déclaration d'intérêts. – Toute la lumière doit être faite sur les liens que l'expert entretient avec les parties, et plus largement avec tous les milieux intéressés[259]. Une déclaration d'intérêts préalable au démarrage des opérations semble être appropriée à cet égard. Ce mécanisme existe en France mais n'est pas généralisé.

Ainsi, dans certains cas, le professionnel expert est tenu de rendre certaines informations publiques. C'est ainsi que sur le modèle du *Sunshine Act* adopté aux États-Unis, les règles relatives à l'expertise publique sanitaire imposent aux médecins[260] ainsi que d'autres professionnels de santé[261] de faire une déclaration publique d'intérêts faisant connaître les relations qu'ils entretiennent avec les industries cosmétiques et pharmaceutiques[262], ces informations pouvant être mises

---

[257] GUINCHARD (S.), La gestion des conflits d'intérêts du juge : entre statut et vertu, art. préc. – *Adde* FRICERO (N.), La Convention européenne de sauvegarde des droits de l'Homme, un nouvel instrument de régulation de l'éthique du juge judiciaire ?, Mél. J. Buffet, La procédure en tous ses états, LPA-LGDJ 2004, p. 2305.

[258] V. *supra*, n° 22.

[259] LECLERC (O.), L'indépendance de l'expert, art. préc., n° 19.

[260] C. santé publ., art. L. 4113-6 et L. 4113-9 issus de la loi dite « anti-cadeau ».

[261] HOUSSIN (D.), Indépendance et expertise : santé publique et prévention des conflits d'intérêts, art. préc.

[262] La transparence des liens d'intérêts dans le domaine sanitaire a été renforcée par les L. n° 2011-2012 du 29 déc. 2011 relative au renforcement de la sécurité sanitaire du médicament et des produits de santé et le Décr. n° 2013-414 du 21 mai 2013 relatif à la transparence des avantages accordés par les entreprises produisant ou commercialisant des produits à finalité sanitaire et cosmétique destinés à l'homme.

à la disposition du public par internet. Cette déclaration publique est également de rigueur pour les experts désignés dans le cadre de l'ONIAM.

Mais eu égard à la portée restreinte de la publicité, l'expert doit être tenu de faire une déclaration préalablement à l'acceptation de sa mission. Il en va ainsi du technicien désigné par les parties à une procédure participative assistée par avocat[263]. Alors même que le choix du technicien est libre, celui-ci pouvant ou non être inscrit sur les listes d'experts judiciaires[264], le Code de procédure civile réglemente les opérations *a minima*, notamment en exigeant de lui le respect de l'impartialité[265] et l'observation de cette obligation de déclaration. C'est également dans le sens d'une telle déclaration généralisée que s'est prononcée la Commission de réflexion sur l'expertise BUSSIÈRE et AUTIN dans le cadre des expertises judiciaires[266]. Dans certains secteurs, elle est préconisée pour les experts intervenant même hors du cadre judiciaire[267]. Néanmoins, elle est loin d'être la norme, raison pour laquelle les experts eux-mêmes la recommandent[268]...

48. Pistes de généralisation. Responsabilité. – Il apparaît légitime de systématiser le recours à cette déclaration d'intérêts, quelles que soient les modalités de l'expertise envisagée.

---

[263] V. *infra*, n°s 138 s.

[264] LENCOU (D.), DE FONTBRESSIN (P.), La procédure participative, une nouvelle vie pour les listes d'experts, Annonces de la Seine 2012, n° 13.

[265] V. *infra*, n° 141.

[266] BUSSIÈRE (C.), AUTIN (S.), Commission de réflexion sur l'expertise, *op. cit.*

[267] LECLERC (O.), L'indépendance de l'expert, art. préc., n° 10, et les réf. citées. – *Adde* Proposition de loi n° 2055 du 5 nov. 2009 dite LEFRAND, visant à améliorer l'indemnisation des victimes de dommages corporels à la suite d'un accident de la circulation, dont l'art. 7 prévoit, dans le souci de garantir aux victimes une totale indépendance des experts médicaux impliqués dans la procédure, qu'un médecin conseil mandaté par une compagnie d'assurance dans le cadre du règlement d'un litige ne peut concomitamment exercer la mission de médecin conseil de la victime tant par voie amiable que contentieuse. Chaque médecin est tenu de déclarer le nom des compagnies d'assurance pour lesquelles il travaille auprès du conseil départemental de l'ordre des médecins.

[268] PECKELS (B.), Expertise d'assurance et/ou expertise judiciaire, art. préc., spéc. p. 13.

En pratique, l'expert pourrait simplement avoir à remplir un formulaire avant l'acceptation de sa mission, dans lequel il détaillerait clairement les liens de toute nature qu'il entretient avec les parties, et les liens de nature financière ou économique qu'il a avec les milieux professionnels ou industriels susceptibles d'être intéressés par l'avis sollicité. Les experts d'assurance, spécialement, devraient mentionner la part d'activité qu'ils développent avec la compagnie. Cette déclaration devrait être obligatoirement communiquée aux parties puis annexée au rapport, comme un moyen de l'authentifier en tant qu'élément probatoire. De telles modalités sont peu contraignantes et auraient comme avantage de remédier aux critiques parfois formulées tenant à l'obsolescence ou à la non-actualisation des données fournies[269].

De plus, cette obligation devrait être sanctionnée afin qu'elle puisse bénéficier d'un effet comminatoire. Lorsqu'une partie découvre l'existence d'une circonstance de nature à nuire à son indépendance après les opérations, celle-ci devrait pouvoir être en mesure d'exercer une action en responsabilité civile[270] contre l'expert sur le seul fondement du non-respect de l'obligation de révélation[271] et d'un préjudice constitutif soit à une perte de chance[272], soit d'un dommage simplement moral[273]. Cela étant, en général, la faute invoquée tient à un manquement substantiel de l'expert dans la conduite des opérations. Il est vrai que dans la mesure où la responsabilité de l'expert qui n'intervient pas judiciairement est plus facilement engagée que celle d'un expert désigné par le juge[274], celle-ci est susceptible d'avoir un

---

269 PRÉVOST (J.-B.), L'indépendance des experts, art. préc.

270 FRICERO (N.), Expertise amiable : vous avez dit « amiable » ?, art. préc.

271 LOQUIN (E.), La dualité du régime de la responsabilité de l'arbitre, JCP G 2014, doctr. 255. Le manquement à l'impartialité figure tant comme étant une limite à l'immunité juridictionnelle de l'arbitre, par le biais de la faute personnelle équipollente au dol, que comme un manquement à l'obligation de loyauté résultant du contrat d'arbitre (CPC, art. 1456). – *Adde* LOQUIN (E.), Les garanties de l'arbitrage, LPA 2 oct. 2003, p. 13. – Paris, 23 fév. 1999, RTD com. 1999, p. 371, note LOQUIN (E.).

272 Cass. 1re civ., 11 déc. 2013, n° 12-23.068. L'arrêt rappelle que la réparation d'une perte de chance doit être mesurée à la chance perdue et ne peut être égale à l'avantage qu'aurait procuré cette chance si elle s'était réalisée.

273 Paris, ch. 1 sect. A, 8 mars 2005, n° 03/19108, JurisData 2005-272196.

274 ROBERT (A.), La responsabilité civile de l'expert judiciaire, D. 2013, p. 855.

effet incitatif[275]. Cette responsabilité civile est régie par le droit commun, et elle est soit contractuelle, à l'égard des autres parties au contrat d'expertise, soit délictuelle, à l'égard des tiers à l'expertise. Elle a pu être retenue notamment dans des hypothèses d'erreurs d'évaluation[276], de négligences[277], de manquement dans la conduite des opérations[278], et en particulier lorsque l'expert n'effectue pas toutes les vérifications nécessaires[279]. Selon les cas, cette responsabilité peut se doubler de sanctions disciplinaires lorsqu'un statut est organisé.

49. Dimension matérielle. – Le respect des garanties institutionnelles concourt de manière essentielle à la justesse de l'expertise. Il s'agit de garanties intangibles pour que l'expertise constitue une preuve solide. Néanmoins, l'expertise ne repose pas que sur la personne de l'expert et elle doit elle-même présenter des qualités. L'une d'entre elles renvoie à l'un des inconvénients majeurs de l'expertise, à savoir sa durée. L'expertise doit se dérouler dans un délai raisonnable, ce qu'a eu l'occasion de préciser la Cour européenne des droits de l'Homme[280]. En matière d'expertise non judiciaire, il existe divers mécanismes permettant de sauvegarder le droit d'accès au juge dans le cas où les opérations s'éterniseraient[281], mais la célérité apparaît comme une garantie de second rang puisque son inobservation n'est pas susceptible d'avoir une incidence substantielle. Il n'en va pas de même d'une autre garantie procédurale qui contribue directement à la qualité de l'expertise : il s'agit de la contradiction.

---

[275] FRICERO (N.), Expertise amiable : vous avez dit « amiable » ?, art. préc., *in fine*.
[276] Nîmes, 19 avr. 1966, 2e esp., Gaz. Pal 1966, 1, jurispr., p. 379 (analyse superficielle des objets présentés).
[277] Cass. 2e civ., 8 juill. 1998, n° 96-22.299, Bull. civ. II, n° 240, RCA 1998, p. 390. – 19 juin 2003, n° 01-03.639, Bull. civ. II, n° 204, AJDI 2003, p. 862, obs. HEUGAS-DARRASPEN (H.). – 17 déc. 2009, n° 08-21.394.
[278] BERTOLASO (S.), J.-Cl. Responsabilité et assurances, v° Expert, Fasc. 375, n° 27.
[279] Agen, 6 avr. 2014, n° 12/01876, obs. MARON (A.), Experts 2014, n° 116, p. 49.
[280] CEDH, 12 déc. 1997, Billi c. Italie, n° 15118/89, série A, n° 257-G.
[281] Par ex., la prescription biennale en matière d'assurances est interrompue (V. BEIGNIER (B.), Droit des assurances, *op. cit.*, nos 512 s.).

SECTION 2. LE DEROULEMENT CONTRADICTOIRE DE L'EXPERTISE

50. Valeur. – La contradiction[282] est une garantie essentielle du procès équitable. Corollaire des droits constitutionnels de la défense[283], elle présente un caractère de droit naturel très marqué[284] et contribue à rendre compatible le procès avec le respect des valeurs fondamentales de la civilisation. En somme, elle institutionnalise ce substitut de vengeance privée en imposant à chaque partie le respect de son adversaire[285]. Elle est un droit à l'information, à l'expression et à la prise en compte des arguments qui bénéficie aux parties[286] et qui leur impose réciproquement des obligations[287]. Elle est dans le même temps une charge qui fait partie intégrante de l'office du juge. Elle règne donc *inter partes et erga judicem*[288]. En tant que règle du jeu processuelle, la contradiction semble bornée par l'instance, qui se déroule devant le juge. Dans le prolongement, elle s'applique évidemment aussi aux mesures d'instruction ordonnées par le juge, qui sont les accessoires de

---

[282] WIEDERKEHR (G.), Droits de la défense et procédure civile, D. 1978, chron., p. 36. – BOLARD (G.), Les principes directeurs du procès civil : le droit positif depuis Henri Motulsky, JCP G 1993, I, 3693, n°s 14 s. – GUINCHARD (S.), CHAINAIS (C.), FERRAND (F.), Procédure civile, *op. cit.*, n°s 737 s. – COUCHEZ (G.), LAGARDE (X.), Procédure civile, *op. cit.*, n° 238. – HÉRON (J.), LE BARS (T.), Droit judiciaire privé, *op. cit.*, n° 276. – SOLUS (H.), PERROT (R.), Droit judiciaire privé, *op. cit.*, n° 106. – STRICKLER (Y.), Procédure civile, *op. cit.*, n° 326.

[283] FRICERO (N.), JULIEN (P.), Procédure civile, *op. cit.*, n° 262. – *Adde* Cons. constit., 2 déc. 1976, n° 76-70 DC, Rec. cons. constit., p. 39. – 23 janv. 1987, n° 86-224 DC, Rec. cons. constit., p. 8. – 28 juill. 1989, n° 89-260 DC, Rec. cons. constit., p. 71. – 29 déc. 1989, n° 89-268 DC, 57 à 60, Rec. cons. constit., p. 100. – 13 août 1993, n° 93- 325 DC, 95, Rec. cons. constit., p. 224.

[284] MOTULSKY (H.), Le droit naturel dans la pratique jurisprudentielle : le respect des droits de la défense en procédure civile, *in* Mél. P. Roubier, t. 2, Dalloz, Paris, 1961, p. 175.

[285] BOLARD (G.), Principe des droits de la défense, *in* GUINCHARD (S.) (dir.), Droit et pratique de la procédure civile, *op. cit.*, n°s 222.06 s.

[286] CEDH, 23 juin 1993, Ruiz-Mateos c. Espagne, n° 12952/87, série A, 262, § 63 : « le droit à une procédure contradictoire implique, pour une partie, la faculté de prendre connaissance des observations ou des pièces produites par l'autre ainsi que de les discuter ».

[287] CPC, art. 14, 15, 17.

[288] FOYER (J.), CORNU (G.), Procédure civile, PUF, 3e éd., Paris, 1996, p. 466 s.

l'instance[289]. En matière d'expertise judiciaire, la contradiction s'impose en effet très rigoureusement à l'expert[290]. Cela est d'autant plus justifié que la preuve qui en résulte est irremplaçable[291] et qu'elle bénéficie d'une force probante décuplée. Mais parce que les droits de la défense ont assurément une vocation générale, la contradiction envahit également des domaines non juridictionnels, comme celui des décisions d'exclusion en droit des sociétés[292]. Rien ne s'oppose donc, dès lors que les droits de la défense sont en jeu, à ce que cette garantie s'applique aux expertises non judiciaires.

51. Enjeux. – Il n'en demeure pas moins que la réalité pratique s'oppose résolument à ce que le contradictoire soit imposé uniformément aux expertises non judiciaires. La différence entre expertise amiable et expertise officieuse déjà présentée[293] démontre que toutes les expertises non judiciaires ne sont pas placées dans la même situation relativement au contradictoire. Les expertises amiables sont contradictoires par nature, car elles sont le fruit d'un rapprochement des parties qui tentent d'élaborer, grâce au concours d'un technicien, une référence probatoire objective commune. À l'inverse, les expertises officieuses sont délibérément placées sous le signe de l'unilatéralité, étant le plus souvent le fait d'un plaideur souhaitant obtenir une preuve qu'il pourra choisir de produire en justice si elle lui est favorable.

Cette dualité de conceptions ne doit cependant pas cacher une réalité bien unitaire : dans les deux cas, l'expertise peut avoir vocation à remplir une fonction probatoire dans le cadre d'une instance judiciaire. Dès lors, la question de la place du contradictoire dans l'expertise non

---

[289] VIGNEAU (V.), Obligations du technicien, *in* MOUSSA (T.) (dir.), Droit de l'expertise, *op. cit.*, n° 231.80. – *Adde* CPC, art. 160.

[290] MOUSSA (T.), L'expertise judiciaire et les autres expertises au regard du principe de la contradiction, *in* BICC hors série 2004, n° 3, 51.

[291] JULIEN (P.), Principe de la contradiction et expertise en droit privé, *in* Mél. J. Buffet, La procédures en tous ses états, LPA-LGDJ, 2004, p. 293 s. – *Adde* FRISON-ROCHE (M.-A.), La procédure de l'expertise, *in* FRISON-ROCHE (M.-A.), MAZEAUD (D.) (dir.), L'expertise, *op. cit.*, p. 87 s.

[292] Cass. com., 7 juill. 1992, JCP E 1993, I, chron. 218, obs. VIANDIER (A.) et CAUSSAIN (J.-J.). – Orléans, 15 fév. 2012, n° 11/02105.

[293] V. *supra*, n° 5.

judiciaire se pose dans les mêmes termes. S'agit-il d'une garantie essentielle ou superfétatoire ? Peut-on traiter de la même façon expertise contradictoire et expertise non contradictoire ?

À ces questions, il n'est pas de réponse définitive. Il est indéniable que la contradiction des opérations est une garantie légitime qui consolide l'expertise (§ 1). Toutefois, il ne s'agit pas d'une garantie absolue, son absence n'étant pas toujours dirimante. Afin d'éviter le rejet systématique des expertises non contradictoires, la garantie doit être soumise à une appréciation modérée (§ 2).

§ 1. La légitimité de la garantie

52. Amélioration. – L'existence de la contradiction lors des opérations d'une expertise non judiciaire est avantageuse au regard des droits fondamentaux. D'une part, la contradiction est une garantie autonome grâce à laquelle l'expertise ne pourra que s'enrichir qualitativement tout en permettant à chacun de participer (A). D'autre part, elle est une garantie d'appui[294] car elle procure aux parties une possibilité équivalente de convaincre l'expert du bien-fondé de leur position avant qu'il ne rende son avis, ce qui permet de contribuer au respect de l'égalité des armes (B).

A. Le renforcement de la qualité expertale

53. Double niveau. – La valeur de preuve de l'expertise dépend de ses qualités intellectuelles[295]. En permettant la participation effective des parties aux opérations d'expertise, la contradiction remplit un rôle technique indéniable. Par l'épreuve qu'elle constitue, elle garantit que l'avis de l'expert surmonte les critiques qui ont pu lui être portées et que les opérations ont été menées de façon sérieuse et approfondie : prouver, c'est éprouver (a). Mais encore, par la représentation de l'ensemble des intérêts en présence qu'il suppose, le contradictoire

---

[294] En ce sens, CADIET (L.), NORMAND (J.), AMRANI-MEKKI (S.), Théorie générale du procès, *op. cit.*, n° 175.

[295] BEAUCHARD (J.), L'expertise judiciaire et les autres expertises au regard du principe de la contradiction, BICC hors série, 2004, n° 3.

vient également purger l'expertise des vices qui pourraient l'affecter (b).

a) L'épreuve

54. Mérites. – Concevoir la contradiction comme une épreuve, c'est insister sur ses mérites qualitatifs dans le cadre des opérations expertales (1), ce qui permet de définir précisément son contenu (2).

1. Les mérites de l'épreuve

55. Gage de vérité. – La contradiction est le premier facteur d'une justice de qualité[296] car elle remplit une fonction heuristique[297]. La vérité judiciaire est dialogique[298] et la contradiction permet de déterminer la valeur des positions respectives des parties.

D'une part, ce n'est que dans la mesure où la position d'une partie résiste à la critique qu'elle peut s'imposer et emporter légitimement la conviction du juge. À l'inverse, lorsque cette position se heurte à ce qu'Austin appelait une *contradiction performative*, situation dans laquelle celui qui argumente est dans l'impossibilité formelle d'être en adéquation avec le contexte de son énonciation, sa sincérité est lourdement entamée[299].

Il s'ensuit qu'un argument que l'adversaire n'est pas en mesure de discuter n'a que peu de valeur. « À vaincre sans péril, on triomphe sans gloire »[300]. La contradiction est une mise en danger, une épreuve dont le vainqueur est celui qui aura su endurer et rejeter toutes les critiques de

---

[296] CADIET (L.), JEULAND (E.), Droit judiciaire privé, *op. cit.*, n° 517.
[297] *Ibid.*
[298] MEKKI (M.), Preuve et vérité, rapport français, Journées internationales de l'Association Henri Capitant, 2013, n° 26. – DALBIGNAT-DEHARO (G.), Vérité scientifique et vérité judiciaire en droit privé, *op. cit.*, n°s 296 s.
[299] V. AUSTIN (J.), How to do things with words, Londres, 1962, trad. fr., Les actes de langage, Hermann, Paris, 1972.
[300] CORNEILLE (P.), Le Cid, Nathan, Paris, 2006, coll. Carrés classiques, Acte II, scène 2, p. 42.

son adversaire. Elle favorise donc la prévention des erreurs[301]. Cette réalité s'impose en dehors même du cadre du combat interindividuel, et notamment en matière d'expertise. Elle n'est d'ailleurs rien d'autre que la méthode de raisonnement cartésienne, qui suppose un doute systématique sur l'ensemble des données. La contradiction apparaît indéniablement comme un gage de vérité[302] et de performance[303] de l'expertise.

56. Gage d'exhaustivité. – Dans le même temps, le contradictoire permet de mieux cerner l'objet du litige. En critiquant, chaque partie étend le champ du débat en obligeant l'adversaire à s'aventurer sur un terrain qu'il aurait eu tendance à éviter. Une mesure non contradictoire présente donc un risque d'incomplétude.

De plus, une partie qui argumente seule pourrait avoir tendance à enfermer l'expert dans sa propre logique. Dans la mesure où la cohérence formelle de ses allégations peut être parfaite, celui-ci ne pourrait suspecter l'existence d'autres éléments pourtant déterminants mais sciemment occultés. L'expert pourrait alors pécher par omission[304].

La contradiction empêche les locuteurs d'imposer des schémas de pensée préconçus, et en cela elle constitue un gage d'exhaustivité.

57. Gage d'autorité. – En matière d'expertise, la performance de l'avis, comme l'exhaustivité des investigations sont prépondérantes

---

[301] CESARO (J.-F.), Avant-propos, *in* Rapport annuel de la Cour de cassation, 2012, préc., spéc. p. 93.
[302] CADIET (L.), NORMAND (J.), AMRANI-MEKKI (S.), Théorie générale du procès, *op. cit.*, n° 181.
[303] LAGARDE (X.), Finalités et principes du droit de la preuve : ce qui change, art. préc. L'auteur expose le modèle de *common law* qui exclut la notion de charge de la preuve car le juge fait prévaloir la thèse qui lui semble la plus vraisemblable entre toutes celles qui lui sont présentées. Il ne saurait donc se fonder sur l'insuffisance des preuves apportées par le demandeur pour le débouter de sa demande, alors que son adversaire se contenterait de plaider le défaut de preuve. La vérité judiciaire est tout entière formée par la contradiction.
[304] BARBIER (J.-D.), Rapport d'expertise amiable, obs. ss. Cass. 3e civ., 3 fév. 2010, Administrer 2010, n° 430, pp. 21-23.

parce qu'elles fondent en grande partie son autorité[305]. Du moins, elles l'attestent. La qualification ou la réputation relèvent du domaine du supposé. La confrontation des points de vue est un bien meilleur indicateur. Elle peut s'exercer entre experts si plusieurs sont désignés[306]. Mais le plus fréquemment, elle s'exercera entre l'expert et les parties, ce qui rend souhaitable leur participation avant l'élaboration du rapport. À défaut l'autorité de l'expertise s'imposerait sans avoir été réellement éprouvée.

Les mérites de la contradiction sont donc établis. Si les expertises judiciaires sont revêtues de la valeur qui est la leur, c'est en grande partie grâce à leur caractère contradictoire. Dès lors, en quoi consiste-t-il ?

2. Le contenu de l'épreuve

58. Étendue de la contradiction attendue. – Afin de définir le contenu de l'épreuve, il faut raisonner sur le modèle de l'expertise judiciaire, mais également tenir compte des spécificités de l'expertise non judiciaire.

59. Contenu commun. – En matière d'expertise judiciaire, la contradiction s'impose de trois manières différentes.

Premièrement, elle permet aux parties, convoquées dans les formes prévues par l'article 160 du Code de procédure civile[307], de s'exprimer lors des réunions physiques[308] organisées obligatoirement

---

[305] BERNARD (A.), Le contradictoire : source d'autorité légitime pour l'expert, Experts 2012, n° 104, pp. 8-10.
[306] En matière d'expertise judiciaire, la collégialité des experts était la règle sous l'empire de l'anc. C. proc. civ., et la désignation d'un expert unique supposait l'accord des parties (art. 303).
[307] Cette obligation concerne l'ensemble des réunions : Cass. 1re civ., 9 juin 1982, n° 81-11.455, Bull. civ. I, n° 219. – V. aussi Cass. 3e civ., 7 fév. 2007, n° 05-20.410, Bull. civ. III, n° 20.
[308] La pratique utilise le terme d'*accedit* pour désigner ces réunions.

par l'expert[309]. À cette occasion, les intéressés sont d'abord en mesure de s'exprimer oralement devant l'expert pour lui exposer leur version des faits et leur propre opinion technique. L'exposé des faits étant complet, car envisagé du point de vue de l'ensemble des parties, l'expert peut ensuite procéder à ses investigations avec une idée plus précise.

Deuxièmement, elle permet aux parties d'assister aux opérations elles-mêmes[310], et d'intervenir à chaque étape, pour faire valoir un point de vue, demander une intervention plus précise, signaler une erreur de mesure ou de calcul, etc. L'expert n'avance pas seul.

Troisièmement, elle les autorise à être informées des arguments adverses et à y répondre hors des réunions physiques, en communiquant à l'expert une argumentation écrite éventuellement accompagnée de pièces[311]. Dans leurs dires[312], les parties pourront ainsi non seulement présenter des observations, tant sur la mise en œuvre de la mission que sur le fond, auxquelles l'expert sera tenu de répondre[313], mais encore des demandes d'investigations particulières, ou de recueil de certains documents ou témoignages[314]. L'expert est lui-même tenu de respecter la contradiction en communiquant aux parties l'ensemble des pièces

---

[309] Cass. 1re civ., 21 juill. 1976, n° 75-12.877, Bull. civ. I, n° 278. L'expertise sur pièces n'étant pas admise, le technicien ne peut se dispenser de l'organisation d'au moins une réunion. – V. aussi ; Cass. 2e civ. 20 déc. 2001, n° 00-10.633, Bull. civ. II, n° 202.

[310] JULIEN (P.), Principe de la contradiction et expertise en droit privé, art. préc., spéc. p. 297 et les réf. citées. L'auteur rappelle ce principe et énumère les exceptions, tout en insistant sur le fait qu'en tous les cas, lorsque des opérations n'ont pas été contradictoirement tenues, le contradictoire doit être rétabli a posteriori avant le dépôt du rapport.

[311] Cass. com., 19 nov. 2013, n° 12-20.143, RGDA 2014, p. 129, note SCHULTZ (R.) ; Procédures 2014, chron. 2, obs. BLÉRY (C.), MAZEAUD (V.), RASCHEL (L.), n° 10. La possibilité de communiquer des pièces à l'expert est relevée par le commentateur comme étant une implication du principe du contradictoire.

[312] Cette terminologie, employée par la pratique, trouve sa source dans l'art. 317 de l'anc. C. proc. civ. qui disposait que « les parties pourront faire tels dires et réquisitions qu'elles jugeront convenables ; il en sera fait mention dans le rapport ».

[313] En matière d'expertise judiciaire, CPC, art. 276. – Cass. com., 18 fév. 1992, n° 89-19.330, Bull. civ. IV, n° 79, JCP G 1992, I, 3629, obs. CADIET (L.).

[314] LISSARRAGUE (B.), L'expert et les dires des parties, Experts 1996, n° 31.

qu'il obtient par lui-même[315], ou qui lui sont adressées unilatéralement par une partie. Afin que les dires puissent être efficaces, les experts communiquent après chaque réunion un compte rendu de réunion où sont détaillées les investigations entreprises ainsi que des observations sommaires, et avant le dépôt de son rapport un pré-rapport que les parties ont un certain délai pour discuter efficacement. De cette façon, la marge d'expression des parties n'est pas seulement instantanée mais également réfléchie.

60. Contenu spécifique. – Deux particularités sont à relever. D'une part, s'agissant de la désignation de l'expert. L'expertise est-elle contradictoire si l'expert est choisi par une seule partie et que l'autre est convoquée aux opérations, ou bien est-il nécessaire qu'elles s'accordent sur le choix de l'expert ? Du point de vue du contradictoire, il suffit que l'autre partie soit invitée aux opérations de sorte qu'elle puisse y participer de manière effective, et qu'elle dispose d'une possibilité de contester l'expert choisi pourvu qu'il y ait des raisons valables, ou de désigner elle-même un expert pour œuvrer en même temps, ou à l'issue de la première expertise. Dans tous les cas, il devrait être possible de tirer des conséquences d'un refus de se soumettre à l'expertise sans motif légitime, en empêchant la tenue d'une mesure contradictoire.

D'autre part, concernant la communication du rapport. La contradiction suppose évidemment que les parties puissent obtenir la communication des observations finales de l'expert afin de pouvoir vérifier la bonne prise en compte de leur argumentaire et éventuellement les contester. C'est ainsi que la Fédération française des sociétés d'assurances recommande aux assureurs de communiquer les rapports d'expertise aux assurés qui en font la demande[316] (dans les domaines où une disposition législative ou réglementaire n'impose pas déjà cette communication à peine de sanction[317]). Néanmoins, dans les faits, cette pratique n'est pas intégralement adoptée, et les experts

---

[315] Cass. 2e civ. 21 janv. 2010, n° 07-13.552, Bull. civ. II, n° 16.
[316] Avis du Comité consultatif du secteur financier du 23 nov. 2005 sur la communication à l'assuré du rapport d'expertise après sinistre.
[317] Par ex., en matière d'assurance dommage-ouvrage : C. ass., art. A243-1, spéc. B, 2, a.

désignés par les assureurs n'adressent généralement le rapport qu'à la compagnie.

En procurant aux parties une marge d'information et d'expression larges, la contradiction contribue également à purger l'expertise des vices qui pourraient l'affecter.

b) La purge

61. Atténuation des vices. – La contradiction permet de nettoyer une expertise viciée de la plupart de ses accrocs. Si les défauts de l'expertise ne sont pas forcément solubles dans l'instance[318], ils peuvent l'être dans le cadre de l'expertise elle-même. Il en va ainsi du défaut de compétence, et du défaut d'impartialité.

62. Incompétence. – L'incurie sera plus facilement détectée si la contradiction est assurée. En effet, si par nature le domaine de l'expertise est censé échapper aux parties, la multiplication des participants est de nature à minorer le risque d'erreur[319]. Outre la spécialisation des parties qui peuvent recourir à des assistants techniques, choisis pour leur compétence, les erreurs de toute nature pourront être signalées d'autant plus facilement qu'elles pourront prendre du recul pour faire valoir leurs observations.

63. Partialité. – La contradiction apparaît également comme une garantie de nature procédurale permettant de restreindre la partialité[320]. En effet, si les parties présentent une argumentation étayée que l'expert doit prendre en compte, celui-ci ne saurait indéfiniment avantager une partie au mépris des règles gouvernant son art. Par son devoir de réponse, il sera contraint d'aller vers plus d'objectivité s'il ne veut pas prêter le flanc à la remise en cause de ses conclusions pour défaut… de compétence. De même, la confrontation des points de vue en cas de

---

[318] JARROSSON (C.), L'expertise équitable, art. préc., spéc. p. 743.
[319] V. *supra*, n° 55.
[320] CADIET (L.), NORMAND (J.), AMRANI-MEKKI (S.), Théorie générale du procès, *op. cit.*, n° 177 . – FERRAND (F.), Rép. proc. civ., v° Preuve, 2013, n° 440.

pluralité d'experts est susceptible d'amoindrir les risques de partialité[321].

64. Absence de remède miracle. – En matière d'expertise comme ailleurs, il ne faut pas exagérer la capacité purificatrice de la contradiction[322]. Elle n'est pas « la panacée universelle capable d'absoudre tous les manquements procéduraux »[323]. Tout au plus vient-elle jouer un rôle de consolidation. Mais pour ce faire, il ne suffit pas qu'elle existe, il faut qu'elle instaure véritablement un débat de qualité[324]. En effet, la contradiction peut être également analysée comme un droit qui préserve l'équilibre entre les parties.

B. La préservation de l'équilibre des parties

65. Garantie d'appui. – La contradiction, en plus d'être une garantie intrinsèque, contribue également au respect d'une autre garantie : l'égalité des armes[325]. Or, la Cour européenne des droits de l'Homme a eu l'occasion de préciser que l'expertise judiciaire pouvait constituer un facteur de déséquilibre entre les parties (a). Cette position apparaît au moins partiellement transposable en matière d'expertise non judiciaire (b).

a) La position européenne en matière d'expertise de justice

66. Notion d'égalité des armes. – L'égalité des armes, dont les fondements sont anciens[326], peut être définie comme l'obligation d'offrir à chaque partie « une possibilité raisonnable de présenter sa cause, y compris ses preuves, dans des conditions qui ne la placent pas

---

[321] LECLERC (O.), L'indépendance de l'expert, art. préc., spéc. n° 11.
[322] JARROSSON (C.), L'expertise équitable, art. préc., spéc. p. 743.
[323] SOLUS (H.), PERROT (R.), Droit judiciaire privé, *op. cit.*, n° 106.
[324] CADIET (L.), NORMAND (J.), AMRANI-MEKKI (S.), Théorie générale du procès, *op. cit.*, n° 175.
[325] GUINCHARD (S.) (dir.), Droit processuel : droits fondamentaux du procès, *op. cit.*, n° 451.
[326] JEULAND (E.), Droit processuel, *op. cit.*, n°s 229-230 (procès de Socrate et de Jeanne d'Arc).

dans une situation de net désavantage par rapport à son adversaire »[327]. L'égalité des armes ne saurait être confondue avec la contradiction[328] car elle s'apprécie en comparant la situation de chaque partie dans l'instance : si l'une d'elles a été favorisée ou défavorisée par rapport aux autres, elle est rompue. Il peut donc y avoir violation de la contradiction sans violation de l'égalité des armes[329], si les parties demeurent dans la même situation face à une non-information[330], ou une violation de l'égalité des armes sans violation du contradictoire, celui-ci n'étant qu'une modalité pour assurer l'équilibre. Il reste que, bien que distinctes, contradiction et égalité des armes s'entremêlent, s'intègrent[331], et participent ensemble de l'équité du procès, c'est-à-dire en réalité de son équilibre. Si l'on ne saurait exiger une égalité absolue, une égalité raisonnable suffisant[332], l'appréciation de l'égalité des armes doit toutefois être rétrospective, car l'avantage dont pourrait bénéficier une partie au moment de l'instance pourrait très bien résulter d'une situation antérieure. En outre, à l'instar des autres garanties du procès équitable, l'existence d'un net désavantage doit se mesurer de façon globale, en tenant compte des apparences et sur la base d'éléments

---

[327] CEDH, 27 oct. 1993, Dombo Beheer c. Pays-Bas, n° 1448/88, série A, n° 274, § 33, JCP G 1994, I, 3742, obs. SUDRE (F.). – 19 juill. 1994, JCP G 1994, I, 3742, n° 14, obs. SUDRE (F.). – 23 oct. 1996, Ankerl c. Suisse, n° 17748/91, § 38, JCP G 1997, I, 4000, obs. SUDRE (F.).

[328] CEDH, 18 fév. 1997, Niderhöst-Huber c. Suisse, n° 12795/87, Rec., RTD civ. 1997, n° 1006, note MARGUÉNAUD (J.-P.). – *Adde* RENUCCI (J.-F.), Traité de droit européen des droits de l'Homme, *op. cit.*, n° 502. – GOUTTENOIRE (A) et a., Les grands arrêts de la Cour européenne des droits de l'Homme, PUF, coll. Thémis, Paris, 2011, p. 339 s.

[329] CEDH, 13 oct. 2005, Clinique des acacias et a. c. France, n° 65399/01, §§ 36 s., JCP G 2005, I, 109, obs. SUDRE (F.).

[330] SUDRE (F.), Droit européen et international des droits de l'homme, *op. cit.*, n° 259, p. 439.

[331] RENUCCI (J.-F.), Traité de droit européen des droits de l'Homme, *op. cit.*, n° 502, p. 533.

[332] FRICERO (N.), Garanties de nature procédurale : équité, publicité, célérité et laïcité, *in* GUINCHARD (S.) (dir.), Droit et pratique de la procédure civile, *op. cit.*, n° 212.23.

concrets[333]. L'égalité des armes est donc avant tout une égalité des chances de convaincre le juge[334].

67. L'expertise comme facteur de déséquilibre. – Or, l'absence de contradiction lors d'une expertise est-elle susceptible de désavantager la partie qui n'y a pas été conviée par rapport à celle qui y a participé ? Si l'exécution de la mesure d'expertise n'a pas été contradictoire, cela est en effet susceptible de rejaillir sur la situation des parties devant le juge[335]. La Cour européenne des droits de l'Homme n'a pour l'heure jamais eu l'occasion de se prononcer en matière d'expertise non judiciaire[336], mais elle a rendu nombre de décisions s'agissant d'expertises judiciaires. Il est vrai que la Cour n'est pas un juge de quatrième instance[337] et que le domaine des preuves relève en principe du droit national[338]. Toutefois, la Cour vérifie que la procédure suivie dans son ensemble a été équitable, et pour cela elle s'attache à analyser la qualité des preuves administrées. Lorsqu'un élément de preuve est solide, le besoin qu'il soit corroboré par d'autres éléments est moindre, et il est nécessaire d'analyser si les circonstances dans lesquelles il a été recueilli font douter de sa fiabilité ou de son exactitude[339]. Or, une expertise compte parmi ces éléments solides. La jurisprudence de la Cour rend compte des raisons pour lesquelles l'expertise peut être un facteur de déséquilibre. Dans l'arrêt Bönisch de 1985[340], la juridiction européenne a eu l'occasion d'analyser une expertise au regard du principe d'égalité des armes, même sans rapport avec le caractère contradictoire des opérations. La même année, elle a constaté la violation de l'article 6 § 1 de la Convention dès lors que le requérant s'étant vu priver de la possibilité de consulter et de contester

[333] GUINCHARD (S.), Droit processuel : droits fondamentaux du procès, *op. cit.*, n° 439.
[334] *Ibid.*, n°s 597 et 598.
[335] CEDH, 18 fév. 1997, Nideröst-Huber c. Suisse, préc.
[336] Une affaire est pendante devant la Cour européenne sur cette question : Vukota-Bojic c. Suisse, n° 61838/10.
[337] CEDH, 24 nov. 1994, Kemmache c. France (n° 3), n° 17621/91, § 44.
[338] CEDH, 21 janv. 1999, Garcia Ruiz c. Espagne [GC], § 28, n° 30544/96, Rec. 1999, I.
[339] CEDH, 10 mars 2009, Bykov c. Russie [GC], n° 4378/02. – *Adde* SUDRE (F.), Droit européen et international des droits de l'homme, *op. cit.*, p. 438.
[340] CEDH, 6 mai 1985, Bönisch c. Autriche, préc.

des rapports d'expertise médicaux devant le Président d'une commission chargée de vérifier la bonne conduite des opérations[341].

68. Arrêt Mantovanelli. – Puis, dans un fameux arrêt de 1997[342], la juridiction européenne dut déterminer si le refus pour un juge d'ordonner une nouvelle expertise lorsque la première avait été menée non contradictoirement était contraire au procès équitable.

Les parents d'une jeune fille décédée des suites de plusieurs opérations pratiquées au centre hospitalier de Nancy saisirent le juge administratif aux fins de voir désigner un expert ayant pour mission de déterminer la cause du décès. Une expertise contradictoire fut ordonnée par le tribunal administratif, mais les parents ne furent pas convoqués aux opérations et le rapport, dont les conclusions leur étaient défavorables, fut déposé sans même que leur aient été communiqués certains documents. Ils sollicitèrent donc une nouvelle expertise pour violation de la contradiction. Le tribunal reconnut l'irrégularité mais statua pourtant au visa des conclusions du rapport. La Cour administrative d'appel confirma le jugement et refusa d'ordonner une nouvelle expertise. L'affaire ne fut pas examinée par le Conseil d'État, la demande d'aide juridictionnelle formulée par les requérants ayant été rejetée faute de moyens sérieux. La juridiction du Conseil de l'Europe fut alors saisie.

Elle conclut à la violation de l'article 6 § 1 de la Convention. Après avoir rappelé l'importance du principe du contradictoire, la Cour précise que « le respect du contradictoire, comme celui des autres garanties de procédure consacrées par l'article 6 par. 1, vise l'instance devant un "tribunal" » et qu'« il ne peut donc être déduit de cette disposition un principe général et abstrait selon lequel, lorsqu'un expert a été désigné par un tribunal, les parties doivent avoir dans tous les cas la faculté d'assister aux entretiens conduits par le premier ou de

---

[341] CEDH, 29 mai 1986, Feldbrugge c. Pays-Bas, n° 8562/79.

[342] CEDH, 18 mars 1997, Mantovanelli c. France, n° 21497/93, Rec. 1997, p. 424, JCP G 1998, I, 107, n° 24, note SUDRE (F.) ; D. 1997, somm., p. 361, obs. PEREZ (S.) ; RGDP 1998, p. 238, obs. FLAUSS (J.-F.) ; AJDA 1999, p. 173, note MUSCAT (H.).

recevoir communication des pièces qu'il a prises en compte ». Elle rappelle également que le régime des preuves relève du droit national, mais également qu'il lui revient de déterminer « si la procédure considérée dans son ensemble, y compris la manière dont la preuve a été administrée, a revêtu le caractère équitable voulu ». Elle continue en affirmant que le fait que la disposition qui impose que l'expertise se déroule contradictoirement n'ait pas été respectée n'est pas en soi une violation du droit au procès équitable. Elle note cependant que si les époux Mantovanelli pouvaient contester le rapport devant le juge, elle « n'est pas convaincue qu'ils avaient là une possibilité de le commenter efficacement », dans la mesure où la question posée à l'expert se confondait avec celle que devait trancher le tribunal alors même qu'elle ressortissait à un domaine technique échappant à la connaissance des juges. Elle relève en outre que même si le tribunal administratif n'était pas lié par les conclusions de l'expert, celles-ci étaient de nature à influencer de façon prépondérante son appréciation des faits. Elle ajoute qu'aucune difficulté technique ne s'opposait à l'association des requérants au processus expertal. La Cour conclut à la violation de l'article 6 § 1 de la Convention, affirmant que les époux Mantovanelli n'eurent pas la possibilité de commenter efficacement l'élément de preuve essentiel.

69. Suites. – Le même raisonnement est suivi en 2005[343], à l'occasion d'une décision rendue en matière pénale. Il est ajouté que « la confiance des justiciables dans le fonctionnement de la justice se fonde, entre autres, sur l'assurance d'avoir pu s'exprimer utilement sur tout élément déterminant de l'affaire » (§ 33). Tel est également le raisonnement suivi par la Cour de justice des Communautés européennes[344]. La Cour ne retient par ailleurs pas une conception fermée de l'expertise, puisque dans un arrêt de 2007, elle a estimé que l'examen préalable d'un dossier par un médecin qualifié au sens du Code de la sécurité sociale, qui ne donne pas lieu à établissement d'un rapport d'expertise mais à l'émission d'un simple avis, revêtait un caractère déterminant et devait être soumis au principe de la

---

[343] CEDH, 2 juin 2005, Cottin c. Belgique, n° 48386/99.

[344] CJCE, 10 avr. 2003, Joachim Steffensen, aff. C-276/01, § 78, Rec. CJCE 2003, I, p. 3757 ; Dr. rural 2005, chron. 2, obs. GADBIN (D.).

contradiction[345]. La Cour s'est également prononcée concernant la pratique du pré-rapport d'expertise, en estimant qu'il devait être communiqué à l'ensemble des parties pour leur laisser la possibilité d'y répondre[346].

Il convient à présent d'analyser si cette approche peut être retenue s'agissant d'une expertise non judiciaire.

b) La transposition de la position à l'expertise non judiciaire

70. Critères posés. – De ces décisions, il résulte que l'absence de contradiction lors des opérations d'expertise est de nature à rendre inéquitable la procédure lorsque l'expertise est susceptible d'influencer de façon déterminante la décision (1) et lorsque le requérant ne dispose pas d'une possibilité de commenter efficacement cet élément probatoire devant le juge (2). Il convient d'analyser si ces critères sont susceptibles d'être remplis par une expertise non judiciaire, afin de vérifier si en la matière la contradiction est une arme efficace pour maintenir un équilibre entre les parties.

1. L'expertise : un élément de preuve essentiel ?

71. Normativité. – En principe, le juge n'est nullement tenu de suivre les conclusions d'une expertise. L'expertise judiciaire elle-même est une simple parenthèse technique[347] qui ne remplit qu'un rôle d'assistance. Néanmoins, par son autorité, elle est fortement teintée de normativité[348]. L'expertise non judiciaire ne saurait avoir le même

---

[345] CEDH, 11 janv. 2007, Augusto c. France, n° 71665/01. La Cour rappelle qu'une expertise médicale, « en ce qu'elle ressortit à un domaine technique échappant à la connaissance des juges, est susceptible d'influencer de manière prépondérante leur appréciation des faits et constitue un élément de preuve essentiel qui doit pouvoir être efficacement commenté par les parties au litige ».

[346] CEDH, 18 fév. 2010, Baccichetti c. France, n° 22584/06, Procédures 2010, comm. 119, note FRICERO (N.).

[347] DUMOULIN (L.), De l'impact des experts judiciaires sur la fabrique de la justice : d'une justice imposée à une justice négociée, art. préc., pp. 245-265.

[348] LECLERC (O.), Le juge et l'expert, *op. cit.*, n° 195.

degré de normativité car bien que son influence technique soit déterminante, ses faiblesses intrinsèques incitent à la prudence.

72. Influence technique. – Dans les contentieux techniques, l'expertise est le seul moyen de faire la lumière. Les décisions rendues en matière d'expertise judiciaire témoignent de ce qu'elle est une preuve attendue[349], voire requise[350] dans certaines affaires. L'emprise de l'expert sur la détermination des faits est alors extrême car le juge ne dispose pas des compétences lui permettant de porter une réelle appréciation sur le fond de l'avis. Les places respectives du juge et de l'expert s'en trouvent bouleversées[351], que l'on considère que l'expert est hissé en juge du fait, ou que le juge est réduit à n'être qu'un expert du droit[352]. La situation atteint son paroxysme lorsque la question posée à l'expert se confond avec celle que doit trancher la juridiction car alors l'expert est également amené à se prononcer sur les catégories juridiques[353]. Ainsi, en matière médicale, l'intervention de l'expert est essentielle à tous niveaux : afin d'établir l'existence du fait dommageable et du lien de causalité, ainsi que pour évaluer le dommage en le caractérisant dans son existence et son *quantum*, sur la base des nomenclatures. Puisqu'elle conditionne et évalue l'indemnisation, l'expertise joue un rôle restaurateur et créateur de lien de droit. Elle conduit automatiquement au jugement[354] et le juge n'est

[349] Par ex., en matière de filiation, l'expertise biologique prévue par l'article 16-11 C. civ. apparaît comme étant la preuve la plus adaptée, de sorte qu'elle est de droit, sauf s'il existe un motif légitime de ne pas l'ordonner : Cass. 1re civ., 28 mars 2000, n° 98-12.806, Bull. civ. I, n° 103, Defrénois 2000-06-30, n° 12, p. 769, note MASSIP (J.) ; D. 2000, p. 731, note GARÉ (T.) ; JCP G 2000, II, 10409, concl. PETIT (C.), note MONSALLIER-SAINT-MIEUX (M.-Ch.).

[350] Par ex., en matière de changement de sexe, il a été longtemps décidé que la preuve du syndrome transsexuel ne pouvait résulter que d'une expertise judiciaire : Cass. ass. plén., 11 déc. 1992, n° 91-12.373, Bull. A.P. 1992, n° 13, RGDM 2013, p. 163, obs. BINET (J.-R.).

[351] MOURY (J.), Les limites de la quête en matière de preuve : expertise et jurisdictio, préc., n°4. – MEMETAU (G.), Le juge ignorant la médecine ?, Gaz. Pal. 8 fév. 2014, n° 39, p. 12.

[352] TESTU (F.-X.), Présentation générale, *in* FRISON-ROCHE (M.-A.), MAZEAUD (D.), *op. cit.*, p. 3.

[353] JEULAND (E.), CHARBONNEAU (C.), Le caractère contradictoire du rapport d'expertise : une contradiction en haut lieu ?, JCP G 2012, doctr. 340, n° 24.

[354] JEULAND (E.), Droit processuel, *op. cit.*, n° 523.

pas apte à résister[355]. L'on note même en matière judiciaire une « propension insidieuse à l'adoption pure et simple des rapports »[356].

73. Faiblesses intrinsèques. – Si cette normativité est propre au phénomène expertal dans sa généralité, c'est à un moindre degré qu'elle s'applique à l'expertise non judiciaire. Certes, elle demeure techniquement une pièce maîtresse, intégrant des constatations pertinentes ainsi qu'un avis éclairant, et en cela elle est donc à elle seule susceptible d'emporter la conviction du juge. Mais à la différence de l'expertise judiciaire, elle présente une faiblesse juridique pour s'être déroulée sans l'aval du juge et sans le soutien de règles rigoureuses. Cela étant, elle demeure un substitut qui ne doit pas être suspecté *ipso facto*. Sa force sera inversement proportionnelle à ses lacunes, et le juge sera naturellement incité à plus de prudence dans son appréciation. Sans doute moins confiant, il se laissera moins facilement emporter dans l'adhésion quasi automatique. Il sera plus attentif.

74. Attitude des juges. – Néanmoins, l'analyse de la jurisprudence et de la solution radicale dégagée par la Cour de cassation s'agissant des expertises unilatérales le 28 septembre 2012[357] démontre qu'une telle expertise est toutefois de nature à jouer un rôle décisif[358]. En effet, dès lors qu'un juge estime pouvoir se fonder exclusivement sur un rapport d'expertise, c'est qu'il entend conférer à cet élément un poids prépondérant[359]. Or, si nombre de décisions se fondent exclusivement sur des expertises judiciaires, d'autres font de même

---

[355] Il faut évidemment nuancer cette affirmation, car il arrive que les juges refusent d'ordonner une nouvelle expertise du fait des erreurs commises par l'expert et procèdent eux-mêmes aux rectifications nécessaires. V. Aix-en-Provence, ch. 11 B, 30 janv. 2014, RG n° 12/20201.

[356] OPPETIT (B.), Les rôles respectifs du juge et du technicien dans l'administration de la preuve en droit privé, *in* Les rôles respectifs du juge et du technicien dans l'administration de la preuve, art. préc.

[357] V. *infra*, n° 104.

[358] CAVALIER (G.), Principe du contradictoire en matière d'expertise amiable, D. 2005, p. 46.

[359] CEDH, 25 nov. 2008, Oral c. Turquie, n° 18384/04.

avec des expertises non judiciaires, contradictoires[360] ou non[361]. Il s'ensuit que malgré la suspicion juridique, l'influence technique prend le dessus. Le premier critère étant de fait potentiellement rempli, il convient d'analyser ce qu'il en est du second.

2. Le défaut de contradiction anticipée : l'impossibilité d'une discussion efficace ?

75. Marge d'expression. – Les problèmes se posent lorsque le rapport sera opposé à la partie qui n'a pas été invitée à participer à son élaboration. Celle-ci doit pouvoir le discuter efficacement lors de l'instance engagée ultérieurement, c'est-à-dire être en mesure d'amoindrir sa portée afin d'amener le juge à statuer dans un sens contraire à celui qui lui est suggéré. Il convient donc de déterminer si la partie qui ne dispose pour toute marge d'expression que de la contradiction devant le juge[362] peut être nettement désavantagée par rapport à l'autre qui aura également bénéficié d'une latitude d'expression devant l'expert.

76. Désavantage. – Remettre en cause les conclusions d'une expertise après coup n'est pas une tâche aisée : il faut lutter contre leur aura. Pour s'attaquer au fond, le plaideur doit établir de façon convaincante l'existence d'une erreur, d'une approximation, ou à tout le moins d'une omission, et tenter de démontrer que sans ladite

---

[360] **Tendance ancienne et constante :** Toulouse, 2e ch., 18 déc. 1873, Hiriart père et fils c. La Nationale, Jurisprudence générale des assurances terrestres, Bibliothèque des assurances, Paris, 1882, p. 475. – **jusqu'à** Cass. 2e civ., 16 mai 2013, n° 12-19.119, Bull. civ. II, n° 726, D. 2014, p. 795, obs. FRICERO (N.) ; RGDA 2013, p. 1041, obs. SCHULTZ (R.); Gaz. Pal. 7 juill. 2013, p. 18, obs. PIAU (D.); Procédures 2013, obs. 12, obs. PERROT (R.). – Agen, 30 oct. 2013, n° 12/01481. – Cass. com., 19 nov. 2013, n° 12-20.143, préc. – Aix-en-Provence, ch. 11 B, 21 nov. 2013, n° 12/11392. – Poitiers, ch. civ. 1., 27 déc. 2013, RG n° 12/02664. – Aix-en-Provence, ch. 1 A, 21 janv. 2014, n° 13/04507. – TI Aubagne, 17 avr. 2012, jug. n° 11-11-168.

[361] Cass. 2e civ., 10 fév. 1988, n° 86-18.799, Bull. civ. II, n° 42. – 7 nov. 2002 n° 01-11.672, Bull. civ. II, n° 246, JCP G 2002, IV, 3060 ; Gaz. Pal. 6-7 août 2003, n° 219, p. 15, obs. DU RUSQUEC (E.). – Cass. 1re civ., 12 mai 2004, n° 01-17.465. – TGI Toulon, 5 sept. 2011, jug. n° 09/00540.

[362] Cass. 1re civ., 24 sept. 2002, n° 01-10.739, Bull. civ. I, n° 220. – 28 janv. 2010, n° 08-21.743.

inexactitude, le résultat des opérations aurait été différent. Le rapport restera, lui, inexorablement figé. Il n'est en effet plus possible de demander à l'expert de procéder une nouvelle fois à une opération ou de s'expliquer sur un point en particulier, ou de lui communiquer des pièces afin d'apporter un élément nouveau[363]. À l'inverse, la partie qui aura été mise en mesure de s'exprimer avant le dépôt du rapport sera dans une bien meilleure position. Elle aura procédé à la détermination de la mission, ce qui lui aura permis d'orienter les investigations de l'expert dans son intérêt. Elle aura été mise en mesure de s'exprimer, de rectifier à son avantage, de réorienter, et de communiquer ses pièces à l'expert, qui établira son rapport au vu de ces seuls éléments. La contradiction au stade des opérations présente donc un avantage indéniable.

77. Production d'une autre expertise. – Toutefois, il reste en théorie possible au plaideur qui souhaite contester de produire à son tour une expertise unilatérale. Cette circonstance est pour certains auteurs une garantie suffisante pour affirmer que l'égalité des armes n'est pas rompue[364]. Il est vrai que la logique de l'égalité ne doit pas être poussée trop loin : il s'agit toujours d'une égalité des chances et non des situations[365]. Mais outre le coût de ces mesures[366] non couvertes par l'aide juridictionnelle, procéder soi-même à une « contre-expertise »[367] n'est pas toujours possible. Quid si le bien à expertiser est la propriété de l'autre partie ? Quid si les échantillons sur lesquels devait porter l'expertise ont été détruits lors de la première mesure ? Si les traces du sinistre ont disparu[368] ? Si le trouble a finalement

[363] L'art. 245 du CPC qui permet au juge d'auditionner l'expert ne s'applique qu'à l'expertise judiciaire.
[364] VUITTON (X.), Longue vie à l'expertise officieuse !, Droit et procédures 2013, n° 3, pp. 50-54, spéc. n° 12. – BARBIER (J.-D.), Rapport d'expertise amiable, art. préc.
[365] BARBIER (J.-D.), Rapport d'expertise amiable, art. préc.
[366] BÉRENGER (F.), Le juge ne peut déplafonner un loyer en se fondant exclusivement sur une expertise non contradictoire, obs ss. Cass. 3e civ., 3 fév. 2010, n° 09-10.631, Ann. loyers 2010, n° 4, pp. 802-809.
[367] SAUTEL (O.), La contre-expertise : analyse juridique sous le prisme de la contre-expertise médicale, art. préc.
[368] GROUTEL (H.), obs. ss. Cass. 1re civ., 11 mars 2003, n° 01-01.430, RCA 2003, comm. 170.

cessé au jour de la contestation ? Dans ces hypothèses, un déséquilibre risque d'exister. Et il ne sera pas toujours possible de demander au juge d'ordonner une expertise judiciaire[369].

78. Relativité. – La contradiction se révèle un fort levier de renforcement de l'égalité des armes, même si son importance est moindre que s'agissant de l'expertise judiciaire. Des garde-fous doivent être prévus à défaut de contradiction, le juge devant se montrer circonspect dans son analyse du rapport, et l'autre partie devant pouvoir produire à son tour une « contre-expertise ». Néanmoins, il ne faut pas faire de la contradiction une exigence absolue. Son absence ne fragilise pas forcément l'expertise : il s'agit d'une garantie conditionnelle qui doit être appréciée avec modération.

§ 2. La modération de la garantie

79. Analyse concrète. – L'intérêt essentiel de l'expertise non judiciaire réside dans sa souplesse. Mais puisqu'elle ne peut être soumise à une réglementation pointilleuse, elle ne saurait totalement supplanter l'expertise judiciaire. L'expert conventionnel n'étant du reste pas en mesure d'imposer la contradiction, une appréciation concrète des garanties de l'expertise est souhaitable. Or, la contradiction n'est pas une garantie absolue du droit à un bon expert. Elle peut parfois être légitimement écartée. Ainsi, la contradiction différée peut s'avérer suffisante, tant du point de vue qualitatif que de l'égalité des armes, ce qui justifie de la réhabiliter (A). Corrélativement, la contradiction anticipée peut se révéler inopportune, ce qui conduit à la démythifier (B).

A. La contradiction différée réhabilitée

80. Rôle des débats. – La contradiction rétablie *ex post* qui consiste dans l'échange d'écritures et les débats oraux à l'audience peut parfois suffire à s'assurer de la qualité de l'expertise et à restaurer un équilibre initialement chancelant (a). D'ailleurs, la place de l'audience

---

[369] Ce sera également le cas lorsque les rapports produits sont opposés. V. Cass. 1re civ., 19 juin 1985, n° 93-13.133, Bull. civ. I, n° 201, JCP G 1985, IV, 302.

et des débats est valorisée dans un bon nombre de législations étrangères où elle remplace totalement la contradiction devant l'expert (b).

a) L'équilibre restauré par les débats

81. Appréciation concrète. – Si la contradiction au cours des opérations est avantageuse, son absence n'est pas forcément inconvenante. La Cour européenne n'a pas entendu soumettre de façon absolue et définitive l'expertise à l'exigence de contradiction[370], comme en attestent ses observations liminaires ainsi que l'appréciation stricte qu'elle fait des critères qu'elle a dégagés. Ainsi, afin d'établir l'influence décisive de l'expertise, la Cour relève l'identité des questions posées à l'expert et au juge, conditionnant la caractérisation du déséquilibre à un degré élevé d'imbrication des offices du juge et de l'expert. En ce qui concerne la possibilité de commenter efficacement, la Cour ne se contente pas du constat du caractère défavorable des résultats de l'expertise[371] et se met dans la situation du requérant. Elle a ainsi pu décider que des parties avaient pu « présenter leurs arguments, contester les conclusions des experts, et obtenir une contre-expertise », alors même que lors des opérations, les experts n'avaient pas répondu à leurs questions[372].

La discussion devant le juge de la mesure expertale joue également un rôle déterminant, indépendamment de ses modalités d'élaboration. D'ailleurs, la Cour européenne s'est spécifiquement prononcée sur la communication du rapport d'expertise médicale lors du débat judiciaire, postérieurement à son établissement[373]. Sur le fondement du critère de recevabilité du « préjudice important »[374], la Cour a semblé opérer une distinction : si l'expertise ne comporte aucun élément nouveau et important, l'absence de contradiction ne

---

[370] BÉRENGER (F.), Le juge ne peut déplafonner un loyer…, art. préc., spéc. n° 16. – *Contra* MARGUÉNAUD (J.-P.), Le droit à une expertise équitable, art. préc.
[371] CEDH, 29 mai 1986, Feldbrugge c. Pays-Bas, préc.
[372] CEDH, 5 janv. 2010, Yardimici c. Turquie, n° 25266/05.
[373] CEDH, 28 mai 2014, Martins Silva c. Portugal, n° 12959/10, Procédures 2014, comm. 205, note FRICERO (N.)
[374] Conv. EDH, art. 35, § 3, b.

constitue pas un « préjudice important ». Ce n'est que si l'expertise contient des éléments nouveaux et importants qui permettent au juge de trancher le litige que la communication s'impose. En réalité, ce n'est que dans la mesure où le juge entend se fonder sur le rapport qu'il doit vérifier qu'il a bien été communiqué aux parties et que chacune d'elles a bénéficié d'une opportunité de discuter son contenu[375]. Là encore, c'est le pragmatisme et l'appréciation concrète qui président à l'analyse européenne.

L'argument du « tout contradictoire » ne doit pas rejoindre le rang des prétextes dilatoires. Il ne doit pas mettre en échec une mesure ménageant suffisamment les intérêts divergents. Même lorsque l'expertise apporte des éléments nouveaux et importants, le degré de technicité des opérations doit donc être pris en compte afin d'apprécier si la contradiction différée n'est pas suffisante.

82. Opérations peu techniques. – Premièrement, la contradiction devant le juge est suffisante lorsque les opérations sont dénuées de tout caractère technique et reposent sur une mission simple et objective par nature. En effet, hors de la sphère judiciaire, la distinction opérée par le Code de procédure civile[376] entre constatations, consultations et expertises ne s'applique pas, et il se peut que l'expert non judiciaire ne soit requis que comme un technicien constatant. Le constatant se borne à révéler objectivement ce qu'il a vu ou entendu, et s'abstient de formuler un quelconque avis sur les conséquences de droit ou de fait qui peuvent en résulter. L'opération de constatation peut être confiée à l'expert en tant que telle, ou s'intégrer dans une mission plus globale tout en apparaissant isolée[377]. L'expertise ressemble alors au constat d'huissier de justice dont la légitimité a été dernièrement renforcée : de

---

[375] En ce sens, FRICERO (N.), note ss. CEDH, 28 mai 2014, Martins Silva c. Portugal, préc.

[376] CPC, art. 249, 256, et 263.

[377] Par ex., Cass. 2e civ. 18 juin 1986, n° 85-10.247, Bull. civ. III, n° 94, Gaz. Pal. 1987, 1, somm., p. 174, obs. GUINCHARD (S.) et MOUSSA (T.) : en matière d'expertise judiciaire, il a pu être jugé que ne portait pas atteinte aux droits de la défense l'expert, qui s'est livré hors la présence des parties, à des investigations de caractère purement matériel, telles que la vérification des dimensions d'un local.

simple renseignement, il est devenu une preuve véritable qui fait foi[378], et ce quand bien même il serait unilatéral. Il suffit que le constat soit soumis à la libre discussion des parties[379]. Il n'est pas aberrant d'évincer la contradiction dans cette hypothèse. La présence des parties n'apporterait rien, et la contestation est assez simple : soit le constat est précis et étayé par la description de la démarche et par des clichés photographiques, et la contestation est impossible ; soit le constat est nébuleux, non étayé et il est au contraire facile de le démolir s'il émane d'un expert qui n'est pas un officier ministériel. Ces remarques ne valent pas en tant que telles si sous les habits d'une mission de constatation se cache en réalité une mission de consultation, un avis étant implicitement sollicité[380].

83. Opérations trop techniques. – Deuxièmement, la contradiction différée ne peut que suffire lorsque, à l'opposé, les opérations sont trop techniques, purement scientifiques, et ne sont susceptibles d'être menées à bien que par l'homme de l'art. Dans ses décisions, la Cour européenne des droits de l'Homme s'attache en effet à relever qu'« aucune difficulté technique ne faisait obstacle à ce que [les requérants] fussent associés au processus d'élaboration [du rapport d'expertise] »[381]. Or, certaines études ou expérimentations doivent être faites dans des lieux particuliers, avec un matériel sensible et une forte concentration... La contradiction est alors un frein plutôt qu'une aide : non seulement inutile, elle peut se révéler gênante. Pour reprendre la formule du Professeur PERROT, la manipulation d'un tube à essai ne nécessite pas la science d'un avocat. Néanmoins, en matière d'expertise judiciaire, de telles opérations peuvent être menées par l'expert seul, mais il est exigé que l'expert rende compte des opérations en permettant

---

[378] Modification de l'ordonnance n° 45-2592 du 2 nov. 1945 relative au statut des huissiers, art. 1.

[379] Cass. 3e civ., 9 mai 2012, n° 10-21.041, Procédures 2012, comm. 210, obs. PERROT (R.).

[380] Cass. com., 21 mai 1996, n° 94-14.237, RTD civ. 1996, p. 701, obs. PERROT (R.) : la mission visant à l'établissement de comptes entre les parties est une consultation et non une constatation.

[381] CEDH, 18 mars 1997, Mantovanelli c. France, préc.

aux parties de discuter des résultats avant le dépôt de son rapport[382]. C'est néanmoins à raison que certains auteurs[383] observent que puisque l'expertise non judiciaire a une autorité inférieure, le schéma de contradiction emprunte un chemin inverse de celui de l'expertise judiciaire. Alors que dans la première, le contradictoire s'exerce intensivement devant l'expert et de façon amoindrie devant le juge, dans la seconde, le contradictoire est peut être absent devant l'expert, mais il retrouve sa plénitude devant le juge. Cette vision se retrouve dans bon nombre de droits étrangers.

b) La discussion différée valorisée en droit comparé

84. Comparaison des modèles juridictionnels. – Le modèle français de l'expertise de justice minimise la contradiction devant le juge au profit d'une contradiction devant l'expert, mais tel n'est pas le cas de tous les droits étrangers.

85. Droit anglo-saxon : sacralisation de l'audience. – Contre la conception française de la contradiction lors de l'exécution de l'expertise, la contradiction différée est considérée comme suffisante dans plusieurs droits étrangers, et notamment européens.

Ainsi, en droit anglo-saxon, l'expert est en principe un témoin choisi par chacune des parties[384]. Dès lors, seule la contradiction lors de l'audience a du sens : elle permet de confronter les points de vue via la *cross-examination* des témoins par la partie adverse, la juridiction pouvant seulement organiser des discussions entre experts[385], voire dans certains pays des confrontations[386]. L'autorité de l'expert n'est pas

---

[382] JULIEN (P.), Principe de la contradiction et expertise en droit privé, art. préc. – Montpellier, 25 oct. 1984, Gaz. Pal. 1986, 2, somm., p. 363.
[383] BÉRENGER (F.-D.), Le juge ne peut déplafonner un loyer…, art. préc.
[384] JEULAND (E.), Droit processuel, *op. cit.*, n° 523.
[385] *Civil Procedure Rules*, art. 35.12.
[386] GARAPON (A.) (dir.), Incertitude et expertise: l'expertise française sous le regard international, *in* Séminaire risques, assurances, responsabilités 2004-2005 : le traitement juridique et judiciaire de l'incertitude, p. 7 : le système australien du « chaudron bouillant » (*hot tub*) autorise la réunion de tous les experts au cours d'une même audience pour permettre leur audition contradictoire.

acquise dès l'origine mais elle se construit[387]. Il s'agit d'une différence de culture juridique : là où le droit procédural français tend à réduire toute preuve à un document écrit figé, le droit anglo-saxon applique un principe d'oralité à toutes les preuves, plaçant chacune d'elles dans une situation d'égalité par rapport aux autres, et permettant un contrôle plus substantiel que formel[388].

Une évolution s'est produite au Royaume-Uni. Depuis la réforme Woolf de 1999[389], le juge anglais a vu s'accroître ses pouvoirs en matière d'instruction, tempérant le principe de l'*adversary*. Désormais la juridiction a le pouvoir de ne pas autoriser la preuve par expertise[390] ou d'enjoindre aux parties de ne recourir qu'à un seul expert[391]. Certains auteurs anglais estiment que le système du *single joint expert* peut être dangereux, car faute de contradiction, il existe un risque d'inexactitude, attestant par là même de la haute valeur de la contradiction devant la juridiction[392]. Bien que le respect du contradictoire s'impose aux parties lorsqu'elles donnent des instructions à l'expert unique[393], les experts ne sont en principe pas astreints au respect de ce principe. L'expert n'a pas à inviter les parties à participer aux opérations, et si les parties sont autorisées à poser des questions écrites, celles-ci sont exclusives de toute contestation et ne visent qu'à l'obtention de précisions complémentaires[394].

Certains auteurs relèvent que le système adopté par la *common law* est assez avantageux. En effet, la dissociation du débat[395] que

---

[387] GARAPON (A.) et a., Le procès civil en version originale : cultures juridiques comparées, livre numérique, LexisNexis, 2014, pp. 261-262 [partie 2, chapitre 4, V].
[388] GARAPON (A.) et a., Le procès civil en version originale, *op. cit.*, p. 406 [partie 3, chapitre 5, X].
[389] HARAVON (M.), Dix années de réforme de la procédure civile anglaise : révolte ou révolution ?, RIDC 4-2004, p. 825. – FERRAND (F.), Rép. proc. civ., v° Preuve, préc., n°s 79 s.
[390] *Civil Procedure Rules*, art. 35.4.
[391] *Civil Procedure Rules*, art. 35.7.
[392] ANDREWS (N.), The Three Paths of Justice : Court Proceedings, Arbitration, and Mediation, *in* England, Springer éd., 2012, n° 1.30.
[393] *Civil Procedure Rules*, art. 35.8
[394] *Civil Procedure Rules*, art. 35.6.
[395] FERRAND (F.), Rép. proc. civ., v° Preuve, préc., n° 453.

connaît le droit français « est objectivement génératrice de dysfonctionnements dans l'application du contradictoire (le contentieux de la violation du contradictoire dans les expertises est nourri) et dans la continuité du débat technique »[396].

86. Droits allemand et espagnol : intermédiation du juge. – En outre, en Allemagne, l'expertise n'est par principe pas contradictoire[397]. Les relations entre les parties et l'expert sont même médiatisées via le tribunal, qui décidera discrétionnairement de permettre aux parties de poser des questions, de produire des pièces, ou d'assister à une opération. Il faut dire que les missions conférées aux techniciens allemands sont extrêmement précises et s'inscrivent nécessairement dans le cadre du procès[398]. L'expert peut être auditionné à l'audience, et son rapport peut être contesté à cette occasion. D'autres pays, tels que l'Espagne, ont évolué vers plus de contradictoire. Initialement non soumise à la contradiction, une réforme intervenue en 2001 autorise les parties et leurs défenseurs, lorsque la mission nécessite un examen des lieux, des objets, des personnes ou d'autres opérations de même nature, à y assister et uniquement dans la mesure où le travail de l'expert n'en serait pas gêné[399]. C'est le juge qui autorise les parties à assister aux opérations. Dans ces États, la contradiction est donc exceptionnelle avant l'audience.

87. Conceptions intermédiaires. – En Belgique, aux Pays-Bas, au Danemark, en Italie, en Suisse, la contradiction est importante lors

---

[396] SARRAILHÉ (Ph.), Rapport introductif, La diversité des experts et leurs traits communs, *in* Les experts, auxiliaires ou substituts du juge, 2009, Centre français de droit comparé, p. 17.
[397] SCHWAB (K.-H), rapport allemand, *in* L'expertise dans les principaux systèmes juridiques d'Europe, Travaux et recherches de l'Institut de droit comparé de Paris, vol. XXXII, 1969, p. 91 s., spéc. p. 104.
[398] HEINTZ (D.), Sur les regards allemands et autrichiens, *in* Expertise civile et procès équitable en Europe, coll. Cercle France-Amériques, 15 déc. 2009, [http://www.france-ameriques.org/151209.pdf], accédé le 1er juin 2014.
[399] *LEC*, art. 335.

des opérations. Mais tous ces États n'accordent pas la possibilité aux parties de formuler des dires et réquisitions[400].

Ces divergences, notamment à l'égard de la place de la contradiction, rendent difficile l'harmonisation de l'expertise européenne sur le modèle français[401]. Il s'en évince en tout cas, pour l'expertise non judiciaire, que l'opportunité de la contradiction lors des opérations doit être démythifiée.

B. La contradiction anticipée démythifiée

88. Tempéraments. – La contradiction anticipée n'est pas toujours d'un grand secours ; elle se révèle même parfois inopportune. En tous les cas, il ne faut pas exagérer ses vertus. Ainsi, à plus forte raison, en matière d'expertise judiciaire, celle-ci est parfois exclue en raison des spécificités de certains contentieux (a), tandis qu'elle peut se heurter à des obstacles qui la rendent impraticable (b).

a) Les expertises judiciaires soustraites à la contradiction

89. Domaines particuliers. – Certaines expertises judiciairement ordonnées[402] se déroulent non contradictoirement. Ce contraste s'explique par la nature particulière des contentieux en cause.

---

[400] BELLET (P.), Les opérations d'expertises, *in* l'expertise dans les principaux systèmes juridiques d'Europe, Travaux et recherches de l'Institut de droit comparé de Paris, vol. XXXII, 1969, p. 62 s., spéc. n° 15.

[401] LAMANDA (V.), L'expert et le procès équitable : une relation qui s'harmonise, Experts 2013, n° 111, p. 4.

[402] On peut également relever à ce titre la tolérance dont fait preuve la majorité des chambres de la Cour de cassation dans les expertises judiciaires ordonnées dans le domaine des assurances, en considérant que « l'assureur qui, en connaissance des résultats de l'expertise dont le but est d'établir la réalité et l'étendue de la responsabilité de son assuré qu'il garantit, a eu la possibilité d'en discuter les conclusions, ne peut, sauf s'il y a eu fraude à son encontre, soutenir qu'elle lui est inopposable ». V. Cass. 2e civ., 1er juill. 2010, n° 09-10.590, Bull. civ. II, n° 129, D. 2011, p. 1926, obs. GROUTEL (H.) ; RCA 2010, p. 31, obs. GROUTEL (H.) ; RGDA 2010, p. 684, obs. KULLMAN (J.); Procédures 2011, chron. 2, obs. MAZEAUD (V.). – 19 nov. 2009, n° 08-19.824, RCA 2010, comm. 55, note GROUTEL (H.) ; JCP G 2010, 428, 18, obs. KARILA (J.-P.).

90. Expertise pénale. – Ainsi, l'expertise pénale, qu'elle soit ordonnée par le juge[403] ou par le procureur de la République[404], n'est pas soumise au principe du contradictoire[405]. La participation des parties se limite à de simples sollicitations, et il n'existe pas de dialogue direct entre l'expert et les parties[406], ceci en raison du caractère inquisitorial et secret de la procédure pénale. Toutefois, les résultats de l'expertise sont notifiés aux avocats des parties qui peuvent présenter des observations ou des demandes de compléments d'expertise, voire de contre-expertise. Malgré quelques aménagements résultant de la loi du 15 juin 2000[407], l'expertise pénale demeure un procédé d'instruction étranger à toute forme d'implication des parties, et ce alors même que la vérité est un impératif prépondérant dans ce domaine. L'expertise ordonnée sur intérêts civils doit, quant à elle, être contradictoire[408]. Les particularités de la procédure pénale n'expliquent que partiellement un tel régime : si la contradiction était absolument nécessaire, il s'agirait d'une violation des droits de la défense et de l'équilibre des parties à l'égard des parties privées[409], ce que dénoncent d'ailleurs certains auteurs[410]. C'est la raison pour laquelle certains auteurs militent pour que le mis en cause puisse recourir à l'expertise privée[411].

91. Expertise en matière de procédures collectives. – En matière civile, c'est l'expertise ordonnée en matière de procédures

[403] AMBROISE-CASTÉROT (C.), Des contradictions dans le contradictoire en matière d'expertise pénale, *in* Mél. Burgelin, Dalloz, 2008, p. 19.
[404] L'expertise peut en effet intervenir, soit au cours d'une enquête préliminaire (CPP, art. 77-1) ou d'une enquête de flagrance (CPP, art. 60).
[405] CPP, art. 156 à 169-1.
[406] RENUCCI (J.-F.), L'expertise pénale et la Convention européenne des droits de l'Homme, JCP G 2000, I, 227. – AMBROISE-CASTÉROT (C.), BONFILS (P.) Procédure pénale, PUF, Paris, 2011, n° 439.
[407] FOURMENT (F.), Procédure pénale, Paradigme, Paris, 2011, n° 530.
[408] Cass. crim., 23 mars 2010, n° 08-83.688 : Bull. crim, n° 53, AJ pénal 2011, p. 139, obs. LASSERRE-CAPDEVILLE (J.).
[409] CPP, art. préliminaire.
[410] RENUCCI (J.-F.), L'expertise pénale et la convention européenne des droits de l'Homme, JCP G 2000, I, 227.
[411] DAOUD (E.), GHRÉNASSIA (C.), L'expertise à l'épreuve de la contradiction : errare expertum est, AJ pénal 2011, p. 560.

collectives[412] qui attire l'attention, et plus particulièrement celle que peut ordonner le juge-commissaire, à titre exclusif[413], sur le fondement de l'article L. 621-9, alinéa 2 du Code de commerce. Elle est destinée à réunir des informations sur la situation économique et comptable de l'entreprise, à rechercher des faits susceptibles d'établir la date de cessation des paiements, la qualité de dirigeant de fait, et de révéler des fautes de gestion. Elle sert ainsi le plus souvent de base à une future action engagée dans l'intérêt collectif contre le dirigeant, ce qui devrait supposer que l'expertise soit contradictoire vis-à-vis de ce dernier[414]. Pourtant, et bien qu'elle soit ordonnée par le juge-commissaire, il est de jurisprudence constante que cette mesure d'instruction ne constitue pas une expertise au sens du Code de procédure civile. Ainsi, quand bien même elle ne présenterait pas dans son exécution un caractère contradictoire, elle serait opposable au dirigeant poursuivi dès lors que le rapport aura été régulièrement versé aux débats et soumis à la libre discussion des parties[415]. La chambre commerciale a ajouté que les éléments de preuve de la faute de gestion du dirigeant social peuvent être puisés dans le seul rapport établi à la demande du juge-commissaire[416]. L'attachement traditionnel à l'exécution contradictoire de l'expertise vacille. Moins encore qu'en matière pénale l'exclusion ne se justifie, mais la matière des procédures collectives se manifeste toujours par un certain impérialisme qui bouleverse les principes de droit commun acquis.

Il est d'autres cas où sans être exclue, la contradiction se heurte à des obstacles qui la rendent inopportune.

---

[412] LE CORRE (P.-M.), Droit et pratique des procédures collectives, Dalloz, coll. Dalloz Action, Paris, 2013, n°s 380.00 s.
[413] Cass. com., 17 sept. 2013, n° 12-17.741, BJS 2013, p. 750, obs. COUTURIER (G.) ; BJE 2013, n° 6, p. 391, obs. LAJARTE-MOUKOUKO (C.) ; Act. proc. coll. 2013, repère 243, obs. ROLLAND (B.).
[414] FRICERO (N.), JULIEN (P.), Procédure civile, *op. cit.*, n° 666.
[415] Cass. com., 25 nov. 1997, n° 95-17.631. – 24 nov. 1998, n°s 94-14.755 et 94-19.890. – 16 fév. 1999, n° 96-22.489. – 16 fév. 1999, n° 96-21.669. – 15 fév. 2000, n°s 97-16.770 et 97-17.415, Bull. civ. IV, n°33.
[416] Cass. com., 30 oct. 2000, n° 98-12.671, Bull. civ. IV, n° 172.

b) Les obstacles à l'application du contradictoire

92. Vie privée. – Le respect intégral de la contradiction peut se heurter à l'exercice d'autres droits aussi légitimes. Or, en présence d'un conflit entre deux droits dont l'exercice de l'un constitue une ingérence dans celui de l'autre, il y a place pour un contrôle de proportionnalité.

Ainsi, outre le respect de la dignité de la personne, qui justifie qu'un examen clinique se déroule à l'abri des regards[417], le secret médical peut constituer un obstacle[418]. Toutefois, dans la mesure où l'absence de contradiction lors des expertises médicales est dangereuse, la Cour européenne a précisé qu'il y avait lieu d'assurer un contradictoire minimal, en autorisant par exemple un employeur à accéder à des documents portant sur l'état de santé de son salarié par l'intermédiaire de son médecin-conseil[419]. En matière d'expertise judiciaire, il est admis que le juge puisse autoriser la communication d'une pièce par un tiers au seul expert, sans diffusion directe aux parties[420]. D'autres secrets professionnels pourraient être invoqués, tels que le secret bancaire ou encore le secret des affaires, encore que s'agissant de ce dernier, la Cour de cassation considère qu'il ne saurait faire obstacle à la désignation d'un expert judiciaire[421].

Les obstacles existent mais pour autant ils ne font qu'empêcher l'application de la contradiction à titre ponctuel : en principe, ils ne s'opposent pas à ce que globalement l'expertise se déroule contradictoirement. Par exemple, si l'examen clinique médical se déroule à l'abri des regards, le médecin est en mesure de retracer les étapes de cet examen ainsi que ses constatations et analyses afin de

---

[417] PÉTON (P.), ZORN (C.), Le contradictoire de l'expertise à l'épreuve de l'examen clinique, Experts 2014, n° 113, pp. 12-14.

[418] VIGNEAU (V.), Obligations du technicien, *in* MOUSSA (T.) (dir.), Droit de l'expertise, *op. cit.*, n° 231.82. – LORIFERNE (D.), Expertise médicale en matière civile, loc. cit., n°s 511.21 s. – FERRAND (F.), Rép. proc. civ., v° Preuve, préc., n°s 446 et 447.

[419] CEDH, 18 avr. 2012, Eternit c. France, n° 20041/10.

[420] Cass. 1re civ., 2 mars 2004, n° 01-00.333.

[421] Cass. 2e civ. 7 janv. 1999, n° 95-21.934, Bull. civ. II, n° 4. – 8 fév. 2006, n° 05-14.198, Bull. civ. II, n° 44.

permettre une discussion de ces éléments devant lui. Ils invitent toutefois à relativiser une approche traditionnellement très rigoureuse de la contradiction.

93. Improductivité éventuelle. – En pratique, certains experts observent que la contradiction peut être dévoyée. La multiplication des dires, rédigés avec moult redites et sans grande rigueur, complexifierait les opérations et obligerait l'expert à répondre à des arguments sans intérêt pour l'avis qu'il est censé apporter, sans quoi il serait accusé de ne pas respecter le contradictoire[422]. Quelques plaideurs semblent confondre l'expert avec le juge ou avec leur adversaire et entreprennent de plaider le dossier lors de la phase technique. Le contradictoire est alors instrumentalisé et enferme l'expert dans un rôle qui n'est pas le sien. Au lieu d'être un gage de clarté, il devient un facteur d'ambiguïté et dévalorise la qualité du rapport. Ces critiques doivent être prises en considération mais ne doivent nullement être généralisées. Il convient simplement de relever que si de telles dérives se produisaient dans le cadre non judiciaire, l'expert, qui ne dispose d'aucun pouvoir particulier, pourrait néanmoins jouer un rôle modérateur.

94. Remède. – Une expertise non judiciaire menée par un expert indépendant et impartial et respectueuse du principe de la contradiction a toutes les chances de constituer une preuve de bonne facture, susceptible d'exercer une influence normative comparable à celle de l'expertise judiciaire. Le droit à un bon expert étant respecté dans toutes ses dimensions, le juge ne prendrait aucun risque à l'utiliser comme support de sa décision.

Les problèmes se posent lorsque certaines garanties font défaut. Si l'expertise ne présente pas toutes les qualités voulues, quel sort le juge doit-il lui réserver ? Comment concilier le droit à un bon expert avec les faiblesses d'une expertise organisée dans un cadre contractuel ? Après le temps du diagnostic vient le temps du remède. Il s'agit à présent de déterminer comment l'effectivité du droit à un bon expert doit être garantie.

---

[422] FRÉJABUE (M.), LISSARRAGUE (B.), Du contradictoire au bla-bla-toire, Experts 2008, n° 80, p. 19.

Chapitre 2. L'effectivité du droit à un bon expert

95. Évolution suggérée. – L'effectivité est le caractère d'une situation qui existe dans la réalité[423]. Le droit à un bon expert doit être effectif et concret, et il incombe à l'État, agissant par ses organes tant juridictionnels que législatifs de s'en assurer.

Le droit positif part du postulat que l'effectivité réside dans la garantie du droit à ne pas être jugé sur la foi d'une mauvaise expertise. C'est ainsi que la force probante de l'expertise officieuse est dévalorisée : elle ne saurait servir de fondement exclusif à une décision de justice. Le droit de la preuve est donc mobilisé pour hiérarchiser les éléments probatoires, ce à quoi le système français n'est que peu habitué (Section 1).

Mais par son domaine limité, cette solution ne paraît assurer qu'incomplètement cette effectivité. Surtout, elle semble faire fi des spécificités de cette preuve particulière, dont le régime n'est pas réductible à une modification impromptue des règles gouvernant l'appréciation des preuves par le juge. Le respect des droits fondamentaux n'est pas une incitation à tarir des institutions utiles au regard de l'économie procédurale ; il constitue au contraire une occasion pour les révéler et les rendre plus attrayantes. C'est pourquoi dans une visée prospective, le droit à un bon expert devrait être interprété dans sa plénitude, comme le droit de chacun à bénéficier d'une expertise de qualité[424]. Cela suppose l'élaboration d'un régime procédural autonome et adapté aux particularismes de la mesure expertale, qui permettrait tout à la fois un encadrement minimal des opérations et une sanction des irrégularités. Un tel régime conçu sous le signe de la convergence des expertises judiciaires et non judiciaires participe de la revalorisation du statut procédural de l'expertise (Section 2).

---

[423] CORNU (G.), Vocabulaire juridique, *op. cit.*, v° Effectivité, p. 386.
[424] En ce sens, JEULAND (E.), Droit processuel, *op. cit.*, n° 489.

SECTION 1. LA DEVALORISATION DE LA FORCE PROBANTE

96. Domaine : expertise unilatérale. – Pour assurer l'effectivité du droit à un bon expert, la Cour de cassation n'a pas entendu définir un régime général applicable à l'ensemble des expertises non judiciaires. Les efforts déployés visent à restreindre la vocation probatoire de la seule expertise unilatérale, réalisée de façon non contradictoire à la demande d'une des parties au litige. À l'égard du tiers auquel l'expertise est opposée, il est vrai que les conditions d'exécution de cette mesure suscitent une défiance toute particulière : l'exclusion de la contradiction *ab initio* jette sur la mesure un voile d'opacité de nature à mettre en doute l'impartialité de l'expert et à nuire à l'égalité des armes. De plus, le fait que la partie à l'origine de la mission ait seule le pouvoir de décider quel sort réserver au rapport tend à en faire un élément orienté.

À l'inverse, les expertises amiables ne sont pas placées sur le même plan. Même si elles peuvent être le théâtre d'une violation des garanties *a priori* présentes, elles apparaissent plus transparentes et plus objectives en raison de la prime à la contradiction[425]. La Cour de cassation n'a jamais entendu restreindre leur force probante, admettant qu'elles peuvent fonder exclusivement une décision[426], et les juges du fond leur réservent en général un accueil assez bienveillant[427], même si elles ne sont pas assimilées à des expertises judiciaires[428] et qu'elles

[425] AYNÈS (A.), VUITTON (X.), Droit de la preuve, *op. cit.*, n° 486.

[426] Cass. com., 19 nov. 2013, n° 12-20.143, préc., confirmant la décision d'une cour d'appel ayant statué au vu de deux rapports établis par un expert désigné par une seule partie, aux motifs que si l'expert avait été choisi par une partie, et non désigné par une juridiction, les parties, en participant aux opérations et en admettant la discussion l'avaient admis en qualité d'expert pour arbitrer (sic) le litige.

[427] Agen, 30 oct. 2013, n° 12/01481. – Aix-en-Provence (ord. incident), 4 fév. 2014, n° 12/06858 (refus d'ordonner une expertise judiciaire, l'expertise amiable contradictoire étant suffisante). – Aix-en-Provence (ord. incident), 21 janv. 2014, n° 13/04507.

[428] Lyon, 8e ch., 26 nov. 2013, n° 12/04924 (l'expertise non judiciaire, même contradictoire, ne peut être considérée comme constituant une véritable expertise ; dès lors, la saisine du juge des référés sur le fondement de l'art. 145 CPC est recevable, la demande ne s'analysant pas en une demande de contre-expertise [sic]).

demeurent non soumises aux règles de procédure civile gouvernant ces dernières[429].

97. Solution : déni de fiabilité. – Afin d'inciter les juges confrontés à des expertises non judiciaires réalisées à la demande d'une des parties et non contradictoirement établies à adopter une attitude circonspecte, la Cour de cassation s'est employée à cantonner le pouvoir d'appréciation dont ils disposent à cet égard. L'expertise unilatérale ne saurait jamais servir de fondement exclusif à la décision du juge[430], peu importants ses qualités intrinsèques (§ 1). Cette solution, certes louable au plan de la sécurité juridique[431], n'en demeure pas moins porteuse d'une entrave à l'office traditionnel du juge dans l'appréciation des preuves (§ 2).

§ 1. L'insuffisance de l'expertise unilatérale isolée

98. Ambivalence. – La solution désormais acquise consiste assez paradoxalement à reconnaître à l'expertise unilatérale une valeur probante, en insistant sur son admissibilité en qualité de preuve (A), tout en lui déniant une force probante autonome, par l'interdiction faite au juge de s'en servir en tant qu'élément isolé (B).

A. L'admissibilité de la preuve

99. Examen par le juge. – Affirmer qu'un élément de preuve est recevable[432] ou admissible[433], c'est dire que le juge ne peut refuser de l'examiner en l'écartant purement et simplement des débats. Dès lors

---

[429] V. *infra*, n° 153.
[430] Cass. ch. mixte, 28 sept. 2012, n° 11-18.710, D. 2012, p. 2317, note DUPONT (N.) et p. 2802, obs. BRETZNER (J-D.) ; D. 2013, p. 269, obs. FRICERO (N.) ; RTD civ. 2012, p. 769, obs. PERROT (R.) ; Gaz. Pal. 13 nov. 2012, n° 368. p. 19, obs. GUERRERO (N.) ; RGDA 2013, p. 227, obs. SCHULTZ (R.) ; JCP G 2012, 1200, note AMRANI-MEKKI (S.).
[431] FRICERO (N.), Expertise amiable : vous avez dit « amiable » ?, art. préc.
[432] LAGARDE (X.), Réflexion critique sur le droit de la preuve, *op. cit.*, p. 94 s.
[433] Certains auteurs font une distinction entre ces deux notions, mais elles sont en réalité assez proches. V. FRANÇOIS (G.), La réception de la preuve biologique : étude comparative de droit civil et droit pénal, th. Paris I, 2004, p. 491.

qu'une pièce est produite par une partie au soutien de ses prétentions et qu'elle est communiquée à l'adversaire en temps utile, une discussion contradictoire s'établit. Chaque plaideur peut alors faire valoir ses observations, et produire en retour d'autres éléments de preuve au soutien de ses allégations.

L'exclusion d'une pièce n'est justifiée que dans des cas exceptionnels. Il en est ainsi lorsque la loi détermine le domaine des preuves admissibles pour faire la démonstration d'un fait particulier (par exemple, l'exigence d'un écrit en matière d'actes juridiques), si elle n'est pas administrée conformément aux règles de procédure (non-respect des modalités de communication), ou encore si elle est déloyale ou illicite. L'illicéité, qui découle de l'exigence posée à l'article 9 du Code de procédure civile[434], vise les cas où la preuve a été recueillie en méconnaissance de certaines règles techniques spécifiques à certaines preuves dites « spéciales »[435] (par exemple, la nullité de l'expertise judiciaire pour violation du contradictoire), ou en inobservation des principes généraux qui gouvernent la constitution du dossier probatoire[436] (loyauté, droit au respect de la vie privée, secret protégé...)[437].

À cet égard, l'expertise non judiciaire ne fut pas immédiatement accueillie avec faveur, car on voyait en elle le spectre d'une expertise judiciaire dont les principes exigeants avaient été contournés. Ce n'est qu'à compter du moment où elle s'est émancipée et a acquis sa pleine légitimité probatoire qu'elle fut déclarée admissible sans restriction. Ce mouvement s'intensifie avec la reconnaissance du droit à la preuve.

---

[434] CPC, art. 9 : « Il incombe à chaque partie de prouver *conformément à la loi* les faits nécessaires au succès de sa prétention » (souligné par nous).

[435] VERGÈS (É.), Éléments pour un renouvellement de la théorie de la preuve en droit privé, *in* Mél. J-H. Robert, LexisNexis, Paris, 2012, p. 853.

[436] *Ibid.*

[437] Cette analyse assez substantielle de la recevabilité de la preuve n'est pas partagée par l'ensemble de la doctrine. V. *contra*, LAGARDE (X.), Réflexion critique sur le droit de la preuve, *op. cit.*, n° 260, pour qui la recevabilité ne peut dépendre que de règles spéciales.

100. Preuve distincte. – Historiquement, l'expertise non judiciaire fut d'abord considérée comme une expertise réalisée hors du cadre légal, ce qui justifiait que le juge n'en tienne nullement compte, notamment en matière pénale[438]. C'est, semble-t-il, en 1872 que la Cour de cassation a pour la première fois affirmée sans détour l'admissibilité d'une expertise officieuse à titre de preuve. Dans une affaire concernant l'authenticité d'un testament, matière où la preuve testimoniale était admise, la chambre des requêtes a décidé que les présomptions devaient l'être également et que « l'expertise officieuse produite par les défendeurs éventuels devant la Cour d'Agen n'était rien qu'une présomption simple invoquée par ceux-ci en faveur de la sincérité du testament litigieux ». Dès lors, elle approuve la Cour d'avoir mentionné cette expertise dans les motifs de l'arrêt, ce qui ne constituait, selon elle, ni un excès de pouvoir ni une violation des règles relatives à la vérification d'écritures[439].

Depuis lors, l'expertise unilatérale n'est plus assimilée à une expertise judiciaire dégénérée[440]. Dans la mesure où la Cour de cassation considère que la production d'une expertise non judiciaire ne se heurte ni au corps de règles spécifique de l'expertise judiciaire dont elle est parvenue à se détacher, ni par ailleurs à un principe général du droit de la preuve[441], rien ne justifie l'exclusion *a priori* de l'expertise non judiciaire unilatérale.

C'est ainsi que s'est imposé progressivement un principe d'admissibilité, désormais partagé par l'ensemble des chambres de la Cour de cassation.

---

[438] Cass. crim., 25 janv. 1873, S. 1873, p. 168 : « attendu que l'expertise et l'autopsie, dont se prévalait l'inculpé pour établir qu'il était dans le cas de légitime défense lorsqu'il a tué le chien dont la mort lui était imputée, ont été pratiquées en dehors de toutes les prescriptions de la loi ; que, dès lors, le juge de police a pu n'en tenir aucun compte ».

[439] Cass. req., 7 mai 1872, S. 1872, pp. 119-120.

[440] Cass. 2e civ., 30 mai 1960, Bull. civ. II, n° 353. – Cass. 1re civ., 6 nov. 1963, Bull. civ. I, n° 481.

[441] Cela peut être contesté : V. *infra*, n° 162.

101. Unanimité. – Après plusieurs décennies de fluctuations[442], toutes les formations de la Cour de cassation s'accordent aujourd'hui pour admettre la production d'une expertise non judiciaire non contradictoire à titre de pièce dès lors qu'évidemment celle-ci est soumise à la libre discussion des parties. Ce raisonnement devrait conduire à proscrire l'exclusion de l'expertise aux motifs qu'elle serait inopposable[443], cette sanction constituant logiquement un obstacle à la recevabilité de la preuve, même si une certaine confusion règne encore[444].

La première chambre civile décide depuis 1963[445] que les juges du fond peuvent, sans violer les règles de la preuve ni les dispositions relatives aux expertises judiciaires, puiser les éléments de leur conviction dans le rapport d'un expert officieux, régulièrement versé au dossier et ayant fait l'objet d'un débat contradictoire. Elle exprime cette règle sous la forme d'un attendu de principe depuis 2002[446] : « tout rapport amiable peut valoir à titre de preuve dès lors qu'il est soumis à la libre discussion des parties » au visa des articles 15, 16 et 132 du Code de procédure civile. La chambre casse donc les décisions de cour d'appel ayant déclaré le rapport effectué non contradictoirement inopposable, au visa de l'article 16 du Code précité[447]. Cette ligne jurisprudentielle est constante[448], malgré une décision à contre-courant rendue en 2001, ayant approuvé les juges du fond d'avoir déclaré

---

[442] Cass. 1re civ., 17 janv. 1990, n° 87-13.066, RCA 1990, comm. 134, et chron. 7, note GROUTEL (H.).
[443] BEAUCHARD (J.), L'expertise judiciaire et les autres expertises au regard du principe de la contradiction, art. préc. – AYNÈS (A.), VUITTON (X.), Droit de la preuve, *op. cit.*, n° 484.
[444] V. *infra*, n° 109.
[445] Cass. 1re civ., 6 nov. 1963, préc.
[446] Cass. 1re civ., 24 sept. 2002, n° 01-10.739, Bull. civ. I, n° 220.
[447] Cass. 1re civ., 11 mars 2003 n° 01-01.430, Bull. civ. I, n° 70, D. 2005, p. 46, obs. CAVALIER (G.) ; RGDA 2003, 583, note BEAUCHARD (J.) ; RCA 2003, comm. 170, note GROUTEL (H.) ; Lamy assurances 2003, p. 1, note PINGUET (S.).
[448] Cass. 1re civ., 18 oct. 2005, n° 04-15.816. – 28 janv. 2010, n° 08-21.743, préc. – 17 mars 2011, n° 10-14.232. – 26 janv. 2012, n° 10-11.528, RCA 2012, p. 25.

inopposable une expertise unilatérale[449]. La deuxième chambre civile adopte la même solution[450], de même que la chambre commerciale[451].

S'agissant de la troisième chambre civile, cette dernière a dans les premiers temps été plus stricte, en insinuant que les juges devaient écarter un rapport non contradictoire aux motifs que le constructeur n'avait pu faire valoir son point de vue lors de l'expertise amiable[452], mais elle a ensuite rallié la voie majoritaire[453].

De même, lorsque la Cour de cassation se prononça sur la problématique de la valeur de l'expertise non judiciaire et non contradictoire dans l'arrêt du 28 septembre 2012[454], elle prit le soin d'affirmer dans son attendu que « le juge ne peut refuser d'examiner une pièce régulièrement versée aux débats et soumise à la discussion contradictoire ». Toutefois, pétrie de méfiance, elle a également affirmé que cet élément devait être corroboré par d'autres indices pour pouvoir fonder une décision, faisant de celui-ci une preuve incomplète dénuée de force probante propre.

B. L'absence de force probante propre

102. Position du problème. – La limitation de la force probante est la réponse qui a été apportée à la question suivante : si l'admissibilité de l'expertise unilatérale est reconnue, peut-elle pour autant suffire à elle seule à fonder une décision ? Le principe d'ordre public juridictionnel[455] de libre appréciation des preuves par le juge semblait commander une réponse positive, puisque le juge doit en

---

449 Cass. 1re civ., 6 nov. 2001, n° 99-10.510.

450 Cass. 2e civ., 12 fév. 2004 n° 02-15.460. – 18 juin 2009, n°08-12.671, Procédures 2009, comm. 304, obs. PERROT (R.).

451 Cass. com., 17 mai 1994, n° 92-13.542, Bull. civ. IV, n° 181. – 15 fév. 2000, nos 97-17.415 et 97-16.770, préc.

452 Cass. 3e civ. 3 oct. 1991, n° 90-12.214, préc.

453 Cass. 3e civ., 23 mars 2005, n°04-11.455, Bull. civ. III, n° 73, Procédures 2005, comm. 117, obs. PERROT (R.) ; Gaz. Pal. 2006, somm., p. 3469, note DU RUSQUEC (E.). – 13 janv. 2009, n°07-21.521. – 17 janv. 2012, n°11-10.863. – 29 fév. 2012, n°10-26.653.

454 Cass. ch. mixte, 28 sept. 2012, n° 11-18.710, préc.

455 AMMAR (D.), Preuve et vraisemblance, RTD civ. 1993, p. 499.

principe pouvoir se déterminer selon son intime conviction[456]. Néanmoins, l'on sait également que cette liberté n'est pas absolue puisque certaines preuves, dites parfaites[457] (telles que l'écrit, le serment, ou l'aveu), lient le juge. Il est donc en réalité limité aux preuves imparfaites[458]. Fort de ce constat, il peut être considéré que cette liberté peut également être limitée si son exercice conduit à violer les règles du procès équitable. Les preuves doivent en effet être adaptées à la nature du procès[459], ainsi qu'en dispose la règle de la *best evidence rule* issue du droit anglo-saxon[460]. De là suit que toutes les preuves ne sont en effet pas bonnes à motiver, le juge équitable devant utiliser essentiellement des preuves elles-mêmes équitables. Il s'agit là d'une application du principe de neutralité du juge en matière probatoire[461]. Dès lors, le juge ne risque-t-il pas de se mettre en porte à faux à cet égard s'il motive sa décision en ne se fondant que sur une preuve dont la crédibilité est contestable ? Si le fait de statuer au vu d'une seule preuve ne prête pas le flanc à la critique lorsque celle-ci présente toutes les garanties de fiabilité et d'équité (ainsi de l'expertise judiciaire), il n'en va pas de même d'un élément fragile. En l'absence d'expurgation par la contradiction, l'impartialité de l'expert demeure douteuse, tandis que l'égalité des armes est tangente puisqu'il est au moins acquis qu'en procédant de la sorte, l'expertise devient un élément prépondérant de l'appréciation des faits.

Cette question se pose indéniablement, mais peut-elle recevoir une réponse définitive ? Si le respect du procès équitable est une question de droit justifiant la compétence de la Cour de cassation, l'assise factuelle ne saurait être occultée : tout dépend des

---

456 BREDIN (J-D.), Le doute et l'intime conviction, Droits 1996, n° 23, p. 21 s. Cette intime conviction est reconnue en matière civile. V. Cass. 1re civ., 16 juin 1998, n° 96-17.819, D. 1999, jurispr., p. 360, note MASSIP (J.).

457 MAZEAUD (H. et L.) par CHABAS (F.), Introduction à l'étude du droit, Leçons de droit civil, t. 1, LGDJ, 12e éd., 2000, n° 388.

458 LAGARDE (X.), Réflexion critique sur le droit de la preuve, *op. cit.*, nos 100 s.

459 V. *supra*, nos 9 et 10. – *Adde* HALPÉRIN (J.-L.), La preuve judiciaire et la liberté du juge, Communications 2009/1, n° 84, pp. 21-32, spéc. p. 30.

460 Omychund v. Barker (1745) 1 Atk, 21, 49; 26 ER 15, 33.

461 FERRAND (F.), Rép. proc. civ., v° Preuve, préc., nos 50 s. – TERRÉ (F.), Introduction générale au droit, *op. cit.*, n° 565.

circonstances. Cela explique pour partie la grande fluctuation des décisions de la Cour de cassation sur ce point, qui pendant plusieurs années a été la source d'une certaine instabilité. Souhaitant sans doute y remédier afin d'instaurer de la sécurité juridique (a), une chambre mixte est intervenue pour trancher la difficulté en posant en principe qu'une expertise établie à la demande d'une des parties ne peut jamais servir à fonder exclusivement une décision[462] (b).

a) La fin de l'instabilité jurisprudentielle

103. Fluctuations antérieures. – Pendant de nombreuses années, les chambres de la Cour de cassation s'opposèrent quant à la reconnaissance de la possibilité pour le juge de se fonder exclusivement sur un rapport d'expertise non judiciaire et non contradictoire.

Certaines chambres avaient un avis tranché. D'un côté, la chambre commerciale adoptait une position très libérale s'agissant des expertises ordonnées dans le cadre des procédures collectives, en considérant que le rapport pouvait servir de fondement exclusif dans la mesure où il avait été versé aux débats et soumis à la discussion contradictoire des parties[463]. D'un autre côté, la troisième chambre civile avait pu considérer en 2010, au visa de l'article 6 § 1 de la Convention européenne des droits de l'Homme qu'une cour d'appel avait méconnu le principe de l'égalité des armes en ne s'étant fondée que sur une expertise non contradictoire établie à la demande d'une des parties[464], même si à la faveur de décisions non publiées, elle pouvait se montrer moins inflexible[465]. Ce faisant, la chambre avait pris le pli de

---

[462] Cass. ch. mixte, 28 sept. 2012, n°11-18.710, préc.

[463] Cass. com., 25 nov. 1997, préc. – 4 nov. 2008, n° 07-15.426.

[464] Cass. 3e civ., 3 fév. 2010, n° 09-10.631, Bull. civ. III, n° 31, D. 2010, p. 439, obs. ROUQUET (Y.) ; Dr. patr. 2013, p. 26, obs. BOISSEAU-SOWINSKI (L.) ; Rev. arb. 2012, p. 187, obs. TRICOIT (J.-Ph.) ; Revue des contrats 2011, p. 1999, obs. PELLETIER (C.) ; Ann. loyers 2010, p. 802, obs. BÉRENGER (F.) ; Administrer 2010, p. 21, obs. BARBIER (J.-D.) ; Loyers et copr. 2010, comm. 137, obs. BRAULT (Ph.-H.).

[465] Cass. 3e civ., 19 oct. 2010, n° 09-14.300 : la cour d'appel avait pu se fonder sur deux éléments de preuve élaborés non contradictoirement, parmi lesquels un avis d'expert amiable. – V. aussi Cass. 3e civ., 3 juill. 2012, n° 11-16.151.

vérifier systématiquement que les juges ne s'étaient pas fondés uniquement sur un tel élément[466]. La chambre sociale, rarement amenée à se prononcer, se plaçait dans la même ligne, sans toutefois recourir au fondement de l'article 6 § 1 de la Convention européenne[467].

Entre ces deux positions, la première et la deuxième chambre civile fluctuèrent. Dans les premiers temps, elles prirent le parti de laisser au juge son pouvoir d'appréciation en refusant de casser les décisions qui se fondaient exclusivement sur un rapport d'expertise unilatéral, en raison de sa soumission au débat contradictoire instauré devant le juge[468], précisant même qu'il n'y avait là aucune violation de l'article 6 § 1 de la Convention[469]. Néanmoins, elles se rangèrent progressivement à la position défendue par la troisième chambre civile, sans pour autant évoquer la rupture de l'égalité des armes, même dans les arrêts les plus récents. C'est ainsi que la deuxième chambre civile, dans un arrêt de 2005[470], releva que le juge ne s'était pas fondé uniquement sur le rapport d'expertise « amiable » pour rejeter un moyen qui faisait grief à la cour d'appel de ne s'être fondée que sur un tel rapport. Sa position s'affina en 2006[471] lorsqu'elle affirma clairement, au visa de l'article 16 du Code de procédure civile, que « si le juge ne peut se déterminer au seul vu d'une expertise établie non contradictoirement, il ne peut refuser d'examiner une pièce, dont la communication régulière et la discussion contradictoire n'étaient pas contestées ». La première chambre civile manifesta son adhésion à cette conception, en consacrant l'inopposabilité de l'expertise non judiciaire et non contradictoire, au visa du même fondement, en décidant que « le juge, tenu de faire respecter et de respecter lui-même le principe de la contradiction, ne peut se fonder exclusivement, pour retenir la responsabilité d'une partie, sur un rapport d'expertise non

[466] Par ex., Cass. 3e civ., 26 oct. 2010, n° 09-70.854.
[467] Cass. soc., 12 mai 1993, n° 89-43.953. – 8 juill. 1997, n° 94-40.090.
[468] Cass. 1re civ., 12 mai 2004, n° 01-17.465, préc. – 17 mars 2011, n° 10-14.232, préc. – Cass. 2e civ., 10 fév. 1988, n° 86-18.799, préc.
[469] Cass. 2e civ., 7 nov. 2002, n° 01-11.672, préc. – *Adde* CAVALIER (G.), Principe du contradictoire en matière d'expertise amiable, art. préc.
[470] Cass. 2e civ., 3 fév. 2005, n° 04-11.216.
[471] Cass. 2e civ., 14 sept. 2006, n° 05-14.333.

contradictoire à son égard, dont celle-ci soutenait expressément qu'il lui était inopposable »[472].

Pour autant, le fondement ici invoqué paraît moins convaincant que celui avancé par la troisième chambre civile. En effet, l'article 16 du Code de procédure civile définit la contradiction au titre des principes directeurs de l'instance : l'exigence qu'il renferme se limite donc aux débats devant le juge, et ne saurait s'étendre à la phase antérieure[473] et notamment à la constitution du dossier probatoire, et ce même si ce texte dispose que le juge « ne peut retenir, dans sa décision, les moyens, les explications et les documents invoqués ou produits par les parties que si celles-ci ont été à même d'en débattre contradictoirement ».

104. Chambre mixte. – Afin de tenter une uniformisation, la Haute juridiction rendit un arrêt en chambre mixte le 28 septembre 2012[474]. Les faits de l'espèce méritent à ce stade d'être rappelés brièvement. L'assureur de la propriétaire d'un véhicule automobile incendié avait recouru aux services d'un expert non judiciaire afin de déterminer l'origine du sinistre. Le technicien ayant conclu à un défaut de câblage du circuit électrique du véhicule, la société d'assurances a réclamé au constructeur et à son assureur le remboursement de la somme versée à l'assurée en réparation de son préjudice, en se prévalant de cette expertise à laquelle les défendeurs n'avaient pas participé. La cour d'appel de Paris a débouté le demandeur aux motifs que, dépourvu de caractère contradictoire à l'égard du constructeur et de son assureur, le rapport d'expertise était insuffisant à en établir le bien-fondé. La partie perdante se pourvut en cassation. La question qui était posée à la Cour de cassation était donc classique : un juge peut-il retenir à titre exclusif, pour fonder sa décision, les résultats d'une expertise non judiciaire et non contradictoire dans son déroulement ? Dans son avis[475], l'avocat général relevait que l'approche de la chambre commerciale avait l'avantage de l'efficacité judiciaire, tandis que celle

[472] Cass. 1re civ., 15 déc. 2011, n° 10-25.770.
[473] En ce sens, VUITTON (X.), Longue vie à l'expertise officieuse !, art. préc.
[474] Cass. ch. mixte, 28 sept. 2012, préc.
[475] MUCCHIELLI (M.), avis Cass. ch. mixte, 28 sept. 2012, n° 11-18.710, préc.

de la troisième chambre civile préservait davantage les droits fondamentaux. C'est finalement en faveur de cette dernière position que la chambre mixte a opté, puisqu'elle a rejeté le pourvoi dans les termes suivants : « si le juge ne peut refuser d'examiner une pièce régulièrement versée aux débats et soumise à la discussion contradictoire, il ne peut se fonder exclusivement sur une expertise réalisée à la demande de l'une des parties ». Il est vrai cependant que la formulation de l'arrêt peut prêter à confusion : en visant l'expertise réalisée à la demande de l'une des parties, la Haute juridiction ne mentionne pas spécifiquement le défaut de contradiction, mais c'est ainsi qu'il faut comprendre l'énoncé. En effet, dès lors que l'expertise n'est pas réalisée à la demande de plusieurs parties, elle ne peut pas avoir de caractère contradictoire. L'exclusion des expertises contradictoirement établies est très clairement admise, tant par l'avocat général que par la doctrine[476]. Cela étant, le fondement de la solution n'est pas mentionné puisque l'arrêt rendu est un arrêt de rejet[477].

105. Pérennisation. – L'autorité qui s'attache aux décisions rendues en chambre mixte explique que la position exprimée le 28 septembre 2012 ait été réitérée, tant par la Cour de cassation que par les juges du fond.

La Cour de cassation parvient à uniformiser sa jurisprudence. La chambre commerciale, auparavant récalcitrante, s'est alignée par arrêt du 29 janvier 2013[478] en censurant, au visa des articles 9 du Code de procédure civile et 6 § 1 de la Convention européenne, la décision d'une cour d'appel qui avait condamné le défendeur pour contrefaçon de certificats d'obtention végétale sur le fondement de deux expertises non contradictoires réalisées par le groupe d'études et de contrôle des variétés et des semences (GEVES) dans le cadre d'une procédure de saisie-contrefaçon. La motivation ne fait pas référence à l'expertise « réalisée à la demande d'une partie » mais bien à des « rapports établis

---

[476] FRICERO (N.), Procédure civile, D. 2012, p. 269, spéc. n° II. – FERRAND (F.), Rép. proc. civ., v° Preuve, préc., n° 441.
[477] FERRAND (F.), *loc. cit.* (note préc.).
[478] Cass. com., 29 janv. 2013, n° 11-28.205, Prop. ind. 2013, comm. 28, note BOUCHE (N.) ; JCP E 2014, p. 41, obs. CARON (Ch.).

de manière non contradictoire ». Cette décision a été critiquée par les spécialistes de propriété intellectuelle. En effet, l'article L. 623-27-1 du Code de la propriété intellectuelle prévoit non seulement que la saisie-contrefaçon est ordonnée en vertu d'une ordonnance rendue sur requête par la juridiction civile compétente, donc sans débat contradictoire préalable[479], mais encore il mentionne expressément l'assistance éventuelle de l'huissier par des « experts désignés par le demandeur »[480]. De plus, il est vrai que le rapport du conseil en propriété intellectuelle est souvent le seul élément de preuve établissant la réalité de la contrefaçon, et le GEVES est un organisme public officiel dont l'impartialité n'est pas douteuse[481]. En parallèle de cet alignement, la chambre veille à ce que le domaine de la solution soit bien circonscrit aux expertises non contradictoires[482].

La deuxième et la troisième chambres civiles ont statué de la même manière respectivement le 11 juillet 2013[483] et le 29 octobre 2013[484], mais au seul visa de l'article 16 du Code de procédure civile[485]. En outre, même lorsque le pourvoi est rejeté, les formations de la Cour prennent soin de relever que le juge ne s'est pas fondé exclusivement sur le rapport non contradictoire[486].

Par ailleurs, les juges du fond tendent eux aussi à se conformer aux directions de la Haute juridiction qu'ils érigent en principe dans

[479] BINCTIN (N.), Droit de la propriété intellectuelle, LGDJ, 2e éd., Paris, 2012, n° 1248.
[480] *Ibid.*, n° 1249.
[481] BOUCHE (N.), Une contrariante contradiction, obs. préc. ss. Cass. com., 29 janv. 2013, n° 11-28.205.
[482] Cass. com., 9 avr. 2013, n° 12-18.440 : le constat de la présence de l'autre partie aux réunions suffit pour conférer à l'expertise un caractère contradictoire, ce qui exclut l'interdiction de retenir le rapport à titre de fondement exclusif.
[483] Cass. 2e civ., 11 juill. 2013, n° 12-23.336.
[484] Cass. 3e civ. 29 oct. 2013, n° 12-22.583.
[485] La troisième chambre civile apparaît abandonner le visa de l'article 6 § 1 de la Convention européenne des droits de l'Homme, pourtant mis en avant dans son arrêt du 3 fév. 2010, n° 09-10.631, préc.
[486] Cass. 2e civ. 7 fév. 2013, n°11-23.239. – Cass. 3e civ., 9 oct. 2013, n°12-14.502. – Cass. 1re civ., 22 janv. 2014, n° 12-35.086.

leurs décisions[487], tout en rappelant que l'expertise demeure un élément d'appréciation recevable[488], même si certains arrêts manifestent une résistance à l'encontre de la solution posée par la Cour de cassation[489].

Puisque la solution a vocation à être appliquée assez largement dans l'ordre juridique, il convient de l'analyser afin d'identifier ses apports.

b) Les apports de la solution dégagée

106. Analyse. – Une expertise unilatérale n'est pas suffisante en soi pour établir le bien-fondé d'une demande. Trois apports sont à noter, quant à la nature de la preuve, quant à l'exigence d'une corroboration et quant au contrôle de la Cour de cassation.

107. Nature de renseignement. – L'expertise unilatérale devient une preuve particulière, mais de quelle nature ? Elle n'est pas non plus exactement un indice[490], élément de preuve faisant présumer le fait à prouver et se rattachant aux présomptions de l'homme[491]. En effet, même si l'expertise ressortit certainement aux modes de la preuve

---

[487] Nouméa, ch. civ., 1er oct. 2012, n° 11/71. – Poitiers, ch. civ. 1, 11 janv. 2013, n° 11/03194. – Aix-en-Provence, 10e ch., 25 sept. 2013, n° 11/12285. – Bordeaux, ch. civ. 1, sect. B, 26 sept. 2013, n° 10/06445. – Aix-en-Provence, 1re ch. A, 1er oct. 2013, n° 12/18244. – Paris, pôle 4 ch. 9, 7 nov. 2013, n° 12/18962. – Paris, pôle 2 ch. 2, 8 nov. 2013, n°12/08752. – Aix-en-Provence ch. 1 A, 7 janv. 2014, n°13/05122. – Angers, ch. 1, sect. B, 23 janv. 2014, n° 12/02024. – Aix-en-Provence, ch. 1 C, 23 janv. 2014, n° 13/03963. – Lyon, ch. civ. 1 sect. B, 28 janv. 2014, n° 12/03834. – Nancy, ch. civ. 2, 20 mars 2014, n°13/00109. – Rennes, ch. 2, 4 avr. 2014, n° 11/04506.

[488] Metz, 1re ch., 26 sept. 2013, n° 12/01526. – Aix-en-Provence, ch. 1 A, 10 déc. 2013, n° 13/00625. – *Contra*, Acceptant de fonder exclusivement sa décision sur l'expertise motif pris de ce qu'il s'agit d'une pièce discutée contradictoirement : Rouen, 13 juin 2013, n° 10/03915.

[489] Par ex., Montpellier, 1re ch., sect. A01, 14 nov. 2013, n° 11/08536. – Paris, pôle 4, ch. 2, 5 mars 2014, n°12/12857.

[490] *Contra* AMRANI-MEKKI (S.), Expertise et contradictoire : vers une cohérence procédurale ?, JCP G 2012, note 1200, préc., spéc. 1, B..

[491] CORNU (G.), Vocabulaire juridique, *op. cit.*, v° Indice, p. 538. – *Adde* BERGEL (J.-L.), Théorie générale du droit, Dalloz, Paris, 2004, n° 274.

indiciaire[492], il est admis qu'un seul indice soit suffisant pour fonder exclusivement une décision[493] car le juge dispose en la matière d'un pouvoir d'appréciation non cantonné[494].

En tant qu'elle ne peut être la seule preuve, il s'agit d'une preuve plus qu'imparfaite, voire d'une demi-preuve[495], réminiscence du système des semi-preuves de l'ancien régime jadis raillé par Voltaire[496]. En droit positif, elle se rapproche du renseignement et du commencement de preuve par écrit. Les deux qualifications ont pu être avancées[497], mais si leur régime est semblable, leur domaine ne l'est pas. Les renseignements sont des indices suspects, ou qui résultent indirectement de preuves irrégulières, et qui n'accèdent au statut de preuve que s'ils sont complétés par d'autres éléments. Peuvent ainsi constituer des renseignements, en matière civile, le rapport d'expertise judiciaire annulé[498] ou établi dans le cadre d'une instance périmée[499], les déclarations d'une personne incapable de témoigner[500], les constats

---

[492] DUPICHOT (J.), GUÉVEL (D.), J.-Cl. Civil Code, art. 1349 à 1353, Fasc. 10, n° 88.

[493] MOULY-GUILLEMAUD (C.), La sentence « nul ne peut se constituer de preuve à soi-même » ou le droit de la preuve à l'épreuve de l'unilatéralisme, RTD civ. 2007, p. 253, n°s 20 et 21. – *Adde* Cass. 1re civ., 5 fév. 1991, D. 1991, jurispr., p. 456. – Cass. 3e civ., 28 nov. 1972, n° 71-12.044, Bull. civ. III, n° 636.

[494] DUPICHOT (J.), GUÉVEL (D.), J.-Cl. Civil Code, art. 1349 à 1353, Fasc. 10, préc., n° 71.

[495] VERGÈS (E.), La réforme du droit de la preuve civile : enjeux et écueils d'une occasion à ne pas manquer, D. 2014, p. 617.

[496] LÉVY (Ph.), L'évolution de la preuve, des origines à nos jours, *in* Société Jean Bodin pour l'histoire comparative des institutions, vol. XVII, pp. 38-39, citant Voltaire : « J'ai appris une des raisons du jugement de Toulouse qui va bien étonner votre raison : ces Wisigoths ont pour maxime que quatre quarts de preuve et huit huitièmes font deux preuves complètes, et ils donnent à des ouï-dire les noms de un quart de preuve et de un huitième ». – *Adde* voyant dans le maintien ponctuel de ce système médiéval une manifestation du caractère traditionnel de la culture française, JEULAND (E.), Preuve judiciaire et culture française, art. préc.

[497] Pour la qualification de commencement de preuve : Paris, ch. 25 sect. A, 11 janv. 1990, JurisData 1990-020029 ; Aix-en-Provence, ch. 8 B, 12 déc. 2008, n° 2008/457. – pour celle de renseignement : Agen, ch. civ. 1, 24 juill. 1985, JurisData 1985-041135 ; Saint-Denis de la Réunion, ch. civ., 1er oct. 2010, n° 08/02051.

[498] Cass. 3e civ., 30 juin 2010, n° 09-15.308.

[499] Cass. 2e civ. 21 avr. 1982, Bull. civ. II, n° 60.

[500] CPC, art. 205 al. 2.

d'huissier avant la loi du 22 décembre 2010 ; et en matière pénale, les procès-verbaux établis en matière de crimes ou de délits irréguliers[501]. Le commencement de preuve par écrit ne répond pas à la même logique. Prévu quant à lui par l'article 1347 du Code civil, il constitue un tempérament à l'exigence de la preuve par écrit[502]. Lorsque l'admissibilité des preuves est réglementée et que la preuve parfaite n'est pas rapportée, l'adminicule, qui constitue un écrit[503] rendant vraisemblable le fait à prouver et émanant de la personne à laquelle il est opposé, rend admissibles d'autres modes de preuve, imparfaits, pour le corroborer, tels que des témoignages ou des indices.

Or, l'expertise non judiciaire a pour objet de faire la preuve de faits juridiques, matière où la preuve est libre, et elle n'est pas un écrit au sens du Code civil : elle ne saurait constituer un commencement de preuve par écrit. En revanche, dans la mesure où son incomplétude résulte de la suspicion qu'elle suscite, de son iniquité d'apparence, la qualification de renseignement est appropriée.

108. Nécessité d'une corroboration. – Comme tout renseignement, l'expertise unilatérale doit être consolidée grâce à d'autres éléments du dossier. Le juge ne pouvant se fonder uniquement sur une telle expertise non contradictoire, il appartient au plaideur qui souhaite s'en prévaloir de produire d'autres éléments de preuve, à défaut de quoi ses prétentions devront être rejetées. La nécessité de corroboration est donc une interdiction faite au juge, qui ne pourra sauver l'expertise qu'en faisant mention de preuves au besoin non invoquées spécialement au soutien des prétentions[504], mais aussi une obligation imposée au justiciable, qui ne peut se contenter de diligenter un procès sur le fondement de ce seul élément[505].

---

[501] CPP, art. 430.

[502] AYNÈS (A.), VUITTON (X.), Droit de la preuve, *op. cit.*, n° 449. – *Adde* LAGARDE (X.), Réflexion sur le droit de la preuve, *op. cit.*, n° 175.

[503] Il peut également s'agir des déclarations faites par une partie lors de sa comparution personnelle, son refus de répondre ou son absence à la comparution. Son champ s'étend donc hors de l'écrit.

[504] CPC, art. 7.

[505] En ce sens, DELEBECQUE (Ph.), BRETZNER (J.-D.), DARRET-COURGEON (I.), Droit de la preuve, D. 2013, p. 2802, spéc. I, E.

109. Contrôle de la Cour de cassation. – La solution ainsi posée est assurément un tempérament au pouvoir souverain traditionnellement reconnu au juge s'agissant de l'appréciation de la force probante des éléments produits par les parties[506]. Cela étant, le contrôle de la Cour de cassation est lui-même conditionné. À ce titre, dans l'arrêt du 28 septembre 2012, la Cour relève que les sociétés défenderesses au pourvoi s'étaient prévalues de l'inopposabilité du rapport d'expertise devant la cour d'appel, tandis que la troisième chambre civile n'avait pas mentionné cette précision dans son arrêt précité du 3 février 2010. Les règles gouvernant la technique de la cassation ne sont donc pas indifférentes. Un moyen fondé sur la violation de l'article 16 du Code de procédure civile aurait été vraisemblablement nouveau si le caractère non contradictoire de l'expertise n'avait pas été invoqué et sérieusement contesté devant le juge du fond.

Dans les arrêts rendus postérieurement, le problème s'est de nouveau posé. C'est ainsi que la première chambre civile a indiqué[507] que « le juge, tenu de faire respecter et de respecter lui-même le principe de la contradiction, ne peut se fonder exclusivement, pour déterminer le montant de l'obligation d'une partie, sur un rapport d'expertise non contradictoire à son égard, dont celle-ci soutenait expressément qu'il lui était inopposable », semblant hisser au rang d'exigence ce que la chambre mixte n'avait fait que relever presque incidemment[508]. Plus loin encore est allée la chambre commerciale qui a dit partiellement irrecevable car nouveau un moyen qui faisait grief à l'arrêt de retenir à titre de fondement exclusif le rapport alors que la partie n'avait pas soutenu antérieurement qu'il devait lui être déclaré inopposable ou écarté des débats au nom du respect de l'égalité des armes ou du contradictoire[509]. Cela concourt à renforcer la présomption qui autorise le juge a tenir pour acquis un fait non contesté[510].

---

[506] Cass. 2e civ., 11 oct. 2012, n° 11-24.257. – Cass. soc., 11 juill. 2012, n° 12-28.101. – Cass. 3e civ., 9 mai 2012, n° 11-17.064.
[507] Cass. 1re civ., 24 avr. 2013, n° 12-15.246.
[508] V. Cass. 2e civ. 11 juill. 2013, n° 12-23.336, préc., relevant que la partie avait soutenu l'inopposabilité.
[509] Cass. com., 8 oct. 2013, n° 12-22.952.
[510] LAGARDE (X.), Réflexion critique sur le droit de la preuve, *op. cit.*, n° 104, p. 171.

Avec toute la prudence qui s'impose au regard des subtilités gouvernant la technique de la cassation, qui ne sont pas révélées par la simple lecture des arrêts, il convient d'indiquer qu'il serait contradictoire d'inviter le plaideur à soulever devant le juge du fond l'inopposabilité du rapport, eu égard au principe d'admissibilité du rapport unilatéral prôné unanimement. Cette sanction procédurale se concilie mal avec la solution reposant sur la dévalorisation de la force probante de l'expertise, et non sur l'instauration d'un régime procédural[511].

110. Situation du juge. – Il résulte de cette analyse que la solution dégagée par la Cour de cassation conduit à entraver le pouvoir d'appréciation dont disposent les juges du fond à l'égard des preuves.

§ 2. L'entrave au pouvoir d'appréciation du juge

111. Méthode surprenante. – Si le pouvoir d'appréciation du juge est contrarié de façon mesurée, il n'en demeure pas moins que sur le principe, l'entrave est discutable à plusieurs titres (A). Elle se révèle surtout singulière car elle revient à infliger à l'expertise unilatérale un traitement différencié par rapport aux autres preuves peu fiables (B).

A. L'entrave discutable

112. Légalité probatoire réintroduite. – La méthode retenue par la Cour de cassation surprend, car elle introduit dans le droit de la preuve un élément de légalité qui lie le juge[512]. La valeur de l'expertise est prédéterminée, hiérarchisée, alors même que l'esprit du système français repose, sauf disposition législative définissant la valeur de la preuve, sur la confiance donnée au juge dans l'appréciation des éléments produits devant lui[513]. Il doit en l'espèce s'accommoder d'une

---

[511] Comp. Cass. 2e civ., 31 janv. 2013, n° 11-16.025, Procédures 2013, comm. 99, obs. PERROT (R.). L'arrêt précise que la partie qui n'a pas demandé la nullité des opérations d'expertise devant le juge du fond ne peut ultérieurement invoquer leur irrégularité devant la Cour de cassation.
[512] VERGÈS (E.), Chronique de procédure civile, Lexbase Hebdo 20 déc. 2012, n° 510, n° N5073BT3.
[513] *Ibid.*

contrainte[514] en s'interdisant de motiver sa décision sur le seul fondement d'une expertise unilatérale, sans quoi la cassation serait encourue. Sa marge de manœuvre est très réduite puisqu'il ne peut nullement procéder à l'analyse de la fiabilité de l'élément de preuve produit, comme il devrait pouvoir le faire s'agissant d'une preuve scientifique[515], puisque cela relève traditionnellement de son office[516]. L'insuffisance est ici présumée de manière irréfragable. Cette réduction de l'office du juge appelle principalement deux critiques bien que dans la pratique, l'entrave ainsi considérée s'avère relative.

113. Articulation du régime. – Première critique : la sanction mise en place entre en contradiction avec l'admissibilité reconnue de l'expertise en tant que preuve. Il faut bien entendre que le juge se trouve empêché d'apprécier les mérites d'une expertise isolée : il doit débouter la partie qui fonde ses prétentions exclusivement sur une expertise unilatérale[517], et ce même si le rapport devait s'avérer satisfaisant au regard des garanties du droit à un bon expert. Tout se passe donc comme si la Cour de cassation avait écrit d'une main ce qu'elle effaçait de l'autre. Il serait plus cohérent d'affirmer un principe d'inadmissibilité de l'expertise non judiciaire non contradictoire, à moins que cet élément ne s'intègre dans un ensemble plus vaste d'indices ou se révèle nécessaire à l'exercice du droit à la preuve du requérant[518]. En effet dès lors que l'élément est considéré comme étant recevable, le juge doit être libre d'apprécier en toute neutralité la force probante des éléments qui lui sont soumis, et ce sauf si la loi fixe elle-même la force probante. Tel n'est pas le cas de l'expertise qui ne saurait lier en aucun cas le juge, s'agissant de l'avis consultatif d'un technicien sur les faits du litige. À l'inverse, lorsqu'un élément est inadmissible, le juge n'a pas à l'examiner, de sorte que son pouvoir d'appréciation n'est nullement entravé.

---

514 AYNÈS (A.), VUITTON (X.), Droit de la preuve, *op. cit.*, n° 485.

515 DALBIGNAT-DEHARO (G.), Vérité scientifique et vérité judiciaire en droit privé, *op. cit.*, n° 534.

516 VERGÈS (E.), Chronique de procédure civile, art. préc.

517 Par ex., Aix-en-Provence, 7 janv. 2014, n° 13/05122 (préc.). – 23 janv. 2014, n° 13/03963 (préc.).

518 V. *infra*, n° 164.

114. Dispense de motivation. – Deuxième critique : la sanction posée pèse sur la motivation. Assez paradoxalement, en étant empêché de motiver sa décision exclusivement sur l'expertise unilatérale, le juge est en réalité dispensé de toute motivation quant aux mérites de l'expertise prise isolément, le débat étant déplacé sur un terrain de pure forme. Puisque le juge ne peut que débouter le demandeur qui fonde ses prétentions sur la seule expertise unilatérale, le défendeur n'a pas à se tracasser en abordant le fond du litige puisqu'il lui suffit d'insister sur ce seul point.

Il aurait peut-être été plus profitable de faire le contraire, en laissant au juge sa latitude d'appréciation tout en renforçant l'exigence de motivation. L'existence d'une liberté suppose en retour l'instauration d'une forme de responsabilité, ici incarnée dans l'exigence renforcée de motivation sur la preuve[519]. La motivation des décisions de justice[520] est en elle-même une garantie essentielle du procès équitable[521], qui ne saurait être appréhendée de façon laxiste. À l'écart de tout arbitraire, elle est le moyen dont dispose le juge pour s'expliquer et le canal par lequel le justiciable est mis en mesure de comprendre : elle constitue « l'habillage » qui permet de justifier la vérité judiciaire[522]. Elle recouvre donc tout autant une exigence de forme, imposée au titre de la régularité de la décision, qu'une règle de fond : toute décision doit avoir des motifs[523]. En outre, elle est ce qui autorise le contrôle des juridictions supérieures[524], agissant alors comme un révélateur du degré d'impartialité et d'équité de la procédure suivie[525]. C'est ainsi que la Cour de cassation contrôle la motivation des décisions et dispose même

[519] LAGARDE (X.), Réflexion critique sur le droit de la preuve, *op. cit.*, n° 101.
[520] CPC, art. 455.
[521] CEDH, 30 nov. 1987, H. c. Belgique, n° 8950/80. – 23 nov. 1992, Hadjianastassiou c. Grèce, série A, n° 252.
[522] DALBIGNAT-DEHARO (G.), Vérité scientifique et vérité judiciaire en droit privé, *op. cit.*, n° 541.
[523] CROZE (H.), MOREL (Ch.), Procédure civile, PUF, coll. Droit fondamental, Paris, 1988, n° 65, p. 74.
[524] GJIDARA (S.), La motivation des décisions de justice : impératifs anciens et exigences nouvelles, LPA 26 mai 2004, p. 3, n° 1.
[525] *Ibid.*, n°s 40 et 46 à 51.

de plusieurs moyens pour sanctionner une motivation défaillante : le manque de base légale, le défaut de motifs ou encore la dénaturation[526].

Point n'est donc besoin d'interdiction expresse, l'exigence de motivation impliquant par elle-même que si le juge souhaite se fonder exclusivement sur un élément d'apparence douteuse, il doive s'en expliquer tout particulièrement[527]. En pareille hypothèse, il doit combattre l'apparence et relever les circonstances qui lui permettent de s'en départir pour aller dans le sens contraire.

Cette flexibilité que présente l'obligation de motivation permet d'assurer un traitement différencié et concret des expertises unilatérales en fonction de leurs qualités intrinsèques, et d'assurer un équilibre en fonction des intérêts en présence[528]. Cela ne signifie nullement que le juge puisse toujours se fonder exclusivement sur le rapport. Il ne s'agit simplement pas d'une interdiction absolue et le contrôle de la juridiction supérieure s'applique avec constance. Puisque le juge ne peut céder impunément aux sirènes de l'iniquité, était-il bien nécessaire de l'attacher si fermement au mât ?

115. Pragmatisme. – En dépit de ces critiques, l'entrave ne doit pas être exagérée. En effet, celle-ci cesse dès lors que l'expertise est corroborée par d'autres éléments. En somme, le juge recouvre sa pleine liberté d'appréciation dès lors que le renseignement se précise et apparaît vraisemblable. La Cour de cassation semble faire preuve de souplesse dans l'appréciation de la condition de corroboration. Elle ne précise notamment ni la nature, ni le nombre, ni les qualités des éléments complémentaires requis. Un seul indice supplémentaire, de quelque nature, semble donc suffisant. L'exigence est donc aisée à satisfaire[529]. Le plus souvent, il suffira pour la partie de produire au juge les pièces qu'elle aura communiquées précédemment à l'expert.

---

[526] MOTULSKY (H.), Principes d'une réalisation méthodique du droit privé, Dalloz, Paris, 1991, p. 162, n° 142.
[527] En ce sens, VUITTON (X.), Longue vie à l'expertise officieuse !, art. préc.
[528] V. *infra*, n° 165.
[529] AYNÈS (A.), VUITTON (X.), Droit de la preuve, *op. cit.*, n° 485.

Mais par là même l'intérêt de la solution s'en trouve bien amoindri : se contenterait-on de « gesticulations formelles »[530] ? En outre, puisque la chambre mixte n'interdit pas au juge de se fonder essentiellement sur le rapport mais simplement exclusivement sur celui-ci, les directives de la Cour européenne, qui mentionne « l'influence prépondérante » et non « l'influence exclusive » de l'expertise, ne paraissent pas totalement respectées.

Car un problème se pose particulièrement : les éléments corroborants peuvent-ils être également unilatéraux ? Par exemple, que faire si une partie produit deux expertises officieuses menées par deux experts différents ? Ou encore une expertise unilatérale et un constat d'huissier non contradictoire ? Le bon sens conduit à considérer qu'ajouter de l'unilatéral à l'unilatéral n'est pas nécessairement de nature à renforcer le crédit qui faisait défaut initialement[531], mais la décision de la chambre mixte n'est pas explicite à cet égard.

En réalité, il apparaît que la corroboration n'a pour fonction que de permettre au juge de recouvrer sa pleine liberté d'appréciation. Cela ne doit pas signifier qu'elle confère à l'expertise une valeur supérieure, comparable à celle de l'expertise judiciaire. De sous-preuve, l'expertise officieuse corroborée devient une preuve autonome, mais une preuve qui demeure faible lorsque le complément est lui-même faible. Dès lors, le juge se retrouve confronté encore à la suspicion, mais cette fois sans être bridé… Il devra donc de toute façon veiller à motiver convenablement sa décision ! C'est bien la preuve que la dévalorisation primaire de l'expertise unilatérale n'est pas forcément opportune.

Ce constat est renforcé par le caractère singulier et inégalitaire de cette solution, retenue en matière d'expertise non judiciaire mais non s'agissant d'autres preuves moins fiables.

B. L'entrave singulière

116. Paradoxe. – Un auteur a parfaitement montré que la position de la chambre mixte était paradoxale, car à la fois excessive au regard

[530] AMRANI-MEKKI (S.), Expertise et contradictoire…, art. préc.
[531] Rapport annuel de la Cour de cassation, 2012, préc., p. 313.

de l'office du juge, mais également insuffisante[532], en raison du maintien d'une jurisprudence laxiste au regard d'autres preuves unilatérales. Alors qu'elles sont placées quasiment[533] dans la même situation, car constituées pour les besoins du procès[534], elles ne sont résolument pas traitées de la même façon. Qu'elle soit la résultante d'une rigueur excessive pour l'expertise extrajudiciaire, ou d'une souplesse inconséquente pour les autres preuves, l'inégalité de traitement s'observe à l'égard des preuves établies par la partie elle-même (b), mais aussi depuis peu à l'égard de l'expertise judiciaire non contradictoire (a).

a) Le traitement de l'expertise judiciaire non contradictoire

117. Souplesse contemporaine. – La sanction du défaut de contradiction dans les expertises judiciaires est traditionnellement sévère[535], mais force est de constater qu'elle est de plus en plus mesurée. Cette tendance, nette depuis la fin de l'année 2012[536], s'explique par l'émergence d'impératifs d'économie procédurale et se manifeste tant au niveau des conditions que des effets de la sanction. Elle doit nécessairement rejaillir sur le régime de l'expertise non judiciaire.

118. Préoccupations d'économie procédurale. – Avec la crise, le service public de la justice doit maîtriser ses coûts[537], tout en renforçant les droits offerts au justiciable pour maintenir son niveau de qualité. C'est cette nécessaire alchimie que traduit la notion d'économie

---

[532] VUITTON (X.), Longue vie à l'expertise officieuse !, art. préc.
[533] V. *infra*, n° 122.
[534] CARBONNIER (J.), Droit civil, t. 1, Introduction. Les personnes, la famille, l'enfant, le couple, PUF, 1re éd., Quadrige, 2004, p. 346.
[535] JULIEN (P.), Principe de la contradiction et expertise en droit privé, art. préc. – FRISON-ROCHE (M.-A.), La procédure de l'expertise, art. préc.
[536] Les prémices peuvent être trouvés dans des solutions contradictoires dégagées en 2011 : FORESTIER (J.-P.), Quand le sort du contradictoire devient contradictoire en matière d'expertise immobilière, Gaz. Pal. 5 mai 2012, n° 126, p. 31.
[537] DUMAS (R.), La conciliation prétorienne des droits fondamentaux processuels avec les spécificités de l'expertise judiciaire civile : un bilan mitigé, art. préc.

procédurale[538]. À cet égard, il ne serait pas raisonnable de gâcher une expertise quand les conditions dans lesquelles celle-ci a été menée ne sont pas substantiellement attentatoires aux droits fondamentaux. Inutile de refaire ce qui est déjà satisfaisant. Manifestant sa sensibilité à ce nouvel impératif, la Cour de cassation modère sa conception traditionnellement rigide du contradictoire des opérations d'expertise judiciaire, évitant d'en faire ce qu'il conviendrait d'appeler une garantie-carcan.

119. Conditions des sanctions. – Jadis peu regardante, la Cour de cassation est désormais rigoureuse quant aux sanctions invocables et aux conditions de leur prononcé. Ainsi, il est désormais affirmé que les parties constituées lors de l'instance au cours de laquelle la mesure d'instruction a été ordonnée ne peuvent faire sanctionner une violation du contradictoire en invoquant l'inopposabilité du rapport d'expertise[539]. Elles doivent nécessairement en demander la nullité, ce qui suppose une démarche active de leur part. Cette solution inédite posée en 2012 a pour conséquence que seuls les tiers[540], mis en cause dans l'instance postérieurement à l'expertise ou dans une instance distincte, peuvent en principe se prévaloir d'une inopposabilité. Ce raisonnement est indemne juridiquement, l'opposabilité n'étant concevable qu'à l'égard des tiers[541], et la nullité qu'à l'égard des

---

[538] AMRANI-MEKKI (S.), obs. préc. ss. Cass. 2e civ., 29 nov. 2012, n° 11-10.805, Gaz. Pal. 25 mai 2013, n° 122, p. 42.
[539] Cass. ch. mixte, 28 sept. 2012, n° 11-11.381 : Bull. ch. mixte, n° 1, D. 2012, p. 2317 et 2013, p. 275, obs. FRICERO (N.) ; RTD civ. 2012, p. 771, obs. PERROT (R.) ; Droit et procédures 2012, 295 ; Gaz. Pal. 2013, jurispr., p. 366, note HUGON (Ch.) ; Procédures 2012, comm. 321, obs. PERROT (R.).
[540] Cass. 3e civ., 10 juin 1981, n° 79-15.021, Bull. civ. III, n° 117 : l'expertise « n'est pas opposable à la partie qui n'a pas été appelée ou représentée aux opérations d'expertise ». – Cass. 1re civ., 7 mars 2000, n° 97-20.017, Bull. civ. I, n° 79, D. 2000, inf. rap., p. 91 ; Cass. 2e civ., 22 mars 2006, n° 04-18.126 : sont donc des tiers les représentants de personnes morales qui ont assisté aux opérations d'expertise en cette qualité et qui sont ensuite mis en cause à titre personnel. – V. aussi *infra*, n° 161.
[541] CORNU (G.), Vocabulaire juridique, 10e éd., PUF, Paris, 2013, v° « Inopposabilité », p. 550.

parties[542], mais il est rigoureux. De plus, la Cour a dans le même temps resserré les conditions de prononcé de chaque sanction.

S'agissant de la nullité, elle semble avoir mis un terme à la conception selon laquelle le défaut de contradiction affectait l'expertise d'un vice fondamental, ce qui justifiait le prononcé de la nullité sur un fondement autonome[543] et sans même requérir la preuve d'un grief[544]. Le défaut de contradiction est désormais plus justement analysé comme un vice de forme depuis un arrêt du 29 novembre 2012[545]. Ce retour à l'orthodoxie juridique[546] vient subordonner la nullité à la preuve d'un grief[547]. Comment sera-t-il apprécié ? Il est vraisemblable que la preuve d'un déséquilibre réel soit désormais exigée, ce qui exclurait le cas où la discussion du rapport *ex post* s'est révélée suffisante. S'agissant du régime procédural de cette nullité, la deuxième chambre civile a pris en compte la nécessité pour le juge du fond d'analyser le rapport, considérant qu'il ne s'agissait pas d'une exception de procédure impliquant la compétence exclusive du juge de la mise en état[548]. Néanmoins, c'est là la seule entorse au régime des exceptions de procédure et la qualification de défense au fond n'empêche pas que

---

[542] En effet, même si l'expertise est non contradictoire à l'égard des tiers, elle est parfaitement régulière : en ce sens, SOLUS (H.), PERROT (R.), Droit judiciaire privé, *op. cit.*, n° 988.

[543] SÉNÉ (L.), L'exécution de l'expertise judiciaire en matière civile, Gaz. Pal. 1er sept. 2007, n° 244, p. 2. Les décisions relèvent la violation de l'art. 16 du CPC, et de l'art. 6 § 1 de la Conv. EDH.

[544] Cass. 2e civ. 24 nov. 1999, n° 97-10.572 – Cass. 1re civ., 22 mai 2001, n° 99-12.743. – Cass. 2e civ., 24 fév. 2005, n° 03-12.226, préc.

[545] Cass. 2e civ., 29 nov. 2012, n° 11-10.805, Bull. civ. II, n° 192 ; D. 2012, p. 2899 ; AJDI 2013, p. 534, obs. HEUGAS-DARRASPEN (H.) ; RTD civ. 2013, p. 172, obs. PERROT (R.) ; Droit et procédures 2013, 55, obs. FRICERO (N.) ; Gaz. Pal. 2013, jurispr., 42, note AMRANI-MEKKI (S.) ; Gaz. Pal. 26 avr. 2013, p. 35, obs. LEDUCQ (X.).

[546] On ne saurait en effet considérer qu'il s'agissait d'un vice de fond, l'art. 117 CPC étant limitatif et l'art. 175 CPC renvoyant expressément aux règles gouvernant les nullités des actes de procédure.

[547] Cass. 2e civ., 21 mars 2013, n° 12-16.995.

[548] Cass. 2e civ., 31 janv. 2013, n° 10-16.910, Bull. civ. II, n° 20 ; D. 2013, p. 372 et p. 795, obs. FRICERO (N.) ; Ann. Loyers 2013, p. 1026, obs. ZAVARO (M.) ; RGDA 2013, p. 786, obs. SCHULTZ (R.) ; Procédures 2013, comm. 98, obs. PERROT (R.) ; JCP G 2013, doctr. 263, obs. VUITTON (X.).

cette nullité soit soumise aux règles qui gouvernent les nullités des actes de procédure s'agissant de la nécessité de la soulever avant toute défense au fond ou fin de non-recevoir[549].

S'agissant de l'inopposabilité, les derniers arrêts amènent à douter qu'elle ait encore un réel avenir ... La deuxième chambre civile a par exemple pu considérer qu'une expertise ordonnée dans une autre instance par le juge pénal pouvait servir de fondement exclusif à une décision dès lors qu'elle avait été régulièrement versée aux débats et soumise à la discussion contradictoire des parties[550]. En outre, si la première chambre civile a censuré au cours de l'année 2013 une cour d'appel qui avait fondé exclusivement sa décision sur une expertise judiciaire ordonnée dans une autre instance alors que la partie avait soulevé l'inopposabilité[551], tel n'est pas le cas de la chambre commerciale qui a, par arrêt rendu en fin d'année 2013[552], réfuté l'argument en considérant que la contradiction devant le juge était suffisante et que le rapport doit être considéré comme opposable[553]. Solution d'espèce ou annonce d'un déverrouillage[554], il n'en demeure pas moins que comme le relève le Professeur PERROT dans ses observations, « la Cour de cassation se libère progressivement des impératifs de la contradiction des opérations d'expertise ». Est-il légitime de faire l'inverse en matière d'expertise non judiciaire ?

---

[549] Cass. 1re civ., 30 avr. 2014, n° 12-21.484, Bull. civ. I, n° 75, JCP N 2014, act. 627.

[550] Cass. 2e civ., 22 nov. 2012, nos 10-26.198 et 10-26.755, RGDA 2013, p. 443, obs. SCHULTZ (R.).

[551] Cass. 1re civ., 24 avr. 2013, n° 12-15.246.

[552] Cass. com., 10 déc. 2013, n° 12-20.252, Procédures 2014, comm. 63, obs. PERROT (R.) considérant qu'un rapport d'expertise est opposable à une partie qui n'a pas été convoquée aux opérations, si le rapport a été versé aux débats et soumis à la discussion contradictoire des parties.

[553] V. aussi Aix-en-Provence, 12 déc. 2013, ch. 11 B, RG n° 12/13514.

[554] On relèvera que la Cour de cassation entend ainsi maintenir un traitement différencié de l'expertise judiciaire et de l'expertise non judiciaire du point de vue du régime procédural, alors que la doctrine avait pu penser que la solution adoptée en matière d'expertise non judiciaire le 28 sept. 2012 avait vocation à entraîner une unification du régime par la transposition de cette solution aux expertises judiciaires dites inopposables ; en ce sens, AMRANI-MEKKI (S.), Expertise et contradictoire..., art. préc.

120. Effets des sanctions. – Les incidences d'une nullité ou d'une inopposabilité sont normalement lourdes. *Quod nullum est nullum producit effectum* : la nullité entraîne l'anéantissement rétroactif d'un acte, en remettant les parties dans la situation où elles étaient avant son accomplissement[555]. L'inopposabilité permet quant à elle à celui qui en bénéficie de faire comme si l'acte n'existait pas à son égard[556]. Dans les deux cas, tout se passe comme si l'expertise n'existait pas à l'égard de la victime du défaut de contradiction. La Cour de cassation refusait ainsi aux juges le droit de puiser des éléments destinés à forger sa conviction dans une expertise annulée[557], celle-ci étant censée n'avoir jamais vu le jour.

Cette position a depuis été largement tempérée. En effet, il a été observé que le juge avait un pouvoir d'appréciation souverain qui ne devrait pas lui interdire de retenir les résultats d'une expertise annulée. Si la deuxième chambre civile a dans un premier temps considéré que les résultats pouvaient être retenus à la condition toutefois qu'ils soient corroborés par d'autres éléments de preuve[558], elle a également pu autoriser le juge à se fonder même exclusivement sur les résultats d'une expertise annulée[559].

L'inopposabilité est quant à elle vidée de sa substance. Auparavant, la prise en compte du rapport inopposable était en demi-teinte. Pour la troisième chambre civile, une telle expertise devait être écartée des débats[560], tandis que pour la deuxième chambre civile elle pouvait être retenue aux conditions que le rapport d'expertise ait été

---

[555] FLOUR (J.), AUBERT (J.-L.), SAVAUX (É.), Les obligations, *op. cit.*, n°361.

[556] *Ibid.*, n° 322.

[557] Cass. 1re civ., 21 juill.1976, n° 75-12.877 ; 22 mai 2001, n° 99-12.743 ; 1er fév. 2010, n° 10-18.853. – Cass. 3e civ., 10 juin 1981, n° 79-15.021, Bull. civ. III, n° 117 ; 26 mai 2009, n° 08-16.901, Procédures 2009, comm. 266, obs. PERROT (R.) ; RTD civ. 2009, p. 573. – Cass. com., 4 nov. 2008, n° 07-18.147, Bull. civ. IV, n° 189, AJDI 2009, p. 212, obs. HEUGAS-DARRASPEN (H.) ; Procédures 2009, comm. 4, obs. PERROT (R.). – Cass. crim., 23 mars 2010, n° 08-83.688.

[558] Cass. 2e civ., 23 oct. 2003, n° 01-15.416.

[559] Cass. 2e civ. 2 juill. 2009, n° 08-11.599.

[560] Cass. 3e civ., 10 juin 1981, n° 79-15.021, Bull. civ. III, n° 117. – 9 juin 1993, n° 91-16.479, Bull. civ. III, n° 84. – 29 oct. 2003, n° 02-14.717. – 26 janv. 2010, n° 08-19.091. – 9 fév. 2010, n° 08-20.961.

versé aux débats et soumis à la discussion contradictoire, que son inopposabilité ait été soulevée et qu'il ne puisse, à lui seul, fonder la décision[561]. Depuis 2008, cette même chambre ne retient pour seule condition que celle de la soumission à la libre discussion des parties[562]. Cette solution semble avoir été adoptée par la première chambre civile[563], ainsi que par la chambre commerciale[564]. La troisième chambre civile[565] et la chambre criminelle[566] s'emploient de manière générale à maintenir une certaine effectivité à cette inopposabilité, en nuançant toutefois leur position initiale : désormais, elles appliquent la solution retenue par la deuxième chambre civile avant 2008 et exigent la réunion d'autres éléments à l'expertise inopposable. Toutefois, cette ligne jurisprudentielle n'est pas claire en raison d'hésitations[567].

121. Conséquences. – L'opportunité de ces solutions peut être discutée car elles tendent à restreindre la force de la contradiction au

---

[561] V. Cass. 2e civ. 12 déc. 1990, n° 89-18.002. – 1er juin 1994, n° 92-16.990. –18 juin 1997, n° 95-20.959. – 18 sept. 2003, n° 01-17.584, Bull. civ. II, n° 282. – 11 déc. 2003, n° 02-15.912. – 13 juill. 2006, n° 05-15.801. – La Cour de cassation vérifiait donc l'existence d'éléments de corroboration : Cass. 1re civ., 1er juill. 2003, n° 01-02.700.

[562] Cass. 2e civ., 17 avr. 2008, n° 07-16.824, D. 2008, p. 2373, obs. SOMMER (J.-M.) et NICOLETIS (C.) ; JCP G 2008, II, 10145, obs. BRUSORIO-AILLAUD (M.) ; RCA 2008, p. 25, obs. GROUTEL (H.) ; RDSS 2008, p. 572, obs. ARHAB (F.). – Confirmé par la suite : Cass. 2e civ., 8 sept. 2011, n° 10-19.919, Bull. civ. II, n° 166, Procédures 2012, comm. 3, obs. PERROT (R.) ; JCP G 2012, doctr. 340, obs. préc. JEULAND (E.) et CHARBONNEAU (C.).

[563] Cass. 1re civ., 2 avr. 2009, n° 08-12.065.

[564] Cass. com., 16 mars 2010, n° 09-12.008.

[565] Cass. 3e civ., 3 fév. 2010, n° 09-10.631, préc. – 27 mai 2010, n° 09-12.693, RGDA 2010, p. 741, note KARILA (L. et J.-P.) ; RD imm. 2010, p. 495, obs. THÉRY (Ph.). – 3e civ., 12 janv. 2011, n° 10-10.520, Bull. civ. III, n° 4. – 27 fév. 2013, n°12-13.625.

[566] Cass. crim. 3 mai 1988, n° 86-90.372 : Bull. crim. n° 190. – 13 déc. 1990, n° 87-83.532 : Bull. crim. n° 436. – 23 mars 2010, n° 08-83688, préc.

[567] Par ex., la 1re civ. acceptait parfois que le juge se fondât exclusivement sur une expertise inopposable avant 2008 (Cass. 1re civ., 12 déc. 2000, n° 99-12.541 ; 3 avr. 2002, nos 99-21.787 et 99-21.704), alors qu'elle le refuse depuis dans certains cas (Cass. 1re civ., 14 avr. 2010, n° 08-20.386). Il en va de même de la 2e civ. qui a pu récemment refuser que le juge ne se fondât exclusivement sur une expertise qu'elle n'a pas même qualifiée d'inopposable mais à laquelle le tiers n'avait été ni présent ni représenté (Cass. 2e civ. 6 fév. 2014, n° 13-11.793, D. 2014, p. 795, obs. FRICERO (N.)).

stade des opérations[568]. Toujours est-il que cet infléchissement de l'inflexibilité traditionnelle à l'égard du contradictoire des expertises judiciaires doit avoir des conséquences sur l'expertise non judiciaire. Si les deux expertises se retrouvent affectées du même vice, pourquoi deux régimes distincts ? Les mêmes observations peuvent être faites s'agissant d'autres preuves peu fiables.

b) Le traitement d'autres preuves peu fiables

122. Preuves unilatérales. – Les preuves unilatérales sont constituées par une partie en vue de servir sa propre cause. Elles suscitent la défiance[569]. Le droit de la preuve français est bâti autour de l'idée selon laquelle la parole d'une partie ne peut en soi rien révéler, ce qui explique pourquoi la valeur probante des preuves est inversement proportionnelle à l'intérêt éprouvé par leur auteur[570]. Si le juge devait s'approprier une preuve partiale, il serait lui-même partial[571]. Ces preuves tombent sous le coup de l'adage « nul ne peut se constituer de preuve à soi-même »[572], qui ne concerne néanmoins que la matière des actes juridiques. La preuve des faits juridiques est libre, ce que la Cour de cassation affirme continuellement[573]. Ainsi si en matière d'actes juridiques la preuve ne peut jamais être rapportée par un écrit confectionné par la seule partie qui s'en prévaut, en matière de faits juridiques une preuve de cet acabit serait recevable et soumise au

---

568 CHOLET (D.), La sanction de l'expertise judiciaire irrégulière, une voie de plus en plus étroite, JCP G 2013, note 15.

569 AYNÈS (A.), VUITTON (X.), Droit de la preuve, *op. cit.*, n° 173.

570 LAGARDE (X.), Finalités et principes du droit de la preuve, art. préc.

571 STOFFEL-MUNCK (Ph.), obs. ss. Cass. 1re civ., 28 janv. 2003, n° 00-17.553, comm. com. électr. 2003, comm. 111.

572 MOULY-GUILLEMAUD (C.), La sentence « nul ne peut se constituer de preuve à soi-même » ou le droit de la preuve à l'épreuve de l'unilatéralisme, RTD civ. 2007, p. 253. – MOURALIS (J.-L.), Rép. civ., 2011, v° Preuve (2°), nos 36-37.

573 Cass. 1re civ., 1er oct. 2014, n° 13-24.699. – Cass. 2e civ., 6 mars 2014, n° 13-14.295, Bull. civ. II, n° 947. – Cass. 3e civ., 3 mars 2010, n° 08-21.056, Bull. civ. III, n° 52. – Cass. 1re civ., 13 fév. 2007, n° 05-12.016, Bull. civ. I, n° 60, JCP E 2007, p. 17, note COUILLARD (A.); JCP G 2007, obs. CARON (Ch.); RTD com. 2007, p. 540, obs. POULLAUD-DULIAN (F.). – *Adde* Rapport annuel de la Cour de cassation, 2012, préc., p. 222.

pouvoir de libre appréciation du juge[574]. Mieux encore, il est admis qu'elle puisse parfois être la seule preuve[575].

Cette libéralisation n'est pas cantonnée aux hypothèses où la preuve peut malgré tout être dissociée de son auteur, en raison de garanties objectives attestant de sa fiabilité (procédé technique[576], caractère obligatoire du document[577]). L'admissibilité de cette preuve est également consacrée en raison de l'impossibilité de rapporter une preuve objective. Il s'agit là encore d'une application du droit à la preuve, qui entre en balance avec le droit de l'adversaire à ne pas être jugé sur les seuls éléments produits par le demandeur. Les juges peuvent alors se fonder, et au besoin exclusivement, sur les papiers domestiques de leur auteur[578], sur un document établi par le mandataire du débiteur en preuve[579] (alors que les deux sont censés parler d'une même voix), sur une attestation établie par le salarié qui avait représenté l'employeur lors de l'entretien préalable[580], ou même sur les seules déclarations d'une partie[581].

L'expertise non contradictoire, quant à elle, vise à faire la preuve de faits juridiques et elle n'est pas une preuve unilatérale (elle peut d'autant mieux être dissociée de celui qui l'a demandée que l'expert est indépendant et impartial). De plus, il s'agit souvent du seul élément

---

574 AYNÈS (A.), VUITTON (X.), Droit de la preuve, *op. cit.*, n° 179.

575 MOULY-GUILLEMAUD (C.), La sentence « nul ne peut se constituer… », art. préc.

576 Cass. 1re civ., 28 mars 1995, n° 92-16.270, D. 1995, chron., p. 217, note HUET (J.) ; JCP G 1995, II, 22539, note BÉNABENT (A.).

577 Cass. 1re civ., 18 déc. 2001, n° 99-17.510, Bull. civ. I, n° 325, Rev. sociétés 2002, p. 308, note SAINTOURENS (B.).

578 Cass. req., 16 mars 1909, DP 1909, 1, 343.

579 Cass. 2e civ. 11 mai 2006, n° 04-18.500. – Cass. com., 16 janv. 2007, n° 05-11.774.

580 Cass. soc., 27 mars 2001, Bull. civ. V, n° 108, JCP E 2001, p. 1634, note PUIGELIER (C.). –23 oct. 2013, n° 12-22.342, Bull. civ. V, n° 245, RTD civ. 2013, p. 781, obs. GUIOMARD (F.) ; Procédures 2014, comm. 4, obs. PERROT (R.) ; Procédures 2014, comm. 12, obs. BUGADA (A.) ; Gaz. Pal. 11 mars 2014, n° 70, p. 37, obs. MAYER (L.).

581 Cass. soc., 18 janv. 1995, n° 92-43.072 : à propos d'une décision exclusivement fondée sur un récapitulatif de frais médicaux rédigé par la demanderesse. – 30 oct. 1996, n° 93-44.649.

pouvant faire la preuve des faits. Dès lors pourquoi est-elle moins bien considérée ?

123. Témoignage unique. – Dans le même ordre d'idées, la sentence traditionnelle *testis unus, testis nullus* qui empêchait le juge de se ne se fonder que sur le témoignage d'une seule personne sous l'ancien droit et qui est parfois encore invoquée ci-et-là[582] ne reçoit en principe plus application. Une attestation peut servir de fondement exclusif si elle est considérée digne de crédit[583]. La corroboration facilite la motivation[584] mais elle n'est pas nécessaire[585]. Pourquoi en juger différemment pour l'expertise, alors que sa fiabilité est supérieure à celle d'un témoignage ?

124. Perfectibilité. – Si la solution entérinée par la chambre mixte n'est pas pleinement satisfaisante d'un point de vue processuel, il ne faut pas nier ses mérites. Rendue en matière d'assurance, la Cour de cassation a voulu sanctionner la pratique de certains assureurs consistant à faire diligenter une expertise par leur expert habituel avec pour mission essentielle de fournir les éléments permettant d'asseoir un éventuel recours contre le véritable auteur du dommage[586], lequel n'est mis en cause que postérieurement. L'effectivité du droit à un bon expert pourrait cependant mieux être assurée par l'élaboration d'un régime procédural général et cohérent, respectueux de la spécificité de l'expertise par rapport aux autres preuves, et soucieux de ménager un équilibre entre les droits fondamentaux et les préoccupations d'économie procédural.

---

[582] Par ex., Aix-en-Provence, 15 fév. 2011, n° 09/16359.
[583] Cass. 1re civ., 5 mai 1962, Bull. civ. I, n° 220. – Cass. com., 15 déc.1993, n° 92-41.367.
[584] Cass. 2e civ., 24 fév. 1966, Bull. civ. II, n° 264.
[585] OUDIN (M.), J.-Cl. Civil Code, art. 1341 à 1349, Fasc. 10, n° 70.
[586] CAVALIER (G.), Une position mi-figue mi-raisin sur l'expertise unilatérale, L'argus de l'assurance, mars 2013, n° 849.

SECTION 2. LA REVALORISATION DU STATUT PROCEDURAL

125. Administration. – L'essentiel de la problématique de l'effectivité réside dans l'utilisation judiciaire qui peut être faite de l'expertise. L'élaboration d'un statut procédural apparaît comme étant le seul moyen d'affirmer sa singularité à l'égard des autres preuves et d'en renforcer la solidité. En faisant de l'expertise non judiciaire une preuve spéciale[587], soumise à un corps de règles qui n'en altère pas la souplesse, c'est l'administration judiciaire de la preuve qui constitue cette fois le levier d'action de l'effectivité. Ce processus, non défini par les textes[588], décrit la manière dont les preuves sont présentées au juge[589] et recouvre l'ensemble des principes gouvernant la constitution du dossier probatoire[590].

Or, l'élaboration de ce statut ne saurait ignorer le modèle de l'expertise judiciaire. Une convergence est inévitable. Ainsi, la distinction entre expertise amiable et expertise officieuse doit être dépassée. Ce qu'il faut de différencier, ce n'est pas tant le mode d'élaboration de la preuve que le contexte de son utilisation. L'expertise, quelle qu'elle soit, n'est pas dans une situation identique selon qu'elle est considérée à l'égard des parties ayant concouru aux opérations, ou à l'égard d'un tiers à qui elle serait opposée. Dans le premier cas, l'expertise non judiciaire est une preuve communément recherchée qui doit être valorisée par la mise en place de critères de performance clairs encadrant son administration (§ 1). Dans le second cas, elle est un élément du dossier comme un autre, mais dont la spécificité justifie une considération procédurale particulière (§ 2).

---

587 La terminologie de « preuve spéciale » est empruntée à VERGÈS (E.), Éléments pour un renouvellement de la théorie de la preuve en droit privé, art. préc et La réforme du droit de la preuve civile …, art. préc.. L'auteur distingue, de la même manière qu'en droit des contrats, un droit général des preuves et un droit spécial des preuves, ce dernier regroupant les règles techniques spécifiques à certaines preuves réglementées.

588 VERGÈS (E.), Éléments pour un renouvellement de la théorie de la preuve en droit privé, art. préc.

589 STAES (O.), Droit judiciaire privé, Ellipses, Paris, 2006, n° 246. – *Adde* LAGARDE (X.), Réflexion critique sur le droit de la preuve, *op. cit.*, n° 128, p. 204.

590 *Ibid.*

§ 1. L'expertise entre les parties : une preuve à renforcer

126. Convergence. – Que l'expertise soit le fruit de la volonté commune des parties, ou émane du juge, l'objectif est celui d'organiser un ensemble d'opérations techniques visant à l'élaboration d'une référence objective commune à tous les intéressés. La phase technique doit s'autonomiser, qu'elle soit internalisée ou externalisée, et elle y parviendra par sa « processualisation »[591]. L'unité n'étant ni envisageable ni souhaitable, la « grande » expertise judiciaire[592] ne présentant pas la même souplesse, le renforcement de la preuve expertale s'opère par une convergence procédurale. Celle-ci concerne tant le statut, c'est-à-dire le mode d'administration lui-même (A), que le régime, à savoir les règles qui le gouvernent (B).

A. La convergence des statuts probatoires

127. Droit positif. – En dépit des similitudes fonctionnelles, le droit positif ne conçoit pas un mode d'administration unitaire pour les expertises judiciaires et non judiciaires. Ces dernières ont du mal à se satisfaire des statuts probatoires existants (a). C'est la raison pour laquelle il convient de rechercher le statut le plus adapté à la faveur d'une convergence des statuts probatoires des expertises judiciaires et non judiciaires (b).

a) L'inadéquation des statuts probatoires existants

128. Problème. – Le Code de procédure civile ne réglemente que l'expertise judiciaire. Celle-ci est prévue comme étant une modalité subsidiaire des mesures d'instruction menées par un technicien[593]. L'expertise non judiciaire, quant à elle, ne saurait se réclamer du même statut. Effectuée sans le concours du juge, elle ne saurait constituer une mesure d'instruction au sens du Code de procédure civile.

---

[591] Néologisme emprunté à DALBINAT-DEHARO (G.).
[592] BEAUCHARD (J.), L'expertise judiciaire et les autres expertises au regard du principe de la contradiction, art. préc.
[593] CPC, art. 263.

129. Inadéquation de la mesure d'instruction. – Une mesure d'instruction est un instrument procédural qui permet la mise en œuvre de certains modes de preuve[594] et elle est considérée comme étant nécessairement ordonnée par le juge à titre subsidiaire[595]. Cette interprétation est parfaitement légitime à la lecture de l'article 10 du Code de procédure civile qui dispose que « le juge a le pouvoir d'ordonner d'office toutes les mesures d'instruction légalement admissibles », venant tempérer la règle, sous-tendue par le principe dispositif, posée à l'article précédent, aux termes duquel « il incombe à chaque partie de prouver conformément à la loi les faits nécessaires au succès de sa prétention ». Les mesures d'instruction apparaissent comme une manifestation de l'imperium du juge[596], des incidents de procédure[597] mis en œuvre à son initiative et qui se ramèneraient fondamentalement à deux catégories : les déclarations des parties et des tiers, ainsi que les constatations du juge éventuellement déléguées à un technicien[598].

L'expertise non judiciaire ne serait donc, quant à elle, qu'une simple pièce. Que serait-elle d'autre ? Pas un acte de procédure, pour être un moyen de preuve et non un acte à finalité processuelle[599] ; pas un témoignage, pour ne pas se réduire à de simples déclarations. Il est vrai que le statut de pièce est *a priori* convenable dès lors qu'il s'agit du mode d'administration judiciaire des preuves littérale et indiciaire au sens du Code civil, de tout document (au sens du latin *documentum* : qui sert à instruire) écrit ou non[600] susceptible d'être produit en justice

---

594 CADIET (L.), JEULAND (E.), Droit judiciaire privé, *op. cit.*, n° 584.

595 *Ibid.*, n° 568.

596 HÉRON (J.), LE BARS (T.), Droit judiciaire privé, *op. cit.*, n° 275.

597 CORNU (G.), Vocabulaire juridique, *op. cit.*, v° Incident. – DALBIGNAT-DEHARO (G.), Vérité scientifique et vérité judiciaire en droit privé, *op. cit.*, n°s 317 et 318 et les réf. citées.

598 CADIET (L.), NORMAND (J.), AMRANI-MEKKI (S.), Théorie générale du procès, *op. cit.*, n° 260.

599 DEHARO (G.), La nature des actes d'huissier de justice, Gaz. Pal. 30 janv. 2007, n° 30, p. 2.

600 CADIET (L.), NORMAND (J.), AMRANI-MEKKI (S.), Théorie générale du procès, *op. cit.*, n° 260 *in limine*. – *Adde* CADIET (L.), JEULAND (E.), Droit judiciaire privé, *op. cit.*, n° 568.

en vue de constituer une offre de preuve et préexistant à l'intervention du juge.

130. Inadéquation de la pièce. – Et pourtant, les habits de pièce ne sont guère plus seyants. Trois raisons peuvent être avancées.

En premier lieu, le statut de pièce réduit l'expertise au rapport d'expertise, c'est-à-dire à son substrat, son *instrumentum*. Mais ce n'est pas tant le rapport qui contribue à définir la matière litigieuse que les conclusions de l'expert[601], lesquelles ne sauraient être réduites à une simple lettre, d'un bout de bois ou d'une photographie ; il s'agit d'un avis de technicien[602]. La preuve est ici le fait d'un tiers[603], et un avis n'est pas un objet neutre à interpréter ; il est déjà une interprétation.

En deuxième lieu, cet avis est l'aboutissement d'un processus conjoint entre les parties et l'expert dont le but affiché est l'élaboration d'une preuve objective, détachée de toute quête personnelle. La preuve est ici conventionnelle, fruit d'une certaine collaboration entre les parties. C'est dire qu'au-delà du document (qui pourrait d'ailleurs ne même pas exister) il existe un corps d'opérations que le statut de pièce laisse dans l'ombre, sans supposer le moindre encadrement.

En troisième lieu, l'expertise ne préexiste pas nécessairement à l'intervention du juge : parfois l'expertise non judiciaire se déroule au cours d'une instance, le juge étant saisi, ou même au cours d'une expertise judiciaire, lorsque les parties sont assistées techniquement par leurs propres experts. Dès lors, même si la mesure n'est pas ordonnée par le juge, elle n'est pas non plus totalement indifférente à l'intervention judiciaire. L'expertise non judiciaire n'est donc ni tout à fait une mesure d'instruction ni tout à fait une pièce.

---

[601] COUCHEZ (G.), LAGARDE (X.), Procédure civile, *op. cit.*, n° 226-1.

[602] Lorsqu'il est question du rapport d'expertise, il est rare que la Cour de cassation évoque une pièce ; en général elle mentionne le rapport. En ce sens, l'attendu jadis classique : « tout rapport amiable peut valoir à titre de preuve ». Mais la chambre mixte a envisagé la notion de « pièce » dans son arrêt du 28 sept. 2012 consacré à la valeur de l'expertise amiable.

[603] JEULAND (E.), Droit processuel, op.cit., n° 515.

131. Reconsidération. – Cette double incompatibilité condamnant l'expertise non judiciaire à une forme d'administration insatisfaisante invite à reconsidérer cette distinction classique au sein des modes d'administration judiciaire de la preuve.

D'abord, le législateur n'a formellement défini ni la notion de pièce, ni celle de mesure d'instruction, davantage saisies par l'intuition que par la réflexion. Le droit judiciaire « présente pour particularité que toutes les notions fondamentales en sont indécises et controversées [...]. En vérité, la procédure repose sur une assise mouvante en sorte que dès que l'on quitte l'armature des pures formalités tout n'est qu'incertitude »[604].

Ensuite, il apparaît que ces notions n'ont nullement vocation à s'exclure l'une et l'autre : dès lors que la mesure d'instruction conduit à l'élaboration d'un document, celui-ci est une pièce qui doit être traité comme tel du point de vue des règles gouvernant la production et la communication. Ainsi du rapport d'expertise qui doit être versé aux débats dans l'instance d'appel[605], même si l'on peut aussi considérer qu'il devrait s'assimiler à un acte de procédure en raison de son dépôt au secrétariat de la juridiction[606], ou de l'attestation[607].

Enfin et par voie de conséquence, la pertinence d'un unique critère organique pour la distinction peut être mise en doute. D'une part, parce que la dimension matérielle doit être également prise en compte. Le mot « instruction » renvoie à la mise en état de l'affaire[608]. Le mot « mesure » évoque quant à lui un moyen d'action. Matériellement, la mesure d'instruction se traduit en effet par une investigation, un ensemble d'opérations dont la finalité est l'élaboration d'une preuve au

---

[604] WIEDERKEHR (G.), La notion de grief et les nullités de forme dans la procédure civile, D. 1984, chron., p. 165.

[605] Cass. 2e civ. 11 janv. 2006, n° 04-11.129, D. 2006, p. 1149, obs. AVENA-ROBARDET (V.).

[606] FRICERO (N.), Procédure civile, D. 2014, p. 795.

[607] L'attestation est produite par les parties et elle est soumise au régime des pièces (production forcée...) alors qu'il s'agit de la forme écrite des déclarations des tiers prévues au titre des mesures d'instruction.

[608] CORNU (G.), Vocabulaire juridique, *op. cit.*, v° « Instruction », spéc. p. 557.

moyen de la vérification des éléments factuels allégués par les parties[609]. La mesure d'instruction vise avant tout à éclairer les faits[610]. À l'inverse, les pièces sont des documents statiques qui ne font que retracer l'instruction[611]. L'existence d'une mesure d'instruction permet donc une prise en compte d'un processus probatoire indépendamment de son substrat, c'est-à-dire de faire de l'expertise une preuve spéciale. D'autre part, parce que ce critère ne résulte pas formellement des textes, lesquels, s'ils font la part belle au juge en lui donnant pouvoir d'ordonner les mesures d'instruction et en organisant les modalités de sa participation et de son contrôle, ne prévoient pas expressément sa compétence exclusive en la matière. Rien ne s'oppose donc à la reconnaissance de mesures d'instruction instaurées conventionnellement.

La relativité de cette distinction conduit à rechercher le statut le mieux adapté.

b) La recherche d'un statut probatoire adapté

132. Mesure d'instruction non judiciaire. – L'expertise non judiciaire peut être appréhendée comme une véritable mesure conventionnelle d'instruction[612], dont l'initiative appartient aux parties, et dont l'objet est le recours à un expert en vue d'éclairer les parties sur les aspects techniques de leur différend. Cette notion est novatrice, car elle suppose d'inverser l'ordre des critères d'identification d'une telle mesure, en mettant l'accent sur la dimension fonctionnelle, rarement relevée, au détriment de la place du juge dans son instauration. Pour autant, elle n'est pas iconoclaste au vu des mutations actuelles de l'instruction civile. La consécration d'une forme de mise en état

609 FRICERO (N.), JULIEN (P.), Procédure civile, *op. cit.*, n°611.
610 FERRÉ-ANDRÉ (S.), Le technicien dans la procédure participative, AJ Famille 2013, n° 10, p. 543.
611 La tournure est un pléonasme étymologique : « document » veut dire « ce qui sert à instruire ».
612 FERRÉ-ANDRÉ (S.), Le technicien dans la procédure participative, art. préc., p. 545. – *Adde* MOUSSA (T.), L'expertise judiciaire et les autres expertises au regard du principe de la contradiction, art. préc., qui emploie définit expertise amiable et expertise officieuse comme étant des « mesures d'instruction ».

conventionnelle[613] en relation avec la procédure participative assistée par avocat conduit en effet à relativiser la place du juge dans la phase d'instruction. La valorisation progressive du juge de la mise en état a atteint son paroxysme avec l'avènement d'une conception intellectuelle et dynamique[614] de la mise en état. Désormais, il semble que l'accent soit mis sur un renforcement de ses pouvoirs purement juridictionnels (évacuer les incidents) au détriment de ses pouvoirs d'organisation des échanges et d'investigation, tempérés par une tendance de contractualisation. Les parties sont invitées à collaborer davantage et à prendre des initiatives pour instruire elles-mêmes leurs affaires. L'instruction se désolidarise donc de l'instance, s'externalise[615]. Plusieurs modalités de mise en œuvre peuvent être relevées.

133. Modalités de mise en œuvre. – La mise en place d'une expertise contradictoire entre les parties préalablement à la saisine d'un juge peut avoir lieu spontanément. Un différend naît et les parties décident ensemble de diligenter une mesure d'instruction. Par exemple, l'acheteur qui se prévaut d'un vice caché prend contact avec le vendeur, puis ils décident ensemble de mettre en place une expertise. Cette mesure d'instruction sans forme est assez rare.

Le plus souvent, elle s'inscrit dans un cadre plus vaste et organisé. Il peut être purement contractuel[616]. Le contrat d'assurance est un terrain d'élection traditionnel de l'expertise amiable, en amont (évaluation des biens assurés), ou en aval (évaluation du sinistre). Certains contrats renferment aussi des clauses d'expertise préalable, prévoyant la nomination d'un expert technique, avec une mission variable (suivre l'exécution du contrat, régler les difficultés au fur et à mesure…)[617] et dont l'efficacité est garantie par une fin de non-

---

[613] V. *infra*, n° 136.

[614] FRICERO (N.), La mise en état : entre tradition et modernité, Procédures 2012, dossier 7, n° 9.

[615] GUINCHARD (S.), CHAINAIS (C.), FERRAND (F.), Procédure civile, *op. cit.*, n° 1816.

[616] V. *supra*, n° 5.

[617] CADIET (L.), NORMAND (J.), AMRANI-MEKKI (S.), *op. cit.*, n° 123.

recevoir en cas d'inobservation[618].

En outre, il convient de rappeler que ce cadre peut aussi être celui d'un mode alternatif de règlement des différends, dont les grandes lignes sont définies par l'autorité publique. Le développement d'une offre de justice en amont a pour conséquence de virtualiser l'office du juge[619]. C'est la potentialité que le différend soit porté devant le juge qui justifie que la négociation soit soumise aux principes du procès équitable. Il en va donc ainsi également des mesures d'instruction diligentées par les parties qui se révèlent très utiles en leur sein.

134. Encadrement justifié. – Identifier et encadrer précisément les mesures d'instruction non judiciaires comportant le recours à un technicien présente un intérêt majeur. En effet, l'expertise contribue prioritairement à pacifier la négociation (qui doit être loyale) pour parvenir à un accord et subsidiairement à la mise en état de l'affaire portée devant le juge.

135. Conciliation. – Afin de parvenir à un accord, les parties doivent collaborer pour s'entendre sur *une* vérité reconnue par tous, ce qui suppose qu'elles puissent être éclairées par des sources neutres et crédibles sur les aspects techniques de leur différend[620]. L'expertise, à l'instar des barèmes indicatifs[621], est donc un terrain privilégié[622] et un facteur consensus[623] à ne pas négliger[624]. L'expert contribue directement à concilier les parties[625] (en dépit de la règle[626] faisant

---

[618] Cass. com., 22 oct. 2012, n° 11-23.864, LPA 6 mai 2013, p. 7, obs. BOILLOT (Ch.). – LAMANDA (V.), L'expert et le procès équitable, une relation qui s'harmonise, art. préc.

[619] GARAPON (A.) et a., La prudence et l'autorité, rapport préc., pp. 32 et 36.

[620] V. n° 6. – *Adde* FRICERO (N.), Rép. proc. civ., v° Procédure participative assistée par avocat, n° 31.

[621] V. SAYN (I.) (dir.), Le droit mis en barèmes ?, Dalloz, Paris, 2014.

[622] OLIVIER (M.), Essai d'éthique judiciaire en matière d'expertise, Gaz. Pal. 16 nov. 2004, p. 10.

[623] CADIET (L.), NORMAND (J.), AMRANI-MEKKI (S.), Théorie générale du procès, *op. cit.*, n° 6.

[624] LAMANDA (V.), L'expert et le procès équitable, une relation qui s'harmonise, art. préc.

[625] CHAUVAUD (F.), Experts et expertise judiciaire, *op. cit.*, p. 47. – V. *supra*, n° 3.

interdiction au juge civil de donner au technicien mission de concilier les parties, en raison des longueurs auxquelles conduisaient jadis ces missions, et dont une nouvelle rédaction a été proposée[627]). Cela est déjà essentiel et justifie un encadrement afin d'assurer la loyauté des négociations.

Mais c'est surtout l'éventualité de la saisine du juge à l'issue du processus amiable avec une production du rapport qui donne tout son sens à la notion de mesure d'instruction non judiciaire.

136. Production judiciaire. – À défaut d'accord, l'expertise non judiciaire contribue directement à l'instruction dans la mesure où elle peut être produite en justice. Plus qu'une preuve, elle a vocation à se substituer en grande partie aux mesures que le juge pourrait ordonner[628], et donc à simplifier la mise en état de l'affaire. Bien souvent, les juges refusent d'ordonner une expertise judiciaire lorsqu'est produite une expertise amiable contradictoire, celle-ci étant considérée comme suffisante[629].

Cela est particulièrement net en matière de procédure participative assistée par avocat, ce processus permettant la mise en

---

[626] CPC, art. 240.

[627] OLIVIER (M.), Modifications envisagées de certaines dispositions du nouveau Code de procédure civile ayant trait aux mesures d'instruction confiées à des techniciens, Gaz. Pal. 28 fév. 2002, n° 59, p. 2. L'auteur propose la nouvelle rédaction suivante : « Le juge peut autoriser le technicien à recevoir, dans le délai qu'il fixe et qu'il ne peut reporter qu'une seule fois après avoir entendu le technicien, la conciliation des parties. Si l'accord n'est pas réalisé le technicien ne peut faire état des déclarations des parties et des tiers de même que des documents produits qui n'ont strictement trait qu'aux pourparlers qui se sont instaurés en vue de la conciliation ».

[628] En ce sens, FERRÉ-ANDRÉ (S.), Le technicien dans la procédure participative, art. préc., p. 546.

[629] Toulouse, 2e ch., 18 déc. 1873, Hiriart père et fils c. La Nationale, préc. : « Attendu que le rapport des experts-arbitres versé dans la cause est régulier, qu'il renferme tous les détails désirables, qu'il fournit tous les éléments de comparaison nécessaires [...] – Attendu que le tribunal trouvant dans ce travail tous les éléments nécessaires pour éclairer sa religion et fixer son opinion, il est inutile d'ordonner une seconde expertise qui ne pourrait avoir aucun résultat utile ». – et plus récemment : Aix-en-Provence (ord. incident), 19 nov. 2013, n° 11/15209 ; Aix-en-Provence (ord. incident), 4 fév. 2014, n° 12/06858.

place d'une véritable mise en état conventionnelle de l'affaire[630]. En effet, cette convention engage les parties à œuvrer conjointement et de bonne foi à la résolution d'un différend portant sur des droits disponibles et n'ayant pas déjà donné lieu à la saisine d'un juge. À défaut de parvenir à un accord total, une passerelle vers le juge est organisée qui se traduit à la fois par des modalités de saisine simplifiées (dispense de conciliation préalable[631]) mais aussi par une absence de mise en état judiciaire[632]. Il est bien certain que toute désignation d'un technicien à cette occasion concourt directement à la mise en état de l'affaire[633], puisqu'il est en outre prévu que le rapport élaboré par le technicien commis dans le cadre d'une procédure participative peut être produit en justice, nonobstant toute clause de confidentialité[634].

Prospectivement, le rapport DELMAS-GOYON[635] préconise la création d'un acte de procédure d'avocat défini comme étant un « acte d'administration de la preuve contradictoirement accompli par les avocats des parties, nécessairement consentantes » et visant à « donner force probante à leurs accords, tant sur la mesure elle-même que sur les diligences accomplies et sur la manière dont elles auront été conduites ». L'objectif, poursuit le rapport, est de permettre aux parties de « collaborer personnellement à l'administration de la preuve selon un procédé beaucoup plus souple que les mesures d'instruction effectuées par le juge ou par un technicien ». Plusieurs catégories d'actes sont proposées, parmi lesquelles des actes de désignation, permettant justement « l'instauration amiable d'une mesure d'instruction, telle que définie par les dispositions actuelles du code de procédure civile ».

---

630 FRICERO (N.), POIVEY-LECLERCQ (H.), SAUPHANOR (S.), Procédure participative assistée par avocat, Lamy, coll. Axe droit, Paris, 2012, n° 101. – GUINCHARD (S.), FERRAND (F.), CHAINAIS (C.), Procédure civile, Dalloz, coll. Hypercours, Paris, 3e éd., 2013, nos 921 s. – FRICERO (N.), Rép. proc. civ., v° Procédure participative assistée par avocat, préc., nos 4 et 28. – FRICERO (N.), JULIEN (P.), Procédure civile, *op. cit.*, n° 1050.

631 CPC, art. 1558.

632 CPC, art. 1559.

633 FRICERO (N.) et a., Procédure participative ..., *op. cit.*, n° 9.

634 CPC, art. 1554. – DOUCHY-OUDOT (M.), JOLY-HURARD (J.), Rép. proc. civ., v° Médiation et conciliation, n° 85.

635 DELMAS-GOYON (P.) et a., Le juge du 21ème siècle : un citoyen acteur, préc., proposition n° 26.

Le Conseil national des Barreaux a repris cette proposition dans le Livre blanc des avocats présenté le 11 février 2014[636]. Il est donc question d'un transfert des compétences du juge de la mise en état vers les avocats.

137. Impact de la confidentialité. – Si le rapport d'expertise ne peut être produit en justice, alors il ne participe pas à la mise en état. L'expertise n'est donc pas véritablement une mesure d'instruction. Une interrogation se pose donc au regard des expertises se déroulant dans le cadre d'une conciliation assurée par un conciliateur ou d'une médiation, ou d'un contrat comportant une clause de confidentialité.

La confidentialité[637] qui gouverne les mesures de médiation et de conciliation conventionnelles, dont les modalités sont prévues à l'article 21-3 de la loi n° 95-125 du 8 février 1995[638] par renvoi de l'article 1531 du Code de procédure civile fait-elle obstacle à la production ultérieure du rapport en justice ? Certains auteurs l'avancent[639]. Cela étant, aux termes de ce texte, la confidentialité ne s'applique qu'aux constatations du médiateur (ou du conciliateur) et aux déclarations recueillies au cours de la médiation (ou de la conciliation). Elle ne semble donc pas faire obstacle à la production d'un rapport d'expertise amiable établi en cours de négociation car l'avis du technicien ne saurait être considéré, ni comme une constatation du tiers négociateur, ni comme une déclaration. En effet, une déclaration est une affirmation constitutive d'un élément de preuve lorsqu'elle est fournie par un témoin ou par une partie dans certaines conditions[640]. Or, l'expertise n'est pas une affirmation mais une

[636] CNB, conf. de presse, 11 fév. 2014 ; Livre blanc des propositions du CNB, p. 14. – PÉCHARD (A.), Justice du 21e siècle : la profession fait front commun pour être entendue, Dalloz act., 12 fév. 2014.

[637] Sur les justifications de ce principe et ses limites : GUINCHARD (S.) (dir.), Droit processuel : droits fondamentaux du procès, *op. cit.*, n° 600.

[638] Une disposition identique est prévue pour la conciliation judiciaire déléguée (CPC, art. 129-3) et pour la médiation judiciaire (CPC, art. 131-14).

[639] CROZE (H.), J.-Cl. Procédure formulaire, v° Procédure participative, fasc. 10, n° 41. – STRICKLER (Y.) et FOULON (M.), J.-Cl. Procédure civile, v° Modes alternatifs de résolution des litiges, fasc. 1000, n° 65.

[640] CORNU (G.), Vocabulaire juridique, *op. cit.*, v° Déclaration, p. 302.

démonstration aboutissant à la formulation d'un avis, et elle n'est pas fournie par un témoin mais par un technicien. Cela justifie que le rapport d'expertise suive le régime des pièces échangées au cours du mode amiable et qui ne sont pas couvertes par la confidentialité[641]. L'expertise contribue donc à la mise en état même lorsqu'elle prend place à l'occasion de ces modes alternatifs confidentiels.

S'agissant de la clause de confidentialité, rien n'exclut qu'elle puisse s'appliquer au rapport d'expertise. Cela étant, une violation de la clause pourrait se justifier au regard du droit à la preuve du demandeur. Ce serait le cas si la production du rapport d'expertise répondait à une nécessité probatoire (parce que le rapport d'expertise préalablement établi serait le seul moyen permettant de faire la preuve d'un élément de fait) et que la violation du contrat était proportionnée à l'intérêt en cause (l'élément de fait à prouver étant essentiel au succès de la prétention)[642].

La mesure d'instruction organisée contradictoirement a donc vocation à jouer un grand rôle lors d'une instance opposant ultérieurement les parties. Elle doit être encadrée par des règles inspirées de celles qui sont applicables à l'expertise judiciaire.

B. La convergence des régimes probatoires

138. Extension. – Entre les parties, l'expertise non judiciaire est une preuve spéciale dont le déroulement doit obéir à certains principes analogues à ceux afférents à l'expertise judiciaire. Pour l'heure, le droit positif n'a entendu donner un corps aux opérations non judiciaires que lorsque l'expertise s'inscrit dans le cadre d'une procédure participative assistée par avocat : la convergence avec l'expertise judiciaire est cantonnée (a). Dans une perspective prospective, cette convergence pourrait être élargie par l'élaboration d'un régime semblable (b).

---

641 FRICERO (N.), Rép. proc. civ., v° Procédure participative assistée par avocat, préc., n° 30 *in fine*.
642 V. *supra*, n° 8.

a) La convergence cantonnée : l'expertise au sein de la procédure participative

139. Succès mitigé. – L'introduction de la procédure participative en droit français est récente[643] et le processus ne connaît pas un succès fulgurant[644]. La culture judiciaire française est encore assez peu réceptive à cette forme de justice négociée, inspirée du droit collaboratif développé en Amérique du Nord[645] et fondée sur une relation horizontale[646]. Il s'agit pourtant d'une avancée majeure au regard des mutations attendues de la justice civile : la contractualisation parvient au juste parce qu'elle est ici encadrée[647]. En particulier, en offrant aux parties la possibilité de diligenter une expertise, un cadre a été posé pour le déroulement des opérations qui transpose avec succès les règles applicables à l'expertise judiciaire[648] (1). Certaines zones d'ombre subsistent et elles devront être éclairées (2).

1. La transposition réussie

140. Transposition. – Les règles gouvernant les mesures d'instruction judiciaires en général, et l'expertise judiciaire en particulier ne peuvent être appliquées sans aménagement à l'expertise instituée dans le cadre de la procédure participative. Elles doivent toutefois parvenir à un seuil équivalent de garanties, afin que l'expertise non judiciaire soit expurgée de ses faiblesses intrinsèques et puisse se substituer à l'expertise judiciaire dans la majeure partie des hypothèses.

---

643 L. n° 2010-1609, 22 déc. 2010 relative à l'exécution des décisions de justice, aux conditions d'exercice de certaines professions réglementées et aux experts judiciaires, art. 37, complétée par le Décr. n° 2012-66, 20 janv. 2012 relatif à la résolution amiable des différends, art. 2.

644 NUÉE (A.), La procédure participative et l'expertise de justice, art. préc.

645 G'SELL-MACREZ (F.), Vers la justice participative ? Pour une négociation à l'ombre du droit, D. 2010, p. 2450.

646 GARAPON (A.) et a., La prudence et l'autorité, rapport préc., p. 30.

647 G'SELL-MACREZ (F.), Vers la justice participative …, art. préc.

648 FRICERO (N.), Rép. proc. civ., v° Procédure participative assistée par avocat, préc., n° 31. – LENCOU (E.), DE FONTBRESSIN (P.), La procédure participative : une nouvelle vie pour les listes d'experts, art. préc.

Le décret du 20 janvier 2012 a introduit aux articles 1547 à 1554 du Code de procédure civile les règles qui gouvernent le recours à un technicien dans le cadre de la procédure participative. En cas de silence, les principes généraux prévus dans le sous-titre II du Titre VII peuvent-ils néanmoins recevoir application ? Une réponse négative pourrait être suggérée par la rédaction des textes (qui reprennent parfois le dispositif prévu en matière judiciaire sans ajout alors qu'il aurait suffi de s'y référer plus globalement), mais l'unité censée gouverner la notion de mesure d'instruction invite à envisager une réponse affirmative, s'agissant des seuls principes compatibles avec les spécificités de l'expertise non judiciaire.

La transposition repose sur deux mouvements : le juge étant mis à l'écart du processus, celui-ci ne peut être saisi pour trancher les difficultés, ce qui se traduit par la réduction de l'autonomie de l'expert, esseulé sans le soutien du juge. Réciproquement, les parties acquièrent la pleine maîtrise du processus. Cela se vérifie à toutes les étapes.

141. Liberté dans la désignation. – S'agissant de la décision de recours à l'expertise, ce sont les parties qui sont au centre de la démarche. Dans le cadre contractuel, la décision de recourir au technicien est laissée à leur appréciation commune discrétionnaire. Cela étant, même si les conditions de nécessité et de proportionnalité de la mesure ne sont pas formellement indiquées[649], le coût économique engendré et le temps impliqué par la mesure incitent à la modération. Les parties doivent bien entendu s'accorder sur l'identité de l'expert sélectionné[650]. Aucune contrainte particulière ne pèse sur elles : en particulier, l'expert n'a pas à être choisi prioritairement sur les listes d'experts judiciaires[651]. L'inscription est toutefois avantageuse, en ce sens qu'elle est une concrétisation des garanties de compétence et d'indépendance[652], et que la nomenclature est une aide précieuse pour

---

[649] Comp. CPC, art. 144, 147, 263.
[650] CPC, art. 1547.
[651] FRICERO (N.) et a., Procédure participative ..., *op. cit.*, n° 105. – FERRÉ-ANDRÉ (S.), Le technicien dans la procédure participative, art. préc., p. 544.
[652] V. *supra*, n° 43.

le choix[653]. Parallèlement, la volonté commune pouvant défaire ce qu'elle a décidé, la révocation du technicien peut intervenir par le consentement unanime des parties : il s'agit d'une forme de révocation *ad nutum* qui convient assez au caractère *intuitu personae* du contrat d'expertise. La rémunération est fixée d'un commun accord entre les parties et le technicien[654].

La mission est également déterminée librement : en la matière, les missions de constatation, de consultation et d'expertise ne sont pas formellement distinguées, car c'est toujours la même procédure, inspirée de l'expertise, qui s'applique[655]. Dès lors, les parties aviseront de la mesure la plus appropriée, étant précisé qu'elles seront à même de modifier cette mission[656] de la même façon que le juge a le pouvoir d'accroître ou de restreindre la mission du technicien commis[657]. L'expert peut proposer une modification de sa mission, mais en aucun cas l'imposer, ce qu'il aurait pu faire indirectement en expertise judiciaire en saisissant le juge chargé du contrôle des expertises. Il est par ailleurs expressément prévu que les parties peuvent confier une mission complémentaire à un autre technicien après avoir recueilli ses observations ou à sa demande[658], disposition évoquant la possibilité pour le juge de conjuguer plusieurs mesures d'instruction[659].

Pour que le contrat soit valablement formé, l'expert choisi par les parties doit accepter sa mission. Or, il est prévu qu'avant de ce faire, le technicien doit révéler toute circonstance susceptible d'affecter son indépendance afin que les parties en tirent les conséquences qu'elles estiment utiles[660]. Cette disposition obligeant le technicien à souscrire

---

[653] LENCOU (E.), DE FONTBRESSIN (P.), La procédure participative : une nouvelle vie…, art. préc.
[654] CPC, art. 1547 al. 2.
[655] Ainsi, un rapport écrit est toujours exigé en matière de procédure participative alors que l'art. 257 du CPC précise qu'en principe, la consultation est présentée oralement.
[656] CPC, art. 1550 subordonne la modification au recueil des observations du technicien.
[657] CPC, art. 149 et 236.
[658] CPC, art. 1550.
[659] CPC, art. 148.
[660] CPC, art. 1548.

à une déclaration d'intérêts n'a pas d'équivalent exact en matière d'expertise judiciaire[661], celui-ci étant simplement tenu au serment et à informer le juge de ce qu'il s'estimerait récusable[662]. Il y a là une innovation dont devrait s'inspirer l'expertise judiciaire elle-même.

142. Encadrement de l'exécution. – En principe, les opérations débutent dès la formation du contrat[663], à moins que les parties n'aient conventionnellement entendu reporter le point de départ au versement d'une consignation. En matière d'expertise judiciaire, c'est la consignation au greffe qui constitue le point de départ des opérations[664]. L'encadrement impose des obligations à l'expert et aux parties. Il permet également la prise en compte de l'intervention d'un tiers.

143. Obligations du technicien. – Au triptyque conscience – objectivité – impartialité caractéristique de l'expert judiciaire[665] est substitué un polyptyque conscience – diligence – impartialité – respect du contradictoire[666]. L'affirmation expresse d'une obligation d'impartialité matérialise une extension claire des règles du procès équitable[667] dont on ne peut que se féliciter[668], tandis que la notion de diligence prend un relief particulier dans l'environnement du contrat à durée déterminée qu'est la convention de procédure participative[669] : s'il n'est pas prévu que les parties peuvent impartir un délai au technicien, cette possibilité ne saurait leur être déniée dans la mesure où l'expertise ne suspend pas le terme de la convention. Concernant la mention expresse du respect du contradictoire, il s'agit là encore d'une énonciation bienvenue : non pas que son absence aurait été de nature à

---

661 CROZE (H.), J.-Cl. Procédure formulaire, v° Procédure participative, fasc. 10, préc., n° 36.
662 CPC, art. 234.
663 CPC, art. 1549 al. 1.
664 CPC, art. 267. – C'est en général à la partie qui « déclenche les hostilités » qu'incombe la consignation. V. STRICKER (Y.), Procédure civile, n° E45.
665 CPC, art. 237.
666 CPC, art. 1549 al. 2.
667 NUÉE (A.), La procédure participative : vers une extension des règles du procès équitable, art. préc.
668 *Contra* : CROZE (H.) J.-Cl. Procédure formulaire, v° Procédure participative, fasc. 10, préc., n° 37.
669 FRICERO (N.) et a., Procédure participative …, *op. cit.*, n° 115.

induire un doute sur sa nécessité, mais parce qu'en matière d'expertise judiciaire, l'exigence n'est rattachée qu'implicitement aux textes[670]. Au-delà de l'aspect formel, l'étendue de la contradiction exigée est interprétée de la même façon qu'en matière d'expertise judiciaire : l'expert doit convoquer les parties et leurs avocats aux opérations[671] ; ces derniers peuvent lui adresser des dires en lui demandant de les annexer à son rapport[672], l'expert devant mentionner les suites qu'il souhaite y donner[673] ; le rapport établi devra être communiqué aux parties[674]. S'agissant des dires, il n'est pas prévu que les dires devront être récapitulatifs et que l'expert serait en droit de ne pas répondre aux dires communiqués après l'expiration du délai imparti aux parties pour ce faire[675]. Il s'agirait sans doute d'un trop lourd formalisme dans un cadre qui se veut assoupli (ce qui alourdit le travail de l'expert), mais ces modalités pourront être restaurées conventionnellement.

144. Obligations des parties. – Le contradictoire s'impose également aux parties, débitrices d'une obligation de collaboration[676] leur imposant de communiquer à l'expert les documents nécessaires à l'accomplissement de sa mission[677]. C'est ici une transposition de la règle prévue à l'article 243 du Code de procédure civile, à une nuance près qui se révèle en cas d'inertie d'une des parties : alors que le technicien désigné judiciairement peut saisir le juge afin qu'il ordonne la production forcée des éléments demandés, l'expert contractuellement désigné est désarmé. C'est pourquoi il est prévu qu'en pareil cas, le technicien convoque l'ensemble des parties en leur indiquant les

---

670 CPC, art. 160 prévoyant l'obligation de convoquer les parties et CPC, art. 276 prévoyant l'obligation de mentionner la suite donnée aux observations et réclamations des parties.

671 Cela s'impose : FRICERO (N.) et a., Procédure participative ..., *op. cit.*, n° 115.

672 CPC, art. 1553 al. 1.

673 CPC, art. 1553 al. 2.

674 À la nuance près qu'il est exigé un rapport écrit, quelle que soit la mission confiée au technicien (constatation, consultation, expertise...) et malgré l'art. 282 du CPC qui autorise l'expert judiciaire à présenter oralement ses conclusions lorsque des développements écrits ne sont pas nécessaires.

675 CPC, art. 276.

676 FRICERO (N.), Rép. proc. civ., v° Procédure participative assistée par avocat, préc., n° 33.

677 CPC, art. 1551 al. 1.

diligences qu'il estime nécessaires, et qu'à défaut pour la partie de déférer à la demande, le technicien poursuit la mission à partir des éléments dont il dispose. En pratique, néanmoins, la carence d'une des parties serait de nature à constituer un manquement à son obligation d'œuvrer de bonne foi à la résolution du différend, ce qui justifierait la cessation de l'irrecevabilité[678] que crée la convention et donc la saisine du juge.

La diminution des prérogatives dont bénéficie l'expert contractuel se retrouve également dans l'absence de disposition semblable à celle permettant à l'expert judiciaire de prendre l'initiative de recueillir l'avis d'un technicien dans une spécialité distincte de la sienne[679], ou de se faire assister de toute personne agissant sous sa responsabilité[680]. Ce mutisme des textes peut paraître surprenant car dans le même temps, l'obligation d'exécuter personnellement la mission n'est pas reprise. Pourtant, le contrat d'expertise, conclu *intuitu personae*, suppose une telle obligation et les parties ne sauraient se voir imposer le recours à un autre technicien sans y consentir. L'expert n'a aucune autonomie lorsque sa légitimité ne repose que sur un contrat.

145. Adaptation de l'intervention. – En matière d'expertise judiciaire, lorsqu'un tiers intervient à l'instance au cours de laquelle une mesure d'instruction est en cours d'exécution, celui-ci y est directement associé[681]. Or, l'intervention, catégorie de demande incidente, suppose l'existence d'un procès déjà engagé[682]. Pour autant, un tiers peut avoir intérêt à participer à des opérations d'expertise, notamment s'il est susceptible d'être partie à un procès tendant à régler le différend[683], s'il entretient des relations juridiques avec l'une des parties (par exemple, les associés d'un époux en matière d'évaluation des droits sociaux[684]),

---

678 C. civ., art. 1065.

679 CPC, art. 278. – La pratique nomme « sapiteurs » de tels spécialistes.

680 CPC, art. 278-1.

681 CPC, art. 169.

682 CPC, art. 63 et 66.

683 CROZE (H.), J.-Cl. Procédure formulaire, v° Procédure participative, fasc. 10, préc., n° 40.

684 FERRÉ-ANDRÉ (S.), Le technicien dans la procédure participative, art. préc., p. 546.

ou s'il est titulaire de droits sur le bien objet du différend[685]. C'est la raison pour laquelle le décret du 20 janvier 2012 a introduit une forme d'intervention contractuelle : avec l'accord des parties et du technicien, le tiers peut devenir partie aux opérations. Cela signifie que le tiers ne l'est plus : les opérations lui seront entièrement opposables, ce sur quoi l'expert doit attirer son attention[686]. Cela étant, il ne semble pas que le tiers devienne partie à la convention participative, ce qui impliquerait qu'il soit assisté par un avocat.

146. Renforcement de l'avis. – S'agissant de l'avis, aucune disposition particulière n'est prévue si ce n'est celle de dresser un rapport écrit. Il n'est pas prévu que le juge puisse entendre l'expert s'il ne trouve pas de renseignements suffisants. De même, il n'est pas indiqué que le technicien ne doit pas porter d'appréciations d'ordre juridique. Il faut dire que l'interdiction ne se justifie sans doute que si la mesure est ordonnée par le juge, qui ne saurait déléguer sa *juris dictio*. À moins que ces règles ne soient sous-entendues par renvoi aux articles 143 et suivants du Code de procédure civile dans le silence des textes spéciaux… Si en principe l'avis ne lie pas les parties – de la même façon qu'il ne lie pas le juge[687] –, rien n'empêche les parties d'accorder à l'expertise la même force obligatoire qu'à leur convention[688]. Les zones d'ombre qui subsistent doivent être éclaircies.

2. Les zones d'ombre éclaircies

147. Incertitudes. – L'expertise menée dans le cadre d'une procédure participative suscite deux interrogations auxquelles les textes n'apportent pas de réponse de prime abord. La première concerne la sanction des irrégularités, et la seconde est celle de son articulation avec une saisine du juge des référés sur le fondement de l'article 145 du Code de procédure civile.

---

[685] FRICERO (N.) et a., Procédure participative…, *op. cit.*, n° 114.
[686] CPC, art. 1552.
[687] CPC, art. 246.
[688] Cass. civ., 19 janv. 1942, DA 1942, 107.

148. Sanction des irrégularités. – Les dispositions consacrées à la procédure participative ne mentionnent pas la sanction applicable en cas d'irrégularité dans la conduite des opérations. L'article 175 du Code de procédure civile dispose que « la nullité des décisions et actes d'exécution relatifs aux mesures d'instruction est soumise aux dispositions qui régissent la nullité des actes de procédure ». Si les mesures d'instruction judiciaires sont assimilées à des actes de procédure, la reconnaissance d'une mesure d'instruction non judiciaire doit conduire à la même assimilation puisque de telles mesures contribuent tout autant à la mise en état de l'affaire.

Il apparaît donc légitime d'étendre le dispositif de la nullité[689], selon les mêmes modalités que celles qui sont prévues en matière d'expertise judiciaire[690]. La nullité devra être soulevée conformément aux règles qui gouvernent les nullités pour vices de forme : existence d'un texte ou d'une formalité substantielle, existence d'un grief... Une réserve demeure en raison du refus de la Cour de cassation d'admettre qu'une action en nullité du rapport d'expertise soit présentée à titre principal : elle a en effet décidé, à propos d'une expertise rendue sur le fondement de l'article 145 du Code de procédure civile, que l'exception tirée de la nullité du rapport d'expertise devait être soulevée dans l'instance au fond dans la perspective de laquelle la mesure d'instruction avait été ordonnée[691]. La nullité du rapport ne pourrait être soutenue qu'en cas d'échec de la procédure participative, devant le juge du fond saisi du différend persistant[692]. Cette solution se justifie car le rapport d'expertise est un élément de preuve produit au soutien d'une prétention soumise à un juge[693].

---

[689] FRICERO (N.) et a., Procédure participative ..., *op. cit.*, n° 115 *in fine.* – FRICERO (N.), Rép. proc. civ., v° Procédure participative assistée par avocat, préc., n° 33.
[690] V. *supra*, n^os^119 s.
[691] Cass. 2e civ. 2 déc. 2004, n° 02-20.205, Bull. civ. II, n° 513, D. 2005, p. 339, obs. JULIEN (P.) et FRICERO (N.) ; Gaz. Pal. 7 sept. 2006, n° 250, p. 20, note DU RUSQUEC (E.) ; JCP G 2005, I, 1084 ; Procédures 2005, comm. 59, obs. PERROT (R.) ; RLDA 2005/81, p. 28. – 3 mai 2007, n° 06-12.190, Bull. civ. II, n° 116.
[692] FRICERO (N.), et a., Procédure participative ..., *loc. cit.*
[693] Rapport annuel de la Cour de cassation, 2012, préc., p. 310.

149. Articulation avec le référé préventif. – L'article 145 du Code de procédure civile permet à un plaideur de solliciter du juge des référés l'organisation d'une mesure d'instruction judiciaire à titre principal, afin de conserver ou d'établir une preuve destinée à être produite dans un procès futur. L'action est conditionnée par l'existence d'un motif légitime et à l'absence de procès actuel, mais elle n'est pas subsidiaire, de sorte qu'elle peut être exercée même s'il existe d'autres voies de droit pour obtenir la mesure sollicitée[694]. Dans la mesure où la procédure participative permet également l'organisation d'une mesure d'instruction *in futurum*, la convention supposant que le différend n'ait pas donné lieu à la saisine d'un juge, il est utile de déterminer quelles relations entretiennent ces deux voies.

150. Substituabilité. – En premier lieu, sont-elles substituables ? Première hypothèse : une partie au processus participatif peut-elle saisir le juge des référés d'une demande tendant à ordonner une expertise judiciaire ? Aucun problème si la saisine intervient conjointement par les deux parties. Si elle est à l'initiative d'une seule, cela démontre que le processus amiable bat de l'aile... Du point de vue juridique, la possibilité n'est pas exclue par l'article 2065 alinéa 1 du Code civil, qui restreint le domaine de l'irrecevabilité des actions aux seuls « recours au juge pour qu'il statue sur le fond du litige ». La seule question qui se pose est en réalité celle de savoir si le requérant peut se prévaloir d'un motif légitime, étant précisé que les demandes formées sur le fondement de l'article 145 doivent être appréciées au regard des seules conditions de cet article[695] et que la notion de motif légitime se caractérise par sa fluidité[696]. Concrètement, certains répondront négativement aux motifs que la mesure judiciaire *in futurum* est indissociable du procès subséquent, ce qui est incompatible avec l'obligation d'œuvrer conjointement et de bonne foi à la résolution *amiable* du différend (l'utilité de la procédure participative est ruinée) ;

[694] Cass. 2e civ., 25 nov. 1987, n° 84-17.126, Bull. civ. II, n° 245.
[695] Encore récemment, Cass. 1re civ., 20 mars 2014, n° 12-29.568.
[696] PERROT (R.), note ss. Cass. com., 14 fév. 2012, n° 11-12.833, Procédures 2012, comm. 109. – *Adde* CONTIS (N.), Le procès civil et les mesures avant dire droit, JCP G 2010, I, 1132.

d'autres avanceront que lorsque le litige est complexe, une expertise judiciaire est préférable.

Seconde hypothèse de substituabilité : quid si une partie demande au juge des référés d'ordonner une expertise à l'égard d'une autre partie déjà engagée dans une expertise participative avec un tiers[697] portant sur les mêmes faits ? Le juge peut-il rejeter sa demande en relevant l'absence de motif légitime à voir ordonner la mesure alors qu'il a la possibilité d'intervenir volontairement dans la mesure conventionnelle (avec l'accord des protagonistes) ? Ou peut-il se contenter de rendre opposables les opérations à ce tiers en lui permettant d'y participer ? À moins que le juge ne puisse ordonner la mesure sollicitée en absorbant l'expertise conventionnelle, les parties perdant la maîtrise du processus ? L'effet relatif des conventions conjugué à la non-subsidiarité des mesures d'instruction ordonnées sur le fondement de l'article 145 semble conduire à opter pour la troisième solution : pourquoi le tiers serait-il tenu de se satisfaire d'une expertise pour laquelle il n'aura eu son mot à dire ni quant à la personne du technicien ni relativement à la mission ? Et pourtant, cette solution prive la procédure participative de son intérêt dans cette hypothèse.

151. Cumul. – En second lieu, les deux voies sont-elles cumulables ? Si une expertise a été menée dans le cadre participatif, le juge des référés peut-il être saisi ultérieurement, avant la saisine du juge du fond, d'une demande d'expertise ? L'on sait que la Cour de cassation considère qu'en ordonnant une mesure d'instruction sur le fondement de l'article 145 du Code de procédure civile, le juge des référés épuise sa saisine, à tel point qu'il se trouve privé du droit d'ordonner une nouvelle mesure motivée par l'insuffisance des diligences du technicien qu'il a précédemment commis, cette décision ne pouvant relever que de l'appréciation du juge du fond[698]. Cette règle

---

[697] NUÉE (A.), La procédure participative : vers une extension des règles du procès équitable, art. préc.

[698] Cass. 2e civ., 24 juin 1998, nos 97-10.638 et 97-10.639, Bull. civ. II, no 224. – BATUT (A.-M.), Les mesures d'instruction *in futurum*, *in* Rapport annuel de la Cour de cassation, 1999, Doc. fr., et : [http://www.courdecassation.fr/publications_26/rapport_annuel_36/rapport_1999_91/etudes_documents_93/anne_marie_5790.html], accédé le 1er juin 2014.

n'a pas vocation à s'appliquer en la matière puisque le juge des référés n'aura pas été déjà saisi, ce qu'a confirmé une cour d'appel à propos d'une demande d'expertise consécutive à plusieurs expertises aux résultats contradictoires organisées dans le cadre d'une police d'assurance[699]. Néanmoins, le recours à l'article 145 semble artificiel, car l'existence d'une précédente mesure d'instruction, au demeurant respectueuse en tous points des garanties du procès équitable[700], semble faire obstacle à la caractérisation d'un motif légitime. L'expertise participative n'est pas de seconde main, et il n'appartient pas au juge des référés d'apprécier ses mérites[701] en ordonnant une nouvelle expertise.

La revalorisation suppose que cette convergence amorcée se poursuive.

b) La convergence élargie : pistes pour un régime commun

152. Double niveau. – Le régime prévu pour la procédure participative doit être élargi hors de ce cadre (1) et doit être approfondi (2).

1. L'extension quantitative

153. Absence de cadre commun. – Le régime prévu pour la procédure participative pourrait être appliqué à toutes les expertises amiables, sans considération du cadre dans lequel elles s'intègrent. En effet, dès lors que le rapport peut être produit en justice, il contribue directement à la mise en état de l'affaire[702], ce qui justifie d'en faire une preuve spéciale dotée d'un régime procédural lui procurant une valeur

---

[699] Bastia, 6 juill. 2011, n° 10/00750, RGDA 2012, p. 145, obs. SCHULTZ (R.).
[700] Ce n'était pas le cas dans l'arrêt précité, l'expert désigné étant un expert d'assurances visiblement favorable à la Compagnie.
[701] NUÉE (A.), La procédure participative : vers une extension des règles du procès équitable, art. préc.
[702] V. *supra*, n° 136.

similaire à celle dont bénéficie l'expertise judiciaire. Une culture expertale commune doit donc se développer[703].

En l'état, lorsque l'expertise non judiciaire n'est pas instituée dans le cadre participatif, le principe reste celui de sa non-soumission aux règles de procédure civile[704]. La contractualisation prime la procédure. À telle enseigne que lorsque les parties décident par contrat, en cas de désaccord entre leurs experts, qu'un tiers expert sera nommé par le Président du tribunal de grande instance, ce dernier, lorsqu'il est saisi, n'ordonne pas une mesure d'instruction et sa décision peut être directement frappée d'appel[705]. L'expertise amiable de droit commun ne fait donc l'objet d'aucune réglementation particulière et son déroulement est laissé entièrement à la disposition des parties. Ce n'est que par exception qu'un texte vient ponctuellement réglementer certaines missions spécifiques, notamment en matière d'assurance dommage-ouvrage[706], ou pour certaines expertises médicales (par exemple, celles qui sont organisées pour l'indemnisation des personnes contaminées par le VIH[707]).

154. Réticence à l'extension. – Quand bien même la procédure participative est encore un mécanisme récent, la question de l'élaboration d'un cadre procédural souple pour régir l'expertise amiable n'est pas nouvelle, et le droit positif est toujours demeuré en retrait.

Non pas que la nécessité que l'expertise soit menée conformément à des principes fondamentaux soit remise en cause[708].

---

[703] LAMANDA (V.), L'expert et le procès équitable : une relation qui s'harmonise, art. préc.

[704] GLASSON (E.-D.), TISSIER (A.), MOREL (R.), Traité théorique et pratique de procédure civile, t. 2, Sirey, 3e éd., Paris, 1925-1936, p. 706. – Cass. civ., 4 mars 1901, DP 1902. 1. 95 ; Req., 9 déc. 1941, DA 1942. somm. 7.

[705] Cass. 1re civ., 15 mai 2008, no 07-15.673, JCP G 2008, I, 44, obs. CLAY (T.), no 20 ; Revue des contrats 2009, I, p. 657, obs. SERINET (Y.-M.).

[706] V. *supra*, no 44. – C. ass., art. A. 243-1.

[707] C. santé publ., art. R. 3122-3 : il est prévu que l'expert doit être choisi en priorité sur les listes ainsi qu'une procédure respectueuse du principe de la contradiction.

[708] V. supra, not. no 7.

Il est par exemple admis de longue date, et même au-delà de nos frontières[709], qu'une expertise qui se prétend amiable et rassemblant plusieurs parties doit être menée dans le respect des droits de la défense et du contradictoire[710], car « dès lors que la défense est paralysée, l'expertise est viciée dans son principe »[711]. De plus, lorsqu'une preuve est élaborée au cours de l'instance, le contradictoire constitue une « limite infranchissable »[712].

Néanmoins, malgré les incitations doctrinales[713], aucune décision récente ou significative ne semble avoir prononcé la nullité d'un rapport d'expertise amiable[714] pour violation de tel principe essentiel, les dernières illustrations remontant au XIXe siècle[715]. En se focalisant sur la valeur de l'expertise officieuse, dans laquelle la contradiction est exclue *ab initio*, le droit positif paraît occulter l'hypothèse d'une expertise *a priori* contradictoire mais au cours de laquelle surviendrait une violation de cette garantie. Dans cette hypothèse, la réduction de force probante ne s'applique pas et serait une bien curieuse sanction, la caractérisation de l'irrégularité devant s'opérer par rapport à un référentiel et supposant un examen concret de l'expertise.

---

709 En droit belge : LURQUIN (P.), Traité de l'expertise en toutes matières, t. 1, Bruylant, Bruxelles, 1985, n°13.

710 REDON (M.), Rép. proc. civ., v° Mesures d'instruction confiées à un technicien, préc., n° 22.

711 RAVON (H.), Traité pratique et juridique de l'arbitrage et de l'expertise, Ducher, Paris, 1898, n° 58.

712 TARZIA (T.), Les pouvoirs d'office du juge en matière de preuve, *in* Mél. R. Perrot, Dalloz, 1996, p. 474.

713 REDON (M.), Rép. proc. civ., v° Mesures d'instruction confiées à un technicien, préc., n° 24. – ZAVARO (M.), Guide de l'expertise judiciaire, *op. cit.*, n° 227.

714 On relèvera tout de même deux arrêts de la Cour de cassation qui, sans se placer sur le terrain de la nullité du rapport, ont cassé des décisions de Cours d'appel ayant motivé leur décision sur des expertises non judiciaires au cours desquelles le contradictoire avait été violé par l'expert. Cass. 1re civ., 21 mai 1996, n° 94-12.916, Bull. civ. I, n° 216 (à propos d'une tierce expertise diligentée sur le fondement de l'art. 22 du décret n° 49-317 du 5 mars 1949 relatif aux agents généraux démissionnaires) et Cass. 2e civ., 15 avr. 2010, n° 09-66.447 (en matière d'assurance invalidité).

715 Cass., 2 déc. 1868, S. 1869. I. 55.

Pour l'heure, la rétivité du droit positif à appréhender l'expertise amiable comme une véritable mesure d'instruction la condamne à demeurer au plan théorique un pis-aller sans reconnaissance, une pièce sans saveur.

155. Avantages de l'extension. – Les avantages attachés à l'élaboration d'un cadre procédural général permettant un examen spécifique de l'expertise au regard des droits fondamentaux sont pourtant nombreux.

Premièrement, il ne serait nullement question de prévoir un régime lourd. La formalisation des principes essentiels n'ôterait rien à la large marge de manœuvre aux parties dont doivent bénéficier les parties. Au contraire, elle permettrait de revaloriser l'attractivité de l'instrument, en autorisant la généralisation de plusieurs mécanismes simplificateurs, tels que l'intervention du tiers intéressé. Cette interpénétration de la procédure et du contrat ne peut être que bénéfique.

Deuxièmement, parce que la sanction de la nullité supposant la preuve d'un grief, il y aurait place pour une prise en compte systémique de la diversité des intérêts agrégés dans le droit à un bon expert. Cet équilibre effectif contribuerait de façon certaine à renforcer la mesure expertale conventionnelle. Celle-ci pourrait alors avoir vocation à constituer la mesure d'instruction de droit commun, au détriment de la complexe expertise judiciaire, conservée en tant que mesure exceptionnelle[716] et réservée aux dossiers particulièrement conflictuels difficiles, ou nécessitant l'autorisation du juge pour être menée. L'expertise judiciaire présenterait toujours l'avantage de renforcer l'autorité de l'expert et de soumettre le déroulement des opérations au contrôle d'un juge.

Troisièmement, la raréfaction de ces expertises judiciaires serait favorable au plan de la gestion du service public de la justice. Le juge des référés serait ainsi déchargé d'une grande partie du contentieux des

[716] L'idée est avancée par BEAUCHARD (J.), L'expertise judiciaire et les autres expertises au regard du principe de la contradiction, art. préc.

mesures *in futurum*, rendues moins utiles[717], et le juge chargé du contrôle pourrait ainsi renforcer son suivi, par exemple en assistant aux opérations qui le nécessitent, ce qui est aujourd'hui assez rare.

Néanmoins, l'élaboration de ce cadre suppose de développer la maîtrise par les experts de la démarche expertale[718]. Cela renvoie à la nécessité d'une uniformisation des processus de sélection et de l'importance de l'élaboration de critères de performance en matière d'expertise[719]. Cela conduit à envisager l'opportunité d'un approfondissement qualitatif des règles prévues.

2. L'approfondissement qualitatif

156. Écueils. – Les dispositions prévues pour l'expertise diligentée au sein d'une procédure participative sont satisfaisantes. Mais si elles ménagent un bon équilibre, leur analyse révèle une faiblesse consubstantielle à leur caractère contractuel. En effet, lorsqu'une partie ne joue plus le jeu, l'expertise est entravée, sans possibilité de déblocage. L'expert n'est investi d'aucun pouvoir particulier, et le juge est absent. L'expertise prend fin et le seul recours consiste dans la saisine d'un juge afin de voir ordonner une mesure d'expertise judiciaire. L'on pourrait y voir une perte de temps, voire un gâchis. La partie qui entrevoit que l'expertise lui est défavorable n'est-elle pas incitée à cesser de collaborer dans ces conditions ? À ces questions, la procédure participative répond en autorisant l'expert à poursuivre sa mission en l'état des seuls éléments dont il dispose… Cela apparaît une maigre consolation. Dans les faits, son rapport se heurtera inexorablement à la critique, ce qui donnera lieu à des discussions stériles et dilatoires devant le juge, vraisemblablement en prélude à une décision ordonnant une nouvelle expertise.

157. Passerelle. – Afin de pallier ces écueils, il serait envisageable de créer une passerelle permettant de convertir l'expertise

---

[717] NUÉE (A.), La déjudiciarisation de la preuve : source de méthodologie, Experts 2012, n° 101, p. 53.
[718] *Ibid.*
[719] V. *supra*, n° 41.

non judiciaire en expertise judiciaire, en adjoignant un suivi judiciaire à ce qui n'était jusqu'alors qu'un contrat. De la sorte, il ne serait pas nécessaire de saisir le juge une nouvelle fois pour voir ordonner une expertise judiciaire. Dans le même temps, en sortant du blocage, les parties se donneraient la chance d'aboutir quand même à un accord amiable.

La conversion pourrait, dans son régime, être conditionnée à l'existence d'un motif légitime apprécié comme étant ce qui justifie l'intervention du juge (opération supposant l'autorisation du juge, inertie d'une partie, méconnaissance par l'expert désigné de ses obligations…). Le juge compétent pourrait être le juge chargé du contrôle des expertises, dont la fonction se généraliserait. Celui-ci pourrait, en procédant à la conversion, décider du remplacement de l'expert si cela s'avérait nécessaire, modifier sa mission, et de manière plus générale exercer toutes les prérogatives qui lui sont reconnues en matière d'expertise judiciaire classique.

158. Transition. – Ce renforcement de la preuve que constitue l'expertise n'est envisageable que dans le cadre des relations des parties à l'expertise. Lorsqu'elle est opposée à un tiers, l'expertise change de nature en raison de son caractère non contradictoire à l'égard de ce dernier. Le droit à un bon expert doit alors être rendu effectif par la prise en considération des intérêts du tiers.

§ 2. L'expertise opposée aux tiers : un outil à reconsidérer

159. Mutation. – Dès lors qu'elle est opposée à un tiers, l'expertise ne peut plus être analysée comme une mesure d'instruction. Qu'elle soit réalisée unilatéralement ou non, à la demande du juge ou à l'initiative d'une partie, contradictoirement ou non à l'égard des parties, son caractère non contradictoire vis-à-vis des tiers manifeste indubitablement l'exclusion de ceux-ci du champ des opérations. Même si l'expertise est amiable entre les parties, elle est officieuse à l'égard du tiers. Elle ne saurait en effet être considérée, de son point de vue, comme le fruit d'une collaboration en vue d'établir une preuve commune ; elle constitue au contraire un élément à charge et unilatéral, sciemment invoqué par l'adversaire dans le cadre de la procédure qu'il a entendu mener contre le tiers sur la foi des conclusions de l'expert.

Le droit à un bon expert ne saurait conduire à proscrire de manière absolue cette pratique, ni à empêcher le juge de librement apprécier l'expertise. Il suffit de s'assurer que l'expertise ne soit pas dans ce contexte un instrument de subjugation du tiers. Sa vocation probatoire doit donc être atténuée, d'une façon tout aussi respectueuse du droit des parties au litige que du pouvoir souverain d'appréciation dont est censé disposer le juge en la matière (A). Il convient par ailleurs de reconsidérer les finalités de l'utilisation de l'expertise dans un tel contexte. Elle constitue en effet un véritable outil stratégique, indépendamment de tout objectif probatoire. Cette dimension souvent occultée pose de réelles difficultés au regard des droits fondamentaux (B).

A. La vocation probatoire équilibrée

160. Cohérence procédurale. – La limitation de la vocation probatoire de l'expertise opposée à un tiers passe par l'encadrement de ses modalités d'administration. Déchue du statut de mesure d'instruction, l'expertise ne saurait pour autant en être réduite à l'état de simple pièce. Le rapport recèle un avis, ce qui reste singulier. Aussi, si cet encadrement doit s'appliquer aux expertises non judiciaires, qu'elles aient été menées contradictoirement ou non à l'égard des parties, il a vocation à être identique à celui qui est prévu concernant les expertises judiciaires opposées à des tiers.

161. Notion de tiers. – La définition du tiers[720] n'est pas aisée car la notion de partie est elle-même difficile à cerner en l'absence de procédure juridictionnelle. En réalité, les parties à une expertise amiable sont celles qui se sont rapprochées afin de participer conjointement à la mesure d'expertise. Ce ne sont donc ni les parties à l'instance, qui n'existe pas, ni forcément les parties à la convention d'expertise (une personne peut avoir été associée à l'expertise et mise en mesure de s'y exprimer sans être formellement partie à la convention passée avec

[720] V. aussi *supra*, n° 119 et les réf. citées.

l'expert, ou bien l'expertise peut résulter de plusieurs conventions d'expertise, notamment lorsque plusieurs experts interviennent). Le tiers est à l'inverse celui qui n'a jamais été convoqué et qui n'a jamais eu l'occasion de s'exprimer devant l'expert[721]. L'expertise n'a jamais été diligentée à son contradictoire. Cette extériorité justifie l'inopposabilité des opérations d'expertise.

162. Inopposabilité conditionnée. – L'inopposabilité est une sanction procédurale qui s'intègre dans le processus d'administration de la preuve. Il s'agit d'un obstacle particulier à la recevabilité de la preuve qui devrait empêcher le juge d'utiliser l'expertise, même à titre de renseignement, dès lors qu'il en fait le fondement d'une condamnation contre le tiers.

Or, l'exclusion d'une preuve au stade de la recevabilité ne saurait intervenir que dans trois hypothèses[722] : si elle est inadmissible en application des règles probatoires de fond, si elle n'est pas administrée dans le respect des règles de procédure, ou encore si elle est déloyale ou illicite. Cette dernière hypothèse vise les cas où la preuve a été recueillie en violation de certaines règles techniques spécifiques aux preuves spéciales (par exemple, la nullité de l'expertise judiciaire pour violation du principe de la contradiction), ou en méconnaissance des principes généraux qui gouvernent la constitution du dossier probatoire (loyauté, droit au respect de la vie privée, secret protégé…). Au titre de ces principes généraux figure sans doute le respect de l'égalité des armes : l'admission d'un élément de preuve ne doit en aucun cas être de nature à placer l'une des parties dans une situation de net désavantage par rapport à l'autre. À l'inverse, le simple constat de l'absence de contradiction ne saurait justifier l'exclusion, dans la mesure où l'expertise n'est pas ici considérée comme étant une preuve spéciale soumise à une réglementation précise. Il en va de même de la partialité de l'expert qui ne saurait justifier l'irrecevabilité de la pièce, le plaideur

---

[721] Cass. 3e civ., 10 juin 1981, n° 79-15.021, Bull. civ. III, n° 117. – Cass. 1re civ., 7 mars 2000, n° 97-20.017, Bull. civ. I, n° 79, D. 2000, inf. rap. 91.
[722] Les réflexions suivantes s'inspirent de la théorie de la preuve proposée par VERGÈS (E.), Éléments pour un renouvellement de la théorie de la preuve en droit privé, art. préc.

pouvant produire toutes sortes de documents faisant état d'un parti pris à son bénéfice. Ces vices devront être pris en compte au stade de l'examen de la force probante, c'est-à-dire lors de l'appréciation du bien-fondé de la preuve qui vient après l'analyse de la recevabilité.

L'expertise visant à faire la preuve de faits juridiques, aucune exclusion ne peut être fondée sur le mode de preuve. De plus, judiciaire ou non, elle n'est pas une mesure d'instruction en tant qu'elle est opposée à un tiers. La nullité ne peut en être demandée[723], de sorte qu'elle n'est soumise à aucune règle technique particulière à l'égard du tiers, pour lequel les opérations demeurent simplement indifférentes. Le nerf de l'appréciation de la recevabilité est donc celui de savoir si elle est illicite au regard des principes gouvernant le droit de la preuve, et notamment celui de l'égalité des armes. C'est pourquoi le juge doit se livrer à une appréciation *in concreto* prenant en compte divers paramètres.

163. Appréciation mesurée. – Si l'inopposabilité est invoquée, le juge doit analyser la situation résultant de la production litigieuse afin d'apprécier si cette sanction est justifiée.

En premier lieu, il lui faut déterminer si le tiers dispose devant lui d'une possibilité suffisante de contester les conclusions de l'expert, au regard de la technicité des opérations, des autres éléments versés aux débats, et de son aptitude soit à produire à son tour un rapport privé de nature à soutenir ses allégations[724], soit à avancer des indices propres à justifier le recours à une expertise judiciaire. Rares seront les cas où le plaideur adverse se trouvera totalement démuni : il faudrait que les faits ne soient plus matériellement vérifiables.

En second lieu, il lui faut rechercher les causes de l'inopposabilité invoquée, afin de déterminer si l'absence d'association du tiers à l'expertise était réellement injustifiée ou si au contraire elle ne résulterait pas du manquement par l'une des parties à son obligation de

723 Cour de cassation, rapport annuel 2012, préc., p. 311.
724 V. *supra*, n° 77.

coopération probatoire. Le comportement réciproque des colitigants doit donc être pris en compte.

Ainsi, s'agissant du tiers, les questions suivantes se posent. Lors de la procédure, se contente-t-il d'invoquer l'inopposabilité, sans tenter de discuter le fond de l'affaire ? Dans l'affirmative, la procédure pourrait être instrumentalisée. Avant la procédure, avait-il été invité à participer à l'expertise ? En effet, l'égalité des armes n'est pas violée si l'inopposabilité résulte du seul refus du tiers d'intervenir à l'expertise diligentée[725]. Son attitude dilatoire n'est pas digne de protection : l'adage *nemo tenetur edere contra habetur* n'a plus de valeur juridique depuis l'instauration de l'article 10 du Code civil[726]. Concernant le demandeur, invoque-t-il une raison légitime au caractère non contradictoire de l'expertise à l'égard du tiers ? Explique-t-il pourquoi il n'a pas saisi le juge des référés d'une demande en ordonnance commune dès lors que la responsabilité du tiers est apparue comme probable[727] ? Fonde-t-il exclusivement ses demandes sur cette expertise ? Aurait-il pu recourir à d'autres éléments de preuve pour démontrer la véracité de ses allégations ?

Si l'examen de ces paramètres conduit au constat d'une violation de l'égalité des armes, et que cette ingérence dans le droit à la preuve de l'adversaire ne se révèle pas disproportionnée, l'expertise inopposable doit être écartée des débats. Le juge n'a donc pas à analyser les mérites de l'expertise en eux-mêmes. À l'inverse, si l'égalité n'est pas violée, le juge doit apprécier le contenu du rapport lui-même sans pour autant être le dépositaire d'un pouvoir infini à cet égard.

165. Liberté d'appréciation contrôlée. – L'examen des éléments de preuve est en principe soumis au pouvoir souverain des juges du fond, à l'exception des preuves parfaites. Or, l'expertise n'est jamais

---

[725] En ce sens, BÉRENGER (F.), Le juge ne peut déplafonner un loyer …, art. préc., n° 18.

[726] LAGARDE (X.), Réflexion critique sur le droit de la preuve, *op. cit.*, n° 128, p. 204.

[727] NUÉE (A.), La procédure participative : vers une extension des règles du procès équitable, art. préc. : l'auteur considère que le juge des référés aurait compétence pour rendre commune une expertise non judiciaire, mais cela n'est pas certain.

une preuve parfaite : la règle expressément prévue est qu'elle ne lie pas le juge[728], sans quoi ce dernier ne serait pas indépendant. Il n'y a aucune raison pour qu'à l'inverse elle le « délie » en lui imposant de ne pas la retenir comme fondement exclusif de sa décision ! Il convient de rappeler une fois encore que le pouvoir souverain n'est pas un pouvoir discrétionnaire[729], car le juge doit en toute hypothèse motiver sa décision notamment au regard des preuves qu'il entend retenir.

L'exigence de motivation n'est pas encore très développée s'agissant des preuves[730] et le contrôle de la Cour de cassation est généralement restreint[731]. Pourtant, c'est par son biais que devrait être sanctionné le comportement du juge qui, ne pouvant ignorer la fragilité d'une preuve, décide tout de même de lui conférer un poids prépondérant. Il est ainsi hors de question que le juge retienne à titre de preuve essentielle (et non pas seulement exclusive) un rapport ouvertement partial, ou établi par une personne dont la compétence n'est pas démontrée. Relativement à la technique de cassation, le moyen fondé sur un vice de motivation ne serait pas susceptible d'être atteint par le grief de nouveauté, puisqu'il est nécessairement né de la décision attaquée[732].

Ainsi, si le juge relève que l'expert commis était inscrit sur une liste, que ses conclusions sont en tous points objectives, que le défaut de contradiction est suffisamment comblé par la discussion ultérieure en raison du degré de technicité des opérations, et que le défendeur se contente d'une contestation formelle sans rien démontrer au fond, il devrait pouvoir fonder exclusivement sa décision sur cette expertise dont les garanties sont suffisantes. À l'inverse si le juge adopte les conclusions d'une expertise non contradictoire qui semble avoir été

---

[728] BEAUCHARD (J.), L'expertise judiciaire et les autres expertises au regard du principe de la contradiction, art. préc. – Illustration : Cass. 1re civ., 19 fév. 2013, n° 11-24.453, D. 2013, p. 1041, note GARAUD (E.).

[729] BACHELLIER (X.), Le pouvoir souverain des juges du fond, BICC 2009, n° 702, p. 18.

[730] VUITTON (X.), L'article 6 § 1 de la Convention EDH à l'assaut du pouvoir discrétionnaire du juge civil, JCP G 2014, doctr. 218.

[731] AYNÈS (A.), VUITTON (X.), Droit de la preuve, *op. cit.*, n° 649.

[732] Rapport annuel de la Cour de cassation, 2010, Doc. fr., p. 223.

menée par un expert en situation de dépendance, sans objectivité ou alors que le contradictoire s'imposait lors des opérations, la décision ne saurait retenir un tel élément. Le procès deviendrait inéquitable, le juge révélant une certaine partialité au profit de la partie qui invoque l'expertise.

166. Convergence. – Si un tel régime procédural était élaboré, le droit de la preuve resterait en adéquation avec ses principes et la sécurité juridique en serait préservée. Surtout, il aurait vocation à s'appliquer dès lors qu'un tiers est concerné, sans distinction entre les expertises, ce qui ne nuirait pas à la lisibilité des solutions[733]. La Cour de cassation se montre soucieuse d'aller vers plus de convergence, même si c'est pour l'instant en semblant étendre la solution retenue pour les expertises non judiciaires unilatérales aux expertises judiciaires opposées à des tiers[734].

Néanmoins, l'expertise non judiciaire opposée à un tiers conserve une part de spécificité. En effet, au-delà de sa vocation probatoire largement atténuée, elle joue indiscutablement un rôle stratégique qu'il convient de reconnaître.

B. La vocation stratégique révélée

167. Domaine de la fonction stratégique. – L'expertise non judiciaire unilatérale présente indéniablement un autre intérêt que celui de constituer une preuve. Même non contradictoire, elle constitue toujours une mesure prudente de nature à fournir une évaluation sur les enjeux et les risques d'une action en justice[735]. Mais lorsqu'elle est opposée à un tiers dans le cadre de l'instance, elle procède également d'une utilité stratégique car elle contribue significativement à l'amélioration de la situation de la partie. Dans ce cadre, les garanties du procès équitable n'ont pas à être respectées puisque le but n'est pas

---

733 AMRANI-MEKKI (S.), Expertise et contradictoire, vers une cohérence procédurale, art. préc.

734 Cass. 2e civ., 6 fév. 2014, n° 13-11.793, préc. – *Contra* Cass. 3e civ., 11 fév. 2014, n° 12-35.134.

735 BARBIER (J.-D.), Rapport d'expertise amiable, art. préc.

d'amener le juge à statuer au visa du rapport de l'expert, mais simplement d'apporter à celui qui le sollicite des informations.

Parler encore d'expertise en dehors du cadre probatoire peut paraître abusif. Mais si le mot de conseil pourrait être préféré à celui d'expert dans ce contexte[736], l'expert disant le vrai et le conseil l'utile[737], il n'en demeure pas moins que l'assistant reste expert, au moins étymologiquement. Il est acquis que l'expertise dépasse le cadre restreint du Code de procédure civile[738]. Cette vocation stratégique se manifeste de deux façons, l'expertise constituant à la fois un outil offensif et défensif (a). Eu égard à l'emprise du phénomène, il serait bon que cette fonction soit juridiquement appréhendée sous l'angle du droit à l'assistance technique (b).

a) La dualité des manifestations

168. Outil offensif. – L'expertise unilatérale peut procurer un avantage à la partie pour attaquer. En effet, elle peut être le moyen de récolter des preuves qui auront vocation à constituer des pièces parfaitement utilisables en justice. En s'adjoignant les conseils d'un expert technique, la partie pourra identifier les éléments pertinents pour accréditer sa thèse.

En outre, une expertise unilatérale est utile pour qualifier le motif légitime auquel est conditionnée la décision d'ordonner une mesure d'instruction judiciaire *in futurum*[739], ou l'assise factuelle nécessaire pour éviter de tomber sous le coup de l'article 146 du Code de procédure civile lorsque la mesure est sollicitée avant dire droit[740]. Dans le cadre de l'expertise judiciaire, l'expertise unilatérale initiale pourra également être fournie à l'expert qui pourra en apprécier les mérites et lui donner éventuellement le crédit dont elle est en droit de bénéficier.

---

[736] FASSIO (F.) et a., Non, l'expert de justice ne peut mentir !, art. préc.

[737] COMTE-SPONVILLE (A.), XVIIe congrès national des experts judiciaires, 22 oct. 2004, Marseille.

[738] V. les critiques de la notion d'expert de partie de OLIVIER (M.), Essai d'éthique judiciaire …, art. préc.

[739] Par ex., Rennes, ch. 4, 24 nov. 2011, n° 10/08237.

[740] Par ex., Aix-en-Provence, ch. 1 A, 21 janv. 2014, n° 13/02863.

169. Outil défensif. – Même si elle ne permet qu'imparfaitement de contester les résultats d'une expertise judiciaire afin de justifier une demande de nouvelle expertise[741], considérée comme moins faillible, elle est bien entendu susceptible de constituer un contrepoids à un autre rapport non judiciaire établi dans les mêmes conditions. De plus, cette expertise peut servir à soutenir la critique des allégations adverses, lorsque la charge de la preuve ne pèse pas sur celui qui invoque l'expertise[742].

Ces deux volets de la stratégie se rejoignent en un point : l'expertise privée assure une fonction d'assistance technique qui est digne d'intérêt.

b) Vers la reconnaissance d'un droit à l'assistance technique ?

170. Importance. – Afin de maîtriser les données des litiges techniques, l'assistance d'un expert du droit n'est pas suffisante. L'avocat-ingénieur[743] n'étant pas une réalité, ces deux qualités s'incarnent dans des personnes différentes. L'assistance technique permet à la partie qui en bénéficie de comprendre l'assise factuelle du dossier, et donc de mobiliser les bons arguments. En cela, cette situation concourt à assurer l'égalité des armes entre les parties[744]. Mais au-delà de l'avantage individuel procuré, l'assistance technique favorise la qualité de l'expertise. Une réunion n'est réellement efficace que si l'interlocuteur de l'expert possède lui-même les connaissances nécessaires pour parler la même langue que lui[745].

---

[741] SAUTEL (O.), La contre-expertise : analyse juridique sous le prisme de la contre-expertise médicale, art. préc. – Révélant l'insuffisance d'une expertise dite officieuse pour contester les résultats d'une expertise judiciaire : Nîmes, ch. com. 2, section B, 11 oct. 2012, n° 11/00169 ; Agen, ch. civ. 1, 13 janv. 2014, n° 13/00053. – Cass. 3e civ., 20 oct. 2009, n° 08-20.374 et Cass. 2e civ., 20 juin 2012, n° 11-16.970. – *Adde* CROZE (H.), Les possibilités de contestation des conclusions de l'expert : la contestation judiciaire ou arbitrale, la contre-expertise…, *in* Les experts, auxiliaires ou substituts du juge, Centre français de droit comparé, 2009, p. 71 s.

[742] Par ex., Riom, ch. civ. 1, 17 nov. 2011, n° 11/00103.

[743] MARGUÉNAUD (J.-P.), Le droit à l'expertise équitable, art. préc.

[744] DALBIGNAT-DEHARO (G.), Vérité scientifique et vérité judiciaire en droit privé, *op. cit.*, n° 312.

[745] PERROT (R.), RTD civ. 1992, p. 184.

Mais en dépit de l'importance pratique du phénomène, l'assistance technique n'est pas consacrée en droit positif. Les textes sont peu nombreux. En matière de mesures d'instruction judiciaires, l'article 161 du Code de procédure civile mentionne que les parties peuvent se faire assister lors de l'exécution d'une mesure d'instruction. Cette disposition laconique[746] permet à la partie de donner un mandat d'assistance à un technicien privé conforme aux prévisions de l'article 460 du Code de procédure civile dont l'existence et le contenu doivent être vérifiés par le technicien commis par le juge. À moins que cet assistant soit également celui qui représente la partie devant la juridiction (ce qui n'est envisageable que devant le tribunal de commerce où la représentation est totalement libre), il n'a pas le pouvoir de formuler des observations et des réclamations au nom de la partie (sauf si celle-ci contresigne les dires établis par celui-là). En matière d'expertise non judiciaire, celle-ci est parfaitement envisageable et parfois même légalement prévue. Il en va ainsi pour l'expertise organisée par les CRCI[747], et en matière d'accidents de la circulation, l'assureur a l'obligation d'informer la victime qu'elle peut se faire assister d'un médecin de son choix[748].

L'expertise se prête donc de plus en plus à une mise en abyme ; elle devient le théâtre de sous-expertises. Lorsque toutes les parties sont assistées, leurs experts s'affrontent et l'expert institué amiablement ou judiciairement devient un simple arbitre technique.

171. Incursion des droits fondamentaux. – L'égalité des armes n'est-elle pas menacée lorsque l'une des parties a les moyens de se faire assister mais pas l'autre ? Celle-ci n'a pas « les moyens effectifs de participer pleinement au discours technique »[749]. La question est vivace en matière médicale. Alors que les assureurs sont systématiquement assistés par un médecin-conseil, la victime, souvent démunie matériellement et psychologiquement, ne l'est pas forcément, et ce même si le principe de son indemnisation est acquis. Or, les arguments

[746] OLIVIER (M.), Modifications envisagées de certaines dispositions ..., art. préc.
[747] C. santé publ., art. L. 1142-12.
[748] Décr. n° 86-15, 6 janv. 1986 pris pour l'application de la L. n° 85-677, 6 juill. 1985.
[749] TGI Paris, ord. réf., 11 janv. 1984, RTD civ. 1984. 553, obs. NORMAND (J.).

avancés par le médecin-conseil peuvent peser lourd, sans que la victime ne puisse efficacement y répondre. Face à la détresse et à l'impuissance d'une partie et à l'avantage dont bénéficie l'autre, l'article 6 § 1 de la Convention européenne n'impose-t-il pas au juge de rétablir un équilibre en permettant à la partie désavantagée de se faire également assister ?

172. Provision *ad litem*. – L'un des moyens pour y parvenir consiste dans l'octroi à la partie non assistée d'une provision *ad litem* lui permettant de régler les frais d'un assistant[750].

Il s'agit incontestablement d'un outil adapté. À la différence des autres provisions, elle est moins une anticipation sur ce que sera la décision à intervenir au principal[751] qu'une mesure pour garantir à la partie demanderesse la possibilité d'organiser sa défense dans des conditions qui ne la placent pas dans une situation de net désavantage par rapport à son adversaire[752]. La provision *ad litem* permet à la partie faible l'accès à une contradiction de qualité, lui garantissant une possibilité de faire valoir ses droits convenablement.

Cette solution se heurte toutefois à des obstacles. En premier lieu, l'octroi d'une telle provision suppose la saisine d'un juge, ce qui nuance son application hors du cadre judiciaire. En second lieu, la combinaison de ce mécanisme avec le principe d'égalité des armes ne va pas de soi : il n'existe pas une obligation positive incombant à l'État d'imposer à l'autre partie l'obligation de préfinancer une recherche de preuve au profit de son contradicteur[753], même s'il revient à l'État d'organiser les rapports entre justiciables en vue d'améliorer l'accès à la justice[754].

Ces obstacles expliquent que les juges sont longtemps demeurés assez réticents à ordonner une telle provision en dehors des affaires de

---

[750] STRICKLER (Y.), Pour une nouvelle approche de la provision *ad litem*, D. 2013, p. 2588.
[751] *Ibid.*
[752] *Ibid.*
[753] Versailles, 14e ch., 19 juin 2013, n° 12/06311
[754] FOULON (M.), STRICKLER (Y.), Référé et provision pour le procès, Gaz. Pal. 3 sept. 2013, p. 37.

divorce ou de séparation de corps[755]. Les lignes pourraient néanmoins bouger. Dans le cadre de l'affaire du *Médiator*, certaines décisions des juridictions du fond ont alloué aux victimes une provision *ad litem* en même temps qu'elles ordonnaient une expertise[756]. En outre, si la Cour de cassation n'a finalement pu se prononcer après que le laboratoire Servier s'est désisté de son pourvoi, l'avis de l'avocat général se révélait favorable à l'allocation d'une provision *ad litem* dans ces circonstances[757].

---

755 AMRANI-MEKKI (S.), Droit judiciaire privé, JCP G 2008, I, 206, n° 18.

756 TGI Nanterre, ord. réf., 13 juin 2012, n° 13/01276, obs. préc. FOULON (M.) et STRICKLER (Y.) ; V. aussi Versailles, 14e ch., 12 sept. 2012, n° 11/08806. – *Contra*, Versailles, 14e ch., 19 juin 2013, n° 12/06311 ; 20 nov. 2013, n° 13/00513.

757 STRICKLER (Y.), Pour une nouvelle approche de la provision ad litem, art. préc.

173. Conclusion. – À l'aune du droit à un bon expert, l'expertise non judiciaire révèle tout son potentiel. En renforçant le statut procédural de l'expertise, le droit positif permettra à ce potentiel de s'exprimer pleinement.

En effet, loin d'être une simple expertise dans l'ombre de l'expertise judiciaire, appréhendée en négatif, irrémédiablement imparfaite, l'expertise non judiciaire constitue une preuve adaptée à son époque. Outil polymorphe déployant ses utilités tant sur le terrain de la preuve que sur celui de la pure stratégie, elle s'avère tout à la fois de nature à satisfaire les exigences d'un procès équitable et celles du principe naissant d'efficacité procédurale. La pratique en renforce quotidiennement les traits, et son importance grandit à mesure que le mouvement de déjudiciarisation gagne du terrain.

Pour être légitime et se libérer pleinement, l'expertise non judiciaire doit être davantage encadrée. Cela suppose à notre sens de dépasser l'opposition entre expertise judiciaire et expertise non judiciaire. Ces deux mesures répondent certes à des ambitions et à des besoins différents, mais elles participent essentiellement d'une même réalité qu'il convient de saisir comme un tout. Un socle commun de garanties pour les unir et des dispositions spéciales pour gouverner leurs singularités, une appréciation concrète et modulée des exigences, une déontologie de la mission d'expertise unifiée et clarifiée, l'instauration de passerelles, le renforcement du rôle du juge et de son exigence de motivation lorsqu'il statue… Tels peuvent être les jalons d'un futur régime de la preuve expertale. L'expertise du XXIe siècle doit être à la hauteur de son devenir : le chemin à suivre est probablement celui de la convergence et de la réunification.

BIBLIOGRAPHIE

Dictionnaires

ALLAND (D.), RIALS (S.) (dir.), Dictionnaire de la culture juridique, PUF, coll. Quadrige, Paris, 2003.
ANDRIANTSIMBAZOVINA (J.) et a., Dictionnaire des droits de l'homme, PUF, coll. Quadrige, Paris, 2008.
BOUSSAGUET (L.), JACQUOT (S.), RAVINET (P.) (dir.), Dictionnaire des politiques publiques, Presses de Sciences Po, 3e éd., Paris, 2010.
CADIET (L.) (dir.), Dictionnaire de la justice, PUF, Paris, 2004.
CORNU (G.), Vocabulaire juridique, PUF, coll. Quadrige, 10e éd., 2014.
GAFFIOT (F.), Dictionnaire latin-français, Hachette, Paris, 1934, p. 630.
ROLAND (H.), BOYER (L.), Adages du droit français, Litec, 4e éd., Paris, 1999.
Dictionnaire de Trévoux, t. 3, Compagnie des libraires associés, Paris, 1771.

Ouvrages, Monographies, Theses

AMBROISE-CASTÉROT (C.), BONFILS (P.), Procédure pénale, PUF, Paris, 2011.
ANDREWS (N.), The Three Paths of Justice : Court Proceedings, Arbitration, and Mediation, in England, Springer éd., 2012.
AROUET (F.-M.) dit VOLTAIRE, Œuvres complètes : correspondance générale, t. 2, Paris, 1817.
AUBRY (C.), RAU (C.), Cours de droit civil français, t. 6, Cosse, 3e éd., Paris, 1858.
AUSTIN (J.), How to do things with words, Londres, 1962, trad. fr., Les actes de langage, Hermann, Paris, 1972.
AYNÈS (A.), VUITTON (X.), Droit de la preuve : principes et mise en œuvre processuelle, LexisNexis, coll. Procédures, Paris, 2013.
BACHELARD (G.), La philosophie du non : essai d'une philosophie du nouvel esprit scientifique, PUF, coll. Quadrige, Paris, 2012.
BEIGNIER (B.), Droit des assurances, Montchrestien, coll. Domat droit privé, 2011.
BÉRARD (Y.), CRESPIN (R.) (dir.), Aux frontières de l'expertise. Dialogues entre savoirs et pouvoirs, Presses Universitaires de Rennes, Rennes, coll. « Res Publica », 2010.
BERGEAUD (A.), Le droit à la preuve, th., LGDJ, Paris, 2010.
BERGEL (J.-L.), Théorie générale du droit, Dalloz, Paris, 2004.
BINCTIN (N.), Droit de la propriété intellectuelle, LGDJ, 2e éd., Paris, 2012.

BONNIER (É.), Traité théorique et pratique des preuves en droit civil et en droit criminel, t. 1, Plon-Marescq, 4e éd., Paris, 1873.
BOURCIER (D.), DE BONIS (M.), Les paradoxes de l'expertise : Savoir ou juger, Synthélabo, Paris, 1999, p. 13.
CADIET (L.), JEULAND (E.), Droit judiciaire privé, LexisNexis, coll. Manuel, 8e éd., Paris, 2013.
CADIET (L.), NORMAND (J.), AMRANI-MEKKI (S.), Théorie générale du procès, PUF, coll. Thémis Droit, 2e éd., Paris, 2013.
CARBONNIER (J.), Droit civil, t. 1, Introduction. Les personnes, la famille, l'enfant, le couple, PUF, 1re éd., Quadrige, 2004.
CARBONNIER (J.), Flexible droit, LGDJ, 10e éd., Paris, 2001.
CHAGNY (M.), PERDRIX (L.), Droit des assurances, LGDJ, 2e éd., Paris, 2013.
CHAUVAUD (F.), Experts et expertise judiciaire : France, XIXe et XXe siècles, Presses universitaires de Rennes, 2004.
CORNEILLE (P.), Le Cid, Nathan, coll. Carrés classiques, Paris, 2006.
CORNU (G.), Regards sur le titre III du livre III du code civil, Les cours du droit, Paris, 1976-1977.
COUCHEZ (G.), LAGARDE (X.), Procédure civile, Sirey, 17e éd., Paris, 2014.
CROZE (H.), LAPORTE (Ch.), Guide pratique de procédure civile, LexisNexis, coll. Droit & professionnels, 4e éd., Paris, 2012.
CROZE (H.), MOREL (Ch.), Procédure civile, PUF, coll. Droit fondamental, Paris, 1988.
DALBIGNAT-DEHARO (G.), Vérité scientifique et vérité judiciaire en droit privé, th., LGDJ, Paris, 2004.
DEMARCHI (J.-R.), Les preuves scientifiques et le procès pénal, th., LGDJ, Paris, 2012.
DIAZ (C.), Le guide des expertises judiciaires, Dalloz, coll. Guides, Paris, 2013.
DOMAT (J.) par RÉMY (J.), Œuvres complètes de Jean Domat, vol. 1, Firmin Didot Père et Fils, Paris, 1828.
DUMOULIN (L.), LA BRANCHE (S.), ROBERT (C.), WARIN (Ph.), Le recours aux experts. Raisons et usages politiques, Presses universitaires de Grenoble, 2005.
FLOUR (J.), AUBERT (J.-L.), SAVAUX (É.), Les obligations, t. 3, Sirey, 8e éd., Paris, 2013.
FOURMENT (F.), Procédure pénale, Paradigme, Paris, 2011.
FOYER (J.), CORNU (G.), Procédure civile, PUF, 3e éd., Paris, 1996.
FRICERO (N.), JULIEN (P.), Procédure civile, LGDJ, 5e éd., Paris, 2014.

FRICERO (N.), POIVEY-LECLERCQ (H.), SAUPHANOR (S.), Procédure participative assistée par avocat, Lamy, coll. Axe droit, Paris, 2012.
FRISON-ROCHE (M.-A.), MAZEAUD (D.) (dir.), L'expertise, Dalloz, 1995.
GARAPON (A.) et a., Le procès civil en version originale : cultures juridiques comparées, livre numérique [format iBooks], LexisNexis, 2014.
GLASSON (E.-D.), TISSIER (A.), MOREL (R.), Traité théorique et pratique de procédure civile, t. 2, Sirey, 3e éd., Paris, 1925-1936.
GOUTTENOIRE (A) et a., Les grands arrêts de la Cour européenne des droits de l'Homme, PUF, coll. Thémis, Paris, 2011.
GUINCHARD (S.) (dir.), Droit et pratique de la procédure civile : droits interne et de l'Union européenne, Dalloz, coll. Dalloz action, 8e éd. 2014-2015, Paris, 2014.
GUINCHARD (S.), CHAINAIS (C.), FERRAND (F.), Procédure civile : droit interne et de l'Union européenne, Dalloz, coll. Précis, 32e éd., Paris, 2014.
GUINCHARD (S.), FERRAND (F.), CHAINAIS (C.), Procédure civile, Dalloz, coll. Hypercours, 3e éd., Paris, 2013.
HENRY (M.), Le devoir d'indépendance de l'arbitre, th., LGDJ, Paris, 2001.
HÉRON (J.), LE BARS (T.), Droit judiciaire privé, Montchrestien, coll. Domat droit privé, 5e éd., Paris, 2012.
JACQ (Ch.), Les maximes de Ptah-Hotep, Maison de vie, Paris, 2004.
JARROSSON (C.), La notion d'arbitrage, th., LGDJ, Paris, 1987.
JEULAND (E.), Droit processuel, LGDJ, Paris, 2007.
JEULAND (E.), Droit processuel, LGDJ, Paris, 2007.
JEULAND (E.), Droit processuel général, Montchrestien, Paris, 2012.
KULLMAN (J.) et a., Lamy Assurances 2014, Wolters-Kluwer, 2014.
LAGARDE (X.), Réflexion critique sur le droit de la preuve, th., LGDJ, Paris, 1998.
LECLERC (O.), Le juge et l'expert : contribution à l'étude des relations entre le droit et la science, th., LGDJ, 2005.
LE CORRE (P.-M.), Droit et pratique des procédures collectives, Dalloz, coll. Dalloz Action, Paris, 2013.
LÉVY-BRUHL (H.), La preuve judiciaire : étude de sociologique juridique, éd. Marcel Rivière, Paris, 1964.
LURQUIN (P.), Traité de l'expertise en toutes matières, t. 1, Bruylant, Bruxelles, 1985.
MALINVAUD (Ph.) (dir.), Droit de la construction, Dalloz, coll. Dalloz action, 6e éd., Paris, 2013.
MAZEAUD (H. et L.) par CHABAS (F.), Introduction à l'étude du droit, Leçons de droit civil, t. 1, LGDJ, 12e éd., Paris, 2000.
MOTULSKY (H.), Principes d'une réalisation méthodique du droit privé, Dalloz, Paris, 1991.

MOUSSA (T.) (dir.), Droit de l'expertise, Dalloz, coll. Dalloz action, 2e éd., Paris, 2011.
NIETZSCHE (F.), Le Gai savoir, Flammarion, Paris, 2007.
PETTITI (L.-É.), DECAUX (E.), IMBERT (P.-H.), La Convention européenne des droits de l'Homme : commentaire article par article, Economica, 2e éd., Paris, 1999.
POPPER (K.), La logique de la découverte scientifique, Payot, Paris, 1982.
RAVON (H.), Traité pratique et juridique de l'arbitrage et de l'expertise, éd. Ducher, Paris, 1898.
REBOUL (N.), Les contrats de conseil, th., Aix-en-Provence, PUAM, 1999.
RENUCCI (J.-F.), Traité de droit européen des droits de l'Homme, LGDJ, 2e éd., Paris, 2012.
RUELLAN (F.), MARIE (N.), Droit et pratique de l'expertise judiciaire, LexisNexis, coll. ENM, Paris, 2012.
SAYN (I.) (dir.), Le droit mis en barèmes ?, Dalloz, Paris, 2014.
SCHREIBER-MOURE (M.-P.), Constat d'huissier et droit à la preuve, th. Nice, 2013.
SOLUS (H.), PERROT (R.), Droit judiciaire privé, t. 3, Sirey, coll. Traités, 1991.
STAES (O.), Droit judiciaire privé, Ellipses, Paris, 2006.
STRICKLER (Y.), Procédure civile, Larcier, coll. Paradigme, 5e éd., Bruxelles, 2014.
TERRÉ (F.), Introduction générale au droit, Dalloz, coll. Précis, 9e éd., Paris, 2012.
ZAVARO (M.), Le guide de l'expertise judiciaire, Edilaix, Aix-en-Provence, 2012.

REPERTOIRES, ENCYCLOPEDIES

Répertoire Dalloz :

DOUCHY-OUDOT (M.), JOLY-HURARD (J.), Rép. proc. civ., v° Médiation et conciliation, 2013.
FERRAND (F.), Rép. proc. civ, v° Preuve, 2013.
FRICERO (N.), Rép. proc. civ., v° Procédure participative assistée par avocat, 2013.
LE TOURNEAU (Ph.), POUMARÈDE (M.), Rép. civ., v° Bonne foi, 2009.
LE TOURNEAU (Ph.), Rép. civ., v° Mandat, 2011.
MOURALIS (J.-L.), Rép. civ., v° Preuve (2°), 2011.
REDON (M.), Rép. proc. civ. et Rép. dr. imm., Mesures d'instruction confiées à un technicien, 2010.

Encyclopédie Juris-Classeur :

BERTOLASO (S.), J.-Cl. Responsabilité et assurances, v° Expert, Fasc. 375.
CHARPENTIER (S.), J.-Cl. Procédures formulaire, v° Expertise, Fasc. 10.
CROZE (H.), J.-Cl. Procédure formulaire, v° Procédure participative, Fasc. 10.
DUPICHOT (J.), GUÉVEL (D.), J.-Cl. Civil Code, art. 1349 à 1353, Fasc. 10.
GENIN MÉRIC (R.), MARTEL-EMMERICH (C.), J.-Cl. Procédure civile, v° Mesures d'instruction exécutées par un technicien. Les trois modalités de l'intervention du technicien, Fasc. 662.
MOURALIS (J.-L.), Rép. civ., 2011, v° Preuve (2°), n°s 36-37.
OUDIN (M.), J.-Cl. Civil Code, art. 1341 à 1348, Fasc. 10.
STRICKLER (Y.) et FOULON (M.), J.-Cl. Procédure civile, v° Modes alternatifs de résolution des litiges, Fasc. 1000.

ARTICLES

AMBROISE-CASTÉROT (C.), Des contradictions dans le contradictoire en matière d'expertise pénale, in Mél. Burgelin, Dalloz, 2008, p. 19.
AMMAR (D.), Preuve et vraisemblance, RTD civ. 1993, p. 499.
AMRANI-MEKKI (S.), Droit judiciaire privé, JCP G 2008, I, 206.
AMRANI-MEKKI (S.), Expertise et contradictoire : vers une cohérence procédurale ?, JCP G 2012, note 1200.
BACHELLIER (X.), Le pouvoir souverain des juges du fond, BICC 2009, n° 702, communications, p. 18.
BARBIER (J.-D.), Rapport d'expertise amiable, Administrer 2010, n° 430, p. 21-23.
BEAUCHARD (J.), L'expertise judiciaire et les autres expertises au regard du principe de la contradiction, BICC hors série, 2004.
BEAUCHARD (J.), RGDA 2003, p. 583.
BELLET (P.), Les opérations d'expertises, in l'expertise dans les principaux systèmes juridiques d'Europe, Travaux et recherches de l'Institut de droit comparé de Paris, vol. XXXII, 1969, p. 62 s.
BEN HADJ YAHIA (S.), Qualités et effets de l'expertise dans le contentieux de l'assurance, RCA 2010, étude 7.
BÉRENGER (F.), Le juge ne peut déplafonner un loyer en se fondant exclusivement sur une expertise non contradictoire, Annales des loyers 2010, n° 4, pp. 802-809.
BERGER (M.), KLEIMAN (E.), La nature et le régime juridique de la mission d'expertise irrévocable, Gaz. Pal. 7 avr. 2008, n° 108, p. 10.

BERNARD (A.), Le contradictoire : source d'autorité légitime pour l'expert, Experts 2012, n° 104, pp. 8-10.
BOCCARA (V.), Du droit de la preuve au droit à la preuve, question de mots ou changement de cap ?, LPA 31 mai 2013, p. 5.
BOLARD (G.), Les principes directeurs du procès civil : le droit positif depuis Henri Motulsky , JCP G 1993, I, 3693.
BOUCHE (N.), Une contrariante contradiction, Prop. ind. 2013, comm. 28.
BREDIN (J-D.), Le doute et l'intime conviction, Droits 1996, n° 23, p. 21 s.
CADIET (L.), L'hypothèse de l'américanisation de la justice française, Arch. phil. droit 2001, 45, pp. 89-115.
CADIET (L.), Panorama des modes alternatifs de règlement des conflits en droit français, [http://www.ritsumei.ac.jp/acd/cg/law/lex/rlr28/CADIET2.pdf], accédé le 1er juin 2014.
CADIET (L.), Procès équitable et modes alternatifs de règlement des conflits, *in* DELMAS-MARTY (M.), MUIR-WATT (H.) et RUIZ-FABRI (H.) (dir.), Variations autour d'un droit commun, Société de législation comparée, Paris, 2002, p. 89 s.
CAUSSE (H.), L'indépendance des experts judiciaires, une actualité brûlante, D. 2010, p. 242.
CAVALIER (G.), Principe du contradictoire en matière d'expertise amiable, D. 2005, p. 46.
CAVALIER (G.), Une position mi-figue mi-raisin sur l'expertise unilatérale, L'argus de l'assurance, mars 2013, n° 849.
CESARO (J.-F.), Avant-propos, *in* Rapport annuel de la Cour de cassation, 2012, Doc. fr., pp. 85-95.
CHARTIER (Y.), La notion d'erreur grossière d'un expert de l'article 1843-4 du code civil et les pouvoirs consécutifs des tribunaux, D. 2005, p. 432.
CHOLET (D.), La sanction de l'expertise judiciaire irrégulière, une voie de plus en plus étroite, JCP G 2013, note 15.
CLAY (T.), L'arbitre, th., Dalloz, Paris, 2001.
CONTIS (N.), Le procès civil et les mesures avant dire droit, JCP G 2010, I, 1132.
CORNU (G.), La bonté du législateur, RTD civ. 1991, p. 283.
CROZE (H.), Les possibilités de contestation des conclusions de l'expert : la contestation judiciaire ou arbitrale, la contre-expertise, *in* Les experts, auxiliaires ou substituts du juge, Centre français de droit comparé, 2009, p. 71 s.
DAOUD (E.), GHRÉNASSIA (C.), L'expertise à l'épreuve de la contradiction : errare expertum est, AJ pénal 2011, p. 560.

DE FONTBRESSIN (P.), L'effet transcendantal de la Convention européenne des droits de l'Homme in Mél. L.-E. Pettiti, Bruylant, Bruxelles, 1998, pp. 231-250.
DEHARO (G.), La nature des actes d'huissier de justice, Gaz. Pal. 30 janv. 2007, n° 30, p. 2.
DEHARO (G.), Quelle certitude pour l'expertise, in FAVRO (K.) (coord.), L'expertise : enjeux et pratiques, Lavoisier, Paris, 2009, pp. 7-16.
DELEBECQUE (Ph.), BRETZNER (J.-D.), DARRET-COURGEON (I.), Droit de la preuve, D. 2013, p. 2802.
DENGLOS (M.), Complexité des litiges, diversité et profusion des connaissances : l'expertise de justice, vers une inévitable collégialité ?, Experts 2012, n° 100, p. 57.
DUMAS (R.), La conciliation prétorienne des droits fondamentaux processuels avec les spécificités de l'expertise judiciaire civile : un bilan mitigé, Revue des droits et libertés fondamentaux Grenoble, 2013, chron. 17.
DUMOULIN (L.), De l'impact des experts judiciaires sur la fabrique de la justice : d'une justice imposée à une justice négociée, *in* DUMOULIN (L.), LA BRANCHE (S.), ROBERT (C.), WARIN (Ph.), Le recours aux experts. Raisons et usages politiques, Presses universitaires de Grenoble, 2005, pp. 245-265.
ENCINAS DE MUNAGORRI (R.) et GJIDARA (M.), L'expert judiciaire est-il un collaborateur occasionnel de la justice ?, Experts 2011, n° 99, pp. 10-16.
ENCINAS DE MUNAGORRI (R.), LECLERC (O.), Les apports de la théorie juridique à la délimitation de l'expertise : réflexions sur le lien de droit, in BÉRARD (Y.), CRESPIN (R.) (dir.), Aux frontières de l'expertise. Dialogues entre savoirs et pouvoirs, Presses Universitaires de Rennes, coll. « Res Publica », Rennes, 2010, pp. 197-210.
ENCINAS DE MUNAGORRI (R.), LECLERC (O.), Théorie du droit et expertise : conclusion prospective sur les apports de l'analyse juridique, *in* ENCINAS DE MUNAGORRI (R.) (dir.), Expertise et gouvernance du changement climatique, LGDJ, coll. « Droit et société », t. 51, Paris, 2009, pp. 199-229.
ENCINAS DE MUNAGORRI (R.), Quel statut pour l'expert ?, RFAP 2002, pp. 379-390.
FASSIO (F.), KERISEL (J.-B.), LOEPER (P.), Non, l'expert de justice ne peut mentir !, Experts 2012, n° 101, p. 25.
FAVRET (J.-M.), Le principe de précaution ou la prise en compte par le droit de l'incertitude scientifique et du risque virtuel, D. 2001, p. 3462.
FERRÉ-ANDRÉ (S.), Le technicien dans la procédure participative, AJ Famille 2013, n° 10, p. 543.

FIORI-KHAYAT (C.), L'arrêt du 17 mars 2011 sur les experts traducteurs : servitudes et grandeurs expertales, Gaz. Pal. 2011, n°s 107-109, jur. p.15-18.
FORESTIER (J.-P.), Quand le sort du contradictoire devient contradictoire en matière d'expertise immobilière, Gaz. Pal. 5 mai 2012, n° 126, p. 31.
FOSSIER (T.), LEVÊQUE (F.), Le presque vrai et le pas tout à fait faux : probabilités et décision juridictionnelle, JCP G 2012, doctr. 427.
FOULON (M.), STRICKLER (Y.), Référé et provision pour le procès, Gaz. Pal. 3 sept. 2013, n° 246, p. 37.
FRANÇOIS (G.), La réception de la preuve biologique : étude comparative de droit civil et droit pénal, th. Paris I, 2004, p. 491.
FRÉJABUE (M.), LISSARRAGUE (B.), Du contradictoire au bla-bla-toire, Experts 2008, n° 80, pp. 19-21.
FRICERO (N.), Expertise amiable : vous avez dit « amiable » ?, Procédures 2013, alerte 31.
FRICERO (N.), L'impartialité de l'expert, un élément clef de l'expertise équitable, in Mél. D. Tricot, Dalloz-Litec-LexisNexis, 2011, p. 355.
FRICERO (N.), La Convention européenne de sauvegarde des Droits de l'Homme, un nouvel instrument de régulation de l'éthique du juge judiciaire ?, Mél. J. Buffet, La procédure en tous ses états, LPA-LGDJ 2004, p. 2305.
FRICERO (N.), La mise en état : entre tradition et modernité, Procédures 2012, dossier 7.
FRICERO (N.), Modes alternatifs de règlement des conflits et procès équitable, in Mél. G. Cohen-Jonathan, vol. 1, Bruylant, 2004, p. 839.
FRICERO (N.), Procédure civile, D. 2012, p. 269.
FRISON-ROCHE (M.-A.), La procédure de l'expertise, *in* FRISON-ROCHE (M.-A.), MAZEAUD (D.) (dir.), L'expertise, Dalloz, 1995, p. 109 s.
FRISON-ROCHE (M.-A.), La procédure injuste, in FRISON-ROCHE (M.-A.), BARANES (W.), De l'injuste au juste, Dalloz, Paris, 1997, p. 82.
GIRARD (M.), La souffrance dans le paysage médical, Gaz. Pal. 2014, n° 46, p. 13.
GJIDARA (S.), La motivation des décisions de justice : impératifs anciens et exigences nouvelles, LPA 26 mai 2004, p. 3.
GARAPON (A.) (dir.), Incertitude et expertise : l'expertise française sous le regard international, *in* Séminaire risques, assurances, responsabilités 2004-2005, le traitement juridique et judiciaire de l'incertitude, 2004.
GOUBEAUX (G.), Le droit à la preuve, *in* PERELMAN (C.) et FORIERS (P.) (dir.), La preuve en droit, Travaux du centre national de recherche logique, Bruxelles, Bruylant, 1981, pp. 277-301.
GROUTEL (H.), Preuve : expertise amiable, RCA 2003, n° 6, comm. 170.

G'SELL-MACREZ (F.), Vers la justice participative ? Pour une négociation à l'ombre du droit, D. 2010, p. 2450.
GUINCHARD (S.), La gestion des conflits d'intérêts du juge : entre statut et vertu, Pouvoirs 2013/4, n° 147, pp. 79-90, spéc. p. 80.
GUINCHARD (S.), Le procès équitable : garantie formelle ou droit substantiel ?, in Mél. G. Farjat, Philosophie et droit économique. Quel dialogue ?, éd. Frison-Roche, 1999, pp. 139-173.
HARAVON (M.), Dix années de réforme de la procédure civile anglaise : révolte ou révolution ?, RIDC 4-2004, p. 825.
HARNAY (S.), L'analyse économique de l'expertise judiciaire : quelques éléments et pistes de recherche, 2007, [http://www.courdecassation.fr/formation_br_4/2007_2254/expertise_judiciaire_10912.html], accédé le 1er juin 2014.
HEINTZ (D.), Sur les regards allemands et autrichiens, in Expertise civile et procès équitable en Europe, coll. Cercle France-Amériques, 15 déc. 2009, [http://www.france-ameriques.org/151209.pdf], accédé le 1er juin 2014.
HÉLIN (J.-C.), Urbanisme et démocratie, AJDA 1993, p. 184.
HOUSSIN (D.), Indépendance et expertise : santé publique et prévention des conflits d'intérêts, Pouvoirs 2013, n° 147, pp. 111-121.
JARROSSON (C.), L'expertise équitable, *in* Mél. S. Guinchard, Paris, Dalloz, 2010, p. 731.
JEULAND (E.), CHARBONNEAU (C.), Le caractère contradictoire du rapport d'expertise : une contradiction en haut lieu ?, JCP G 2012, doctr. 340, n° 24.
JEULAND (E.), L'énigme du lien de droit, RTD civ. 2003, p. 455.
JEULAND (E.), Preuve judiciaire et culture française, rapport français, colloque de l'association internationale de procédure, Preuve et culture, 2003.
JULIEN (P.), Principe de la contradiction et expertise en droit privé, *in* Mél. J. Buffet, La procédures en tous ses états, LPA-LGDJ, 2004, p. 293 s.
KINSCH (P.), Entre certitude et vraisemblance, le critère de la preuve en matière civile, *in* Mél. G. Wierderkehr, Dalloz, Paris, 2009.
LACAN (J.), Fonctions de la psychanalyse en criminologie, in Ecrits, Paris, Seuil, 1966, p. 138.
LAGARDE (X.), Finalités et principes du droit de la preuve : ce qui change, JCP G 2005, I, 133.
LAMANDA (V.), L'expert et le procès équitable : une relation qui s'harmonise, Experts 2013, n° 111, pp. 4-5.
LARDEUX (G.), Du droit de la preuve au droit à la preuve, D. 2012, p. 1596.
LASSERRE-KIESOW (V.), La vérité en droit civil, D. 2010, p. 907.
LECLERC (O.), L'indépendance de l'expert, in FAVRO (K.) (coord.), L'expertise : enjeux et pratiques, Lavoisier, Paris, 2009, pp. 167-180.

LECLERC (O.), La distinction entre la preuve en droit et la preuve en science est-elle pertinente ?, *in* TRUILHÉ-MARENGO (E.) (dir.), Preuve scientifique, preuve juridique, Larcier, coll. Droit des technologies, Bruxelles, 2012, pp. 53-76.
LEMMENICIER (B.), L'économie de la justice : du monopole d'État à la concurrence privée ?, Justices 1995, n° 1, p. 134.
LENCOU (D.), DE FONTBRESSIN (P.), La procédure participative, une nouvelle vie pour les listes d'experts, Annonces de la Seine 2012, n° 13.
LÉVY (Ph.), L'évolution de la preuve, des origines à nos jours, *in* Société Jean Bodin pour l'histoire comparative des institutions, vol. XVII, p. 38.
LISSARRAGUE (B.), L'expert et les dires des parties, Experts 1996, n° 31.
LOQUIN (E.), La dualité du régime de la responsabilité de l'arbitre, JCP G 2014, doctr. 255.
LOQUIN (E.), Les garanties de l'arbitrage, LPA 2 oct. 2003, p. 13.
MAGNIER (V.), La notion de justice impartiale, JCP G 2000, I, 252.
MARGUÉNAUD (J.-P.), L'équité, l'expertise et l'expert, Experts 2004, n° 63.
MARGUÉNAUD (J.-P.), Le droit à « l'expertise équitable », D. 2000, chron., p. 111.
MATET (P.), Indépendance et autorité de l'expert, *in* Expertise civile et procès équitable en Europe, coll. Cercle France-Amériques, 15 déc. 2009, [http://www.france-ameriques.org/151209.pdf], accédé le 1er juin 2014.
MAZEAUD (D.), L'expertise de droit travers l'amicus curiæ, *in* FRISON-ROCHE (M.-A.), MAZEAUD (D.) (dir.), L'expertise, Dalloz, 1995, p. 109 s.
MAZEAUD (D.), Loyauté, solidarité, fraternité : la nouvelle devise contractuelle ?, Mél. F. Terré, Dalloz, Paris, 1999, p. 60.
MEKKI (M.), Preuve et vérité, rapport français, Journées internationales de l'Association Henri Capitant, 2013.
MEMETAU (G.), Le juge ignorant la médecine ?, Gaz. Pal. 8 fév. 2014, n° 39, p. 12.
MESTRE (P.), Les experts auxiliaires de la justice civile, th., Paris, 1937.
MEZERETTE (J.-Y.), Le point de vue du philosophe, Experts 2002, n° 57.
MOTULSKY (H.), Le droit naturel dans la pratique jurisprudentielle : le respect des droits de la défense en procédure civile, *in* Mél. P. Roubier, t. 2, Dalloz, Paris, 1961, p. 175.
MOTULSKY (H.), Notions générales, in L'expertise dans les principaux systèmes juridiques d'Europe, Travaux de recherche de l'Institut de droit comparé de Paris, XXXII, Paris, Éd. de l'épargne, 1969, p. 18.
MOULY-GUILLEMAUD (C.), La sentence « nul ne peut se constituer de preuve à soi-même » ou le droit de la preuve à l'épreuve de l'unilatéralisme, RTD civ. 2007, p. 253.

MOURY (J.), Les limites de la quête en matière de preuve : expertise et jurisdictio, D. 2009, p. 665.
MOUSSA (T.), L'expertise judiciaire et les autres expertises au regard du principe de la contradiction, BICC hors série, 2004.
NAMIN (L.), L'expertise judiciaire à l'épreuve de la libre prestation de services, L'argus de l'assurance, 2011, n° 831.
NORMAND (J.), Remarques sur l'expertise judiciaire au lendemain du nouveau code de procédure civile, Mél. J. Vincent, Dalloz, 1981, p. 255.
NUÉE (A.), La déjudiciarisation de la preuve : source de méthodologie, Experts 2012, n° 101, p. 53.
NUÉE (A.), La procédure participative et l'expertise de justice, Experts 2012, n° 105, p. 4.
OLIVIER (M.), Essai d'éthique judiciaire en matière d'expertise, Gaz. Pal. 16 nov. 2004, n°321, p. 10.
OLIVIER (M.), Modifications envisagées de certaines dispositions du nouveau Code de procédure civile ayant trait aux mesures d'instruction confiées à des techniciens, Gaz. Pal. 28 fév. 2002, n° 59, p. 2.
OPPETIT (B.), Les rôles respectifs du juge et du technicien dans l'administration de la preuve en doit privé, Xe colloque des instituts d'études judiciaires, PUF, 1976, p. 54.
PÉCHARD (A.), Justice du 21e siècle : la profession fait front commun pour être entendue, Dalloz act., 12 fév. 2014.
PECKELS (B.), Expertise d'assurance et/ou expertise judiciaire, Experts 2009, n° 84, pp. 11-15.
PENNEAU (A.), L'expertise, l'impartialité et le conflit d'intérêts, D. 2003, p. 2260.
PERROT (R.), Expertise amiable, Procédures 2002, comm. 200.
PÉTON (P.), ZORN (C.), Le contradictoire de l'expertise à l'épreuve de l'examen clinique, Experts 2014, n° 113, pp. 12-14.
PEYROUTY (P.), La norme NF X 50-110 « qualité en expertise » : situation actuelle et perspectives, Experts 2010, n° 92, pp. 36-39.
PRÉVOST (J.-B.), L'indépendance des experts, Gaz. Pal. 11 juill. 2009, n° 192, p. 9.
PUEL (X.), L'impartialité objective de l'expert au regard de son activité professionnelle, JCP G 2014, 735.
RENUCCI (J.-F.), L'expertise pénale et la Convention européenne des droits de l'Homme, JCP G 2000, I, 227.
ROBERT (A.), La responsabilité civile de l'expert judiciaire, D. 2013, p. 855.
SARRAILHÉ (Ph.), Rapport introductif, La diversité des experts et leurs traits communs, in Les experts, auxiliaires ou substituts du juge, 2009, Centre français de droit comparé, p. 17.

SAUTEL (O.), La contre-expertise : analyse juridique sous le prisme de la contre-expertise médicale, Procédures 2011, étude 8.
SCHWAB (K.-H), rapport allemand, in L'expertise dans les principaux systèmes juridiques d'Europe, Travaux et recherches de l'Institut de droit comparé de Paris, vol. XXXII, 1969, p. 91 s.
SÉNÉ (L.), L'exécution de l'expertise judiciaire en matière civile, Gaz. Pal. 1er sept. 2007, n° 244, p. 2.
STAGNARA (M.), L'expert d'assurance est-il indépendant ?, Experts 2005, n° 66, pp. 32-33.
STOFFEL-MUNCK (Ph.), France Télécom peut se constituer preuve à elle-même, comm. com. électr. 2003, comm. 111.
STRICKLER (Y.), Pour une nouvelle approche de la provision *ad litem*, D. 2013, p. 2588.
TARZIA (T.), Les pouvoirs d'office du juge en matière de preuve, *in* Mél. R. Perrot, Dalloz, 1996, p. 474.
TESTU (F.-X.), Présentation générale, *in* FRISON-ROCHE (M.-A.), MAZEAUD (D.) (dir.), L'expertise, Dalloz, 1995, p. 87 s.
VERGÈS (E.), Chronique de procédure civile, Lexbase Hebdo 20 déc. 2012, n° 510, n° N5073BT3.
VERGÈS (É.), Éléments pour un renouvellement de la théorie de la preuve en droit privé, in Mél. J-H. Robert, LexisNexis, Paris, 2012, p. 853.
VERGÈS (E.), La réforme du droit de la preuve civile : enjeux et écueils d'une occasion à ne pas manquer, D. 2014, p. 617.
VIGOUROUX (Ch.), RICHARD (J.), Du droit mou au droit souple, AJDA 2013, p. 1825.
VUITTON (X.), L'article 6 § 1 de la Convention EDH à l'assaut du pouvoir discrétionnaire du juge civil, JCP G 2014, doctr. 218.
VUITTON (X.), Longue vie à l'expertise officieuse !, Droit et procédures 2013, n° 3, pp. 50-54.
WIEDERKEHR (G.), Droits de la défense et procédure civile, D. 1978, chron., p. 36.
WIEDERKEHR (G.), La notion de grief et les nullités de forme dans la procédure civile, D. 1984, chron., p. 165.

NOTES ET OBSERVATIONS DE JURISPRUDENCE

AMRANI-MEKKI (S.), note ss. Cass. ch. mixte, 28 sept. 2012, n° 11-18.710, JCP G 2012, note 1200.

AMRANI-MEKKI (S.), obs. ss. Cass. 2e civ., 29 nov. 2012, n° 11-10.805, Gaz. Pal. 25 mai 2013, n° 122, p. 42.

AMRANI-MEKKI (S.), obs. ss. Cass. 2e civ., 29 nov. 2012, n° 11-10.805, Gaz. Pal. 2013, jurispr., 42.

ARHAB (F.), obs. ss. Cass. 2e civ., 17 avr. 2008, n° 07-16.824, RDSS 2008, p. 572.

AVENA-ROBARDET (V.). obs. ss. Cass. 2e civ., 11 janv. 2006, n° 04-11.129, D. 2006, p. 1149.

BARBIER (J.-D.), obs. ss. Cass. 3e civ., 3 fév. 2010, n° 09-10.631, Administrer 2010, n° 430, pp. 21-23.

BEAUCHARD (J.), note ss. Cass. 1re civ., 11 mars 2003, n° 01-01.430, RGDA 2003, 583.

BÉNABENT (A.), note ss. Cass. 1re civ., 28 mars 1995, n° 92-16.270, JCP G 1995, II, 22539.

BÉRENGER (F.), obs. ss. Cass. 3e civ., 3 fév. 2010, n° 09-10.631, Ann. loyers 2010, n° 4, pp. 802-809.

BINET (J.-R.), obs. ss. Cass. ass. plén., 11 déc. 1992, n° 91-12.373, RGDM 2013, p. 163.

BLANC (G.), obs. ss. Cass. com., 16 mars 2010, n° 09-12.008, Rev. proc. coll. 2010, p. 34.

BLÉRY (C.), MAZEAUD (V.), RASCHEL (L.), obs. ss. Cass. com., 19 nov. 2013, n° 12-20.143, Procédures 2014, chron. 2.

BOILLOT (Ch.), obs. ss. Cass. com., 22 oct. 2012, n° 11-23.864, LPA 6 mai 2013, p. 7.

BOISSEAU-SOWINSKI (L.), obs. ss. Cass. 3e civ., 3 fév. 2010, n° 09-10.631, Dr. patr. 2013, p. 26.

BOUCHE (N.), obs. ss. Cass. com., 29 janv. 2013, n° 11-28.205, Prop. ind. 2013, comm. 28.

BRAULT (Ph.-H.), obs. ss. Cass. 3e civ., 3 fév. 2010, n° 09-10.631, Loyers et copr. 2010, comm. 137.

BRETZNER (J.-D.), Cass. 1re civ., 5 avr. 2012, n° 11-14.177 : Bull. civ. I, n° 85, D. 2012, p. 2826.

BRETZNER (J-D.), obs. ss. Cass. ch. mixte, 28 sept. 2012, n° 11-18.710, D. 2012, p. 2802,

BRUSORIO-AILLAUD (M.), obs. ss. Cass. 2e civ., 17 avr. 2008, n° 07-16.824, JCP G 2008, II, 10145.

BUGADA (A.), obs. ss. Cass. soc., 23 oct. 2013, n° 12-22.342, Procédures 2014, comm. 12.
BUGNICOURT (J.-Ph.), obs. ss. Cass. 2e civ., 14 mai 2009, n° 09-11.466, RLDC 2009, p. 26.
CADIET (L.), obs. ss. Cass. com., 18 fév. 1992, n° 89-19.330, JCP G 1992, I, 3629.
CARON (Ch.), obs. ss. Cass. 1re civ. 13 fév. 2007, n° 05-12.016, JCP G 2007, I, 176.
CARON (Ch.), obs. ss. Cass. com., 29 janv. 2013, n° 11-28.205, JCP E 2014, p. 41.
CAVALIER (G.), obs. ss. Cass. 1re civ., 11 mars 2003, n° 01-01.430, D. 2005, p. 46.
CHARTIER (Y.), note ss. Cass. 1re civ., 25 janv. 2005, n° 01-10.395, D. 2005, p. 432.
CLAY (T.), obs. ss. Cass. 1re civ., 15 mai 2008, n° 07-15.673, JCP G 2008, I, 44.
COHEN-JONATHAN (G.), obs. ss. CEDH, 8 juill. 1986, Lithgow et a. c. Royaume-Uni, nos 9006/80, 9262/81, 9263/81, 9265/81, 9266/81, 9313/81, 9405/81, 9405/8, Cah. dr. eur. 1988, p. 481.
COUILLARD (A.), obs. ss. Cass. 1re civ. 13 fév. 2007, n° 05-12.016, JCP E 2007, p. 17.
COUSSIRAT-COUSTÈRE (V.), obs. ss. CEDH, 24 mai 1989, Haushildt c. Danemark, n° 6486/83, AFDI 1991, p. 585.
COUSSIRAT-COUSTÈRE (V.), obs. ss. CEDH, 8 juill. 1986, Lithgow et a. c. Royaume-Uni, nos 9006/80, 9262/81, 9263/81, 9265/81, 9266/81, 9313/81, 9405/81, 9405/8, AFDI 1987, p. 239.
COUTURIER (G.), obs. ss. Cass. com., 17 sept. 2013, n° 12-17.741, BJS 2013, p. 750.
DEHARO (G.), note ss. Cass. 1re civ., 1er fév. 2012, n° 10-18.853, JCP G 2012, doctr. 296.
DESSUET (P.), obs. ss. Cass. 3e civ., 22 juin 2011, n° 10-16.308 , RD imm. 2011, p. 509.
DU RUSQUEC (E.), obs. ss. Cass. 2e civ., 2 déc. 2004, n° 02-20.205, Gaz. Pal. 7 sept. 2006, n° 250, p. 20.
DU RUSQUEC (E.), obs. ss. Cass. 2e civ., 7 nov. 2002 n° 01-11.672, Gaz. Pal. 6-7 août 2003, n° 219, p. 15.
DU RUSQUEC (E.), note ss. Cass. 3e civ., 23 mars 2005, n° 04.11-455, Gaz. Pal. 2006, somm., p. 3469.
DUPOND (N.), obs. ss. Cass. 1re civ., 16 oct. 2008, n° 07-15.778, Gaz. Pal. 30 nov. 2008, p. 33.

DUPONT (N.), note ss. Cass. ch. mixte, 28 sept. 2012, n° 11-18.710, D. 2012, p. 2317.

FAGES (B.), obs. ss. Cass. 2e civ., 22 oct. 2009, n° 07-21.847, RTD civ. 2009, p. 32.

FLAUSS (J.-F.), obs. ss. CEDH, 18 mars 1997, Mantovanelli c. France, n° 21497/93, RGDP 1998, p. 238.

FRICERO (N.), obs. ss. CEDH, 18 fév. 2010, Baccichetti c. France, n° 22584/06, Procédures 2010, comm. 119.

FRICERO (N.), obs. ss. Cass. 1re civ., 6 oct. 2010, n° 09-10.530, D. 2011, p. 265.

FRICERO (N.), obs. ss. Cass. ch. mixte, 28 sept. 2012, n° 11-18.710, D. 2013, p. 269.

FRICERO (N.), obs. ss. Cass. ch. mixte, 28 sept. 2012, n° 11-11.381, D. 2012, p. 2317 et 2013, p. 275.

FRICERO (N.), obs. ss. Cass. 2e civ., 29 nov. 2012, n° 11-10.805, Droit et procédures 2013, 55.

FRICERO (N.), obs. ss. Cass. 2e civ. 16 mai 2013, n° 12-19.119, D. 2014, p. 795.

FRICERO (N.), obs. ss. Cass. 2e civ., 6 fév. 2014, n° 13-11.793, D. 2014, p. 795.

FRICERO (N.), obs. ss. CJUE 17 mars 2011, Peñarroja Fa, aff. C-372/09 et C-373/09, D. 2011, p. 1023, et D. 2012, p. 244.

FRICERO (N.), obs. ss. Cass. 2e civ., 31 janv. 2013, n° 10-16.910, D. 2013, p. 372 et p. 795.

FRICERO (N.), note ss. CEDH, 28 mai 2014, Martins Silva c. Portugal, n° 12959/10.

GADBIN (D.), obs. ss. CJCE, 10 avr. 2003, Joachim Steffensen, Dr. rural 2005, chron. 2.

GARAUD (E.)., note ss. Cass. 1re civ., 19 fév. 2013, n° 11-24.453, D. 2013, p. 1041.

GARÉ (T.), obs. ss. Cass. 1re civ., 28 mars 2000, D. 2000, p. 731.

GOUTTENOIRE (A.), RADÉ (Ch.), obs. ss. Cass. 2e civ., 5 déc. 2002, n° 01-00.224, RCA 2007, comm. 165.

GROUTEL (H.), note ss. Cass. 1re civ., 17 janv. 1990, n° 87-13.066, RCA 1990, comm. 134., chron. 7.

GROUTEL (H.), note ss. Cass. 1re civ., 11 mars 2003, n° 01-01.430, RCA 2003, comm. 170.

GROUTEL (H.), obs. ss. Cass. 2e civ., 17 avr. 2008, n° 07-16.824, RCA 2008, p. 25.

GROUTEL (H.), obs. ss. Cass. 2e civ., 19 nov. 2009, n° 08-19.824, RCA 2010, comm. 55.

GROUTEL (H.), obs. ss. Cass. 2e civ., 1er juill. 2010, n° 09-10.590, D. 2011, p. 1926.
GROUTEL (H.), obs. ss. Cass. 2e civ., 1er juill. 2010, n° 09-10.590, RCA 2010, p. 31.
GUERRERO (N.), obs. ss. Cass. ch. mixte, 28 sept. 2012, n° 11-18.710, Gaz. Pal. 13 nov. 2012, n° 368. p. 19.
GUINCHARD (S.) et MOUSSA (T.), obs. ss. Cass. 2e civ., 18 juin 1986, Gaz. Pal. 1987, 1, somm., p. 174.
GUIOMARD (F.), obs. Cass. soc. 23 oct. 2013, n° 12-22.342, RTD civ. 2013, p. 781.
HEUGAS-DARRASPEN (H.), obs. ss. Cass. 1re civ., 1er fév. 2012, n° 10-18.853, AJDI 2012, p. 681.
HEUGAS-DARRASPEN (H.), obs. ss. Cass. 2e civ., 19 juin 2003, n° 01-03.639, AJDI 2003, p. 862.
HEUGAS-DARRASPEN (H.), obs. ss. Cass. 2e civ., 29 nov. 2012, n° 11-10.805, AJDI 2013, p. 534.
HEUGAS-DARRASPEN (H.), obs. ss. Cass. com., 4 nov. 2008, n° 07-18.147, AJDI 2009, p. 212.
HUET (J.), obs. ss. Cass. 1re civ., 28 mars 1995, n° 92-16.270, D. 1995, chron., p. 217.
HUGON (Ch.), Cass. ch. mixte, 28 sept. 2012, n° 11-11.381, Gaz. Pal. 2013, jurispr., p. 366.
JEULAND (E.) et CHARBONNEAU (C.), obs. ss. Cass. 2e civ., 8 sept. 2011, n° 10-19.919, JCP G 2012, doctr. 340.
JULIEN (P.) et FRICERO (N.), obs. ss. Cass. 2e civ., 2 déc. 2004, n° 02-20.205, D. 2005, p. 339.
JULIEN (P.) et FRICERO (N.), obs. ss. Cass. 2e civ., 24 fév. 2005, n° 03-12.226, D. 2006, n° 545.
KARILA (J.-P.), note ss. Cass. 3e civ., 22 juin 2011, n°10-16308, RGDA 2011, p. 1023.
KARILA (J.-P.), obs. ss. Cass. 2e civ., 19 nov. 2009, n° 08-19.824, JCP G 2010, I, 428.
KARILA (L. et J.-P.), obs. ss. Cass. 3e civ., 27 mai 2010, n° 09-12.693, RGDA 2010, p. 741.
KULLMAN (J.), obs. ss. Cass. 2e civ., 1er juill. 2010, n° 09-10.590, RGDA 2010, p. 684.
LABETOULLE (D.) et CABANES (P.), obs. ss. CE sect., 26 fév. 1971, Ministre de l'Intérieur c. sieur Aragon, AJDA 1971, 177.
LAJARTE-MOUKOUKO (C.), obs. ss. Cass. com., 17 sept. 2013, n° 12-17.741, BJE 2013, n° 6, p. 391.

LARDEUX (G.), obs. ss. Cass. 1re civ., 5 avr. 2012, n° 11-14.177, D. 2012, p. 1596.
LASSERRE-CAPDEVILLE (J.), obs. ss. Cass. crim., 23 mars 2010, n° 08-83.688, AJ pénal 2011, p. 139.
LEDUCQ (X.), obs. ss. Cass. 2e civ., 29 nov. 2012, n° 11-10.805, Gaz. Pal. 26 avr. 2013, p. 35.
LE NABASQUE (H.), obs ss. Cass. com., 19 avr. 2005, n° 03-11790, BJS 2005, p. 1392.
LEPAGE (A.) obs. ss. Cass. 1re civ., 16 oct. 2008, n° 07-15.778, comm. com. électr. 2009, p. 40.
LEPAGE (A.), obs. ss. Cass. 1re civ., 5 avr. 2012, n° 11-14.177, comm. com. électr 2012, comm. 83.
LOQUIN (E.), obs. ss. Paris, 23 fév. 1999, RTD com. 1999, p. 371.
MARGUÉNAUD (J.-P.), note ss. CEDH, 18 fév. 1997, Niderhöst-Huber c. Suisse, n° 12795/87, RTD civ. 1997, p. 1006.
MARON (A.), obs. ss. Agen, 6 avr. 2014, n° 12/01876, Experts 2014, n° 116, p. 49.
MASSIP (J.), obs. ss. Cass. 1re civ., 16 juin 1998, n° 96-17.819, D. 1999, jurispr., p. 360.
MASSIP (J.), obs. ss. Cass. 1re civ., 28 mars 2000, Defrénois 2000-06-30, n° 12, p. 769.
MAYER (L.), obs. ss. Cass. soc., 23 oct. 2013, n° 12-22.342, Gaz. Pal. 11 mars 2014, no 70, p. 37.
MAZEAUD (V.), obs. ss. Cass. 2e civ., 1er juill. 2010, n° 09-10.590, Procédures 2011, chron. 2.
MONSALLIER-SAINT-MIEUX (M.-Ch.), obs. ss. Cass. 1re civ., 28 mars 2000, JCP G 2000, II, 10409.
MORLET-HAÏDARA (L.). obs. ss. Cass. 2e civ., 22 mai 2008, nos 08-10.314, D. 2008, p. 2635.
MOURRE (A.) et PEDONE (P.), obs. ss. Cass. 1re civ., 6 oct. 2010, n° 09-10.530, Les cahiers de l'arbitrage 2010, p. 1777.
MUCCHIELLI (M.), avis Cass. ch. mixte, 28 sept. 2012, n° 11-18.710.
MUCCHIELLI (M.), avis Cass. ch. mixte, 28 sept. 2012, n° 11-11.381.
MUSCAT (H.), obs. ss. CEDH, 18 mars 1997, Mantovanelli c. France, n° 21497/93, AJDA 1999, p. 173.
NICOLETTI (M.), obs. ss. 1re civ., 5 avr. 2012, n° 11-14.177 : Bull. civ. I, n° 85, Dr. famille 2012, comm. 159.
NOURRISSAT (C.), obs. ss. CJUE, 17 mars 2011, Peñarroja Fa, aff. C-372/09 et C-373/09, Procédures 2011, comm. 170.
PELLETIER (C.), obs. ss. Cass. 3e civ., 3 fév. 2010, n° 09-10.631, Revue des contrats 2011, p. 1999.

PEREZ (S.), obs. ss. CEDH, 18 mars 1997, Mantovanelli c. France, n° 21497/93, D. 1997, p. 361.
PERROT (R.), note ss. Cass. com., 14 fév. 2012, n° 11-12.833, Procédures 2012, comm. 109.
PERROT (R.), obs. ss., Cass. soc. 23 oct. 2013, n° 12-22.342, Procédures 2014, comm. 4.
PERROT (R.), obs. ss. Cass. 2e civ., 29 nov. 2012, n° 11-10.805, RTD civ. 2013, p. 172.
PERROT (R.), obs. ss. Cass. 1re civ., 16 oct. 2008, n° 07-15.778, RTD civ. 2009, p. 167.
PERROT (R.), obs. ss. Cass. 1re civ., 17 mars 2011, n° 10-14.232, Procédures 2011, comm. 162.
PERROT (R.), obs. ss. Cass. 1re civ., 1er fév. 2012, n° 10-18.853, RTD. civ. 2012, p. 374.
PERROT (R.), obs. ss. Cass. 2e civ. 16 mai 2013, n° 12-19.119, Procédures 2014, comm. 12.
PERROT (R.), obs. ss. Cass. 2e civ., 18 juin 2009, n° 08.12-671, Procédures 2009, comm. 304.
PERROT (R.), obs. ss. Cass. 2e civ., 2 déc. 2004, n° 02-20.205, JCP G 2005, I, 1084.
PERROT (R.), obs. ss. Cass. 2e civ., 2 déc. 2004, n° 02-20.205, Procédures 2005, comm. 59.
PERROT (R.), obs. ss. Cass. 2e civ., 31 janv. 2013, n° 10-16.910, Procédures 2013, comm. 98.
PERROT (R.), obs. ss. Cass. 2e civ., 31 janv. 2013, n° 11-16.025, Procédures 2013, comm. 99.
PERROT (R.), obs. ss. Cass. 2e civ., 8 sept. 2011, n° 10-19.919, Procédures 2012, comm. 3.
PERROT (R.), obs. ss. Cass. 3e civ., 23 mars 2005, n° 04-11.455, Procédures 2005, comm. 117.
PERROT (R.), obs. ss. Cass. 3e civ., 9 mai 2012, n° 10-21.041, Procédures 2012, comm. 210.
PERROT (R.), obs. ss. Cass. ch. mixte, 28 sept. 2012, n° 11-18.710, RTD civ. 2012, p. 769.
PERROT (R.), obs. ss. Cass. com., 10 déc. 2013, n° 12-20.252, Procédures 2014, comm. 63.
PERROT (R.), obs. ss. Cass. com., 15 mai 2007, n° 06-10.606, RTD civ. 2007, p. 637.
PERROT (R.), obs. ss. Cass. com., 4 nov. 2008, n° 07-18.147, Procédures 2009, comm. 4.

PERROT (R.), obs. ss. Cass. ch. mixte, 28 sept. 2012, n° 11-11.381, Procédures 2012, comm. 321.
PERROT (R.), obs. ss. Cass. 1re civ., 26 mai 2009, n° 08-16.901, Procédures 2009, comm. 266.
PERROT (R.), obs. ss. Cass. ch. mixte, 28 sept. 2012, n° 11-11.381, RTD civ. 2012, p. 771.
PERROT (R.), obs. ss. Cass. com., 21 mai 1996, n° 94-14.237, RTD civ. 1996, p. 701.
PETTITI (L.-É.), obs. ss. CEDH, 28 août 1991, Brandstetter c. Autriche, nos 11170/84, 12876/87, 13468/87, RSC 1991, p. 395.
PIAU (D.), obs. ss. Cass. 2e civ. 16 mai 2013, n° 12-19.119, Gaz. Pal 7 juill. 2013, p. 18.
PINGUET (S.), note ss. Cass. 1re civ., 11 mars 2003 n° 01-01.430, Lamy assurances 2003, p. 1.
POULLAUD-DULIAN (F.), obs. ss. Cass. 1re civ. 13 fév. 2007, n° 05-12.016, RTD com. 2007, p. 540.
PUIGELIER (C.), obs. ss. Cass. soc., 27 mars 2001, JCP E 2001, p. 1634.
RASCHEL (L.), obs. ss. Cass. 1re civ., 1er fév. 2012, n° 10-18.853, Gaz. Pal. 25 mai 2012, p. 37.
ROLLAND (B.), obs. ss. Cass. com., 17 sept. 2013, n° 12-17.741, Act. proc. coll. 2013, repère 243.
ROLLAND (P.) et TAVERNIER (P.), obs. ss. CEDH, 1er oct. 1982, Piersack c. Belgique, série A, n° 53, JDI 1985, p. 210.
ROLLAND (P.) et TAVERNIER (P.), obs. ss. CEDH, 24 mai 1989, Haushildt c. Danemark, n° 6486/83, JDI 1990, p. 727.
ROLLAND (P.) et TAVERNIER (P.), obs. ss. CEDH, 8 juill. 1986, Lithgow et a. c. Royaume-Uni, nos 9006/80, 9262/81, 9263/81, 9265/81, 9266/81, 9313/81, 9405/81, 9405/8, JDI 1987, p. 787.
SAINTOURENS (B.), note ss. Cass. 1re civ., 18 déc. 2001, n° 99-17.510, Rev. sociétés 2002, p. 308.
SCHULTZ (R.), obs. ss. Bastia, 6 juill. 2011, n° 10/00750, RGDA 2012, p. 145.
SCHULTZ (R.), obs. ss. Cass. 2e civ. 16 mai 2013, n° 12-19.119, RGDA 2013, p. 1041.
SCHULTZ (R.), obs. ss. Cass. 2e civ., 22 nov. 2012, nos 10-26.198 et 10-26755, RGDA 2013, p. 443.
SCHULTZ (R.), obs. ss. Cass. 2e civ., 31 janv. 2013, n° 10-16.910, RGDA 2013, p. 786.
SCHULTZ (R.), obs. ss. Cass. ch. mixte, 28 sept. 2012, n° 11-18.710, RGDA 2013, p. 227.

SCHULTZ (R.), obs. ss. Cass. com., 19 nov. 2013, n° 12-20143, RGDA 2014, p. 129.

SCHULTZ (R.), obs. ss. Cass. com., 19 nov. 2013, n° 12-20.143, RGDA 2014, p. 129.

SERINET (Y.-M.), obs. ss. Cass. 1re civ., 15 mai 2008, n° 07-15.673, Revue des contrats 2009, I, p. 657.

SOMMER (J.-M.) et NICOLETIS (C.), obs. ss. Cass. 2e civ., 17 avr. 2008, n° 07-16.824, D. 2008, p. 2373.

SOMMER (J.-M.) et NICOLETIS (C.), obs. ss. Cass. 2e civ., 22 mai 2008, n° 08-10.314:, D. 2008, p. 2373.

STOFFEL-MUNCK (Ph.), obs. ss. Cass. 1re civ., 28 janv. 2003, n° 00-17.553, comm. com. électr. 2003, comm. 111.

SUDRE (F.), obs. ss. CEDH, 13 oct. 2005, Clinique des acacias et a. c. France, n° 65399/01, JCP G 2005, I, 109.

SUDRE (F.), obs. ss. CEDH, 18 mars 1997, Mantovanelli c. France, n° 21497/93, JCP G 1998, I, 107.

SUDRE (F.), obs. ss. CEDH, 27 oct. 1993, Dombo Beheer c. Pays-Bas, n° 1448/88 et CEDH, 19 juill. 1994, JCP 1994, I, 3742.

SUDRE (F.), obs. ss. CEDH, 8 oct. 1999, Brumărescu c. Roumanie [GC], n° 28342/95, JCP G 2000, I, 203.

TAVERNIER (P.), obs. ss. CEDH, 22 oct. 1994, Sramek c. Autriche, § 36, JDI 1985, p. 1070.

THÉRY (Ph.), obs. ss. Cass. 3e civ., 27 mai 2010, n° 09-12.693, RD imm. 2010, p. 495.

TRICOIT (J.-Ph.), obs. ss. Cass. 3e civ., 3 fév. 2010, n° 09-10.631, Rev. arb. 2012, p. 187.

VALLENS (J.-L.), obs. ss. Cass. 1re civ., 6 juill. 2000, n° 00-04.104, RTD com. 2005, p. 172.

VERGÈS (E.), obs. ss. Cass. com., 15 mai 2007 Lexbase Hebdo 2007, n° 268.

VÉRON (P.). obs. ss. Cass. 1re civ., 6 juill. 2000, n° 00-04.104, D. 2001, p. 370.

VIANDIER (A.) et CAUSSAIN (J.-J.), obs. ss. Cass. com., 7 juill. 1992, JCP E 1993, I, chron. 218.

VUITTON (X.), obs. ss. Cass. 2e civ., 31 janv. 2013, n° 10-16.910, JCP G 2013, doctr. 263.

ZAVARO (M.), obs. ss. Cass. 2e civ., 31 janv. 2013, n° 10-16.910, Ann. Loyers 2013, p. 1026.

Rapports

Justice du XXIe siècle :

BUSSIÈRE (C.) et AUTIN (S.), Commission de réflexion sur l'expertise, [http://www.justice.gouv.fr/art_pix/rapp_com_reflextion_expertise.pdf], accédé le 1er juin 2014.
DELMAS-GOYON (P.) et a., Le juge du 21ème siècle : un citoyen acteur - une équipe de justice, rapport, 2013.
GARAPON (A.) et a., La prudence et l'autorité : l'office du juge au XXIe siècle, rapport de l'IHEJ, 2013.
MARSHALL (D.) et a., Les juridictions du XXIe siècle : une institution qui, en améliorant qualité et proximité, s'adapte à l'attente des citoyens, et aux métiers de la justice, rapport, 2013.

Rapports annuels des juridictions :

BATUT (A.-M.), Les mesures d'instruction in futurum, *in* Rapport annuel de la Cour de cassation, 1999 : [http://www.courdecassation.fr/publications_26/rapport_annuel_36/rapport_1999_91/etudes_documents_93/anne_marie_5790.html], accédé le 1er juin 2014.
Étude annuelle du Conseil d'État 2013, Le droit souple, Doc. fr., 2013.
Rapport annuel de la Cour de cassation 2012, Étude, La preuve, Doc. fr., 2012.
Rapport annuel de la Cour de cassation, 2005, Étude, L'innovation technologique, Doc. fr., 2005.
Rapport annuel de la Cour de cassation, 2010, Étude, Le droit de savoir, Doc. fr., 2010.

INDEX ALPHABÉTIQUE

Les numéros renvoient aux paragraphes

TABLE DES MATIÈRES

L'HARMATTAN ITALIA
Via Degli Artisti 15; 10124 Torino

L'HARMATTAN HONGRIE
Könyvesbolt ; Kossuth L. u. 14-16
1053 Budapest

L'HARMATTAN KINSHASA
185, avenue Nyangwe
Commune de Lingwala
Kinshasa, R.D. Congo
(00243) 998697603 ou (00243) 999229662

L'HARMATTAN CONGO
67, av. E. P. Lumumba
Bât. – Congo Pharmacie (Bib. Nat.)
BP2874 Brazzaville
harmattan.congo@yahoo.fr

L'HARMATTAN GUINÉE
Almamya Rue KA 028, en face
du restaurant Le Cèdre
OKB agency BP 3470 Conakry
(00224) 657 20 85 08 / 664 28 91 96
harmattanguinee@yahoo.fr

L'HARMATTAN MALI
Rue 73, Porte 536, Niamakoro,
Cité Unicef, Bamako
Tél. 00 (223) 20205724 / +(223) 76378082
poudiougopaul@yahoo.fr
pp.harmattan@gmail.com

L'HARMATTAN CAMEROUN
BP 11486
Face à la SNI, immeuble Don Bosco
Yaoundé
(00237) 99 76 61 66
harmattancam@yahoo.fr

L'HARMATTAN CÔTE D'IVOIRE
Résidence Karl / cité des arts
Abidjan-Cocody 03 BP 1588 Abidjan 03
(00225) 05 77 87 31
etien_nda@yahoo.fr

L'HARMATTAN BURKINA
Penou Achille Some
Ouagadougou
(+226) 70 26 88 27

L'HARMATTAN SÉNÉGAL
10 VDN en face Mermoz, après le pont de Fann
BP 45034 Dakar Fann
33 825 98 58 / 33 860 9858
senharmattan@gmail.com / senlibraire@gmail.com
www.harmattansenegal.com

L'HARMATTAN BÉNIN
ISOR-BENIN
01 BP 359 COTONOU-RP
Quartier Gbèdjromèdé,
Rue Agbélenco, Lot 1247 I
Tél : 00 229 21 32 53 79
christian_dablaka123@yahoo.fr

Achevé d'imprimer par Corlet Numérique - 14110 Condé-sur-Noireau
N° d'Imprimeur : 114658 - Dépôt légal : décembre 2014 - *Imprimé en France*

www.ingramcontent.com/pod-product-compliance
Lightning Source LLC
LaVergne TN
LVHW010942061026
849535LV00007B/2531
* 9 7 8 2 3 4 3 0 5 3 3 5 6 *